公路桥梁工程施工与项目管理研究

主编 蓝羽生 蔡泽辉 杨伟佳

东北林业大学出版社

Northeast Forestry University Press

·哈尔滨·

图书在版编目(CIP)数据

公路桥梁工程施工与项目管理研究 / 蓝羽生, 蔡泽辉,
杨伟佳主编 . —哈尔滨 : 东北林业大学出版社,
2022.11

ISBN 978-7-5674-2941-3

Ⅰ.①公… Ⅱ.①蓝… ②蔡… ③杨… Ⅲ.①公路桥—

桥梁施工－施工管理－研究 Ⅳ.①U448.145.1

中国版本图书馆CIP数据核字(2022)第209310号

责任编辑：董　美

封面设计：左图右书

出版发行：东北林业大学出版社

　　　　　（哈尔滨市香坊区哈平六道街6号　　邮编：150040）

印　　装：廊坊市海涛印刷有限公司

开　　本：787 mm × 1092 mm　　1/16

印　　张：16

字　　数：223千字

版　　次：2022年11月第1版

印　　次：2022年11月第1次印刷

书　　号：ISBN 978-7-5674-2941-3

定　　价：65.00元

如发现印装质量问题,请与出版社联系调换。（电话：0451-82113296　82191620）

前言 PREFACE

随着经济的发展，我国公路建设有了很大的发展，特别是高速公路和桥梁的建设，大大缓解了我国公路的压力。随着公路桥梁工程建设规模的不断扩大，公路桥梁工程的质量直接影响工程的交通流量和经济效益，其质量的基础是公路桥梁的设计水平。因此，对公路桥梁设计进行全面、深入的研究是非常重要的。

公路桥梁工程项目管理以公路桥梁工程项目为对象，在给定的限制条件下，按照公路桥梁工程项目的内在规律，计划、组织、协调和控制，从公路桥梁工程项目的概念、设计到公路桥梁工程项目竣工的全过程，确保公路桥梁工程项目符合规定的成本目标、时间目标和质量目标。

在科技经济发展的推动下，公路桥梁的设计和项目管理技术有了很大的进步，公路桥梁的结构越来越复杂，有必要对公路桥梁设计的关键点进行分析，优化公路桥梁设计，保证施工和运营的安全，加强公路桥梁工程的项目管理。同时，因为现代公路桥梁工程的复杂性，出现了许多新的问题需要解决，这些问题制约着公路桥梁的设计和工程管理。因此，要在实践中学习和运用现代化的理论和方法，以问题为导向，不断总结经验和教训，提高公路桥梁工程的设计和管理水平。这就要求公路桥梁项目管理者是有战略眼光、懂技术和管理的复合型人才。这不仅取决于公路桥梁项目管理者的经验，更取决于其对项目管理理论和方法的理解深度。

随着经济的不断发展,我国对公路和桥梁工程建设的要求也逐渐提高。全面实施公路和桥梁建设工程,进一步优化我国的交通体系非常重要。因此,在公路桥梁设计和项目管理过程中,要根据桥梁设计的基本原则,通过新材料、新技术、新思维来实施公路桥梁工程的科学设计,采取有效的项目管理措施,完善项目管理模式和各种管理制度。这样才能保证公路桥梁工程管理体制的良好发展,有效协调和促进其工程管理各环节的顺利运行,进一步提高公路桥梁的建设质量和管理效率,促进我国建筑业的长远发展,为我国交通事业的稳定发展夯实基础。

目 录 CONTENTS

第一章 公路桥梁工程项目管理

第一节 公路工程项目管理基础

一、工程项目管理的基本概念

(一)项目及项目管理

简单来讲,项目是一个工作任务,一旦建立,该项目以实现一个特定的目标,受资源和需求的约束。

项目包括的范围十分广泛,社会上所有领域都有项目,在相同的领域中又包括不同类型的项目,例如在建筑工程中,有水利工程建设项目、工业工程建设项目、港口工程建设项目、民用工程建设项目、公路工程建设项目、国防工程建设项目等。

所谓项目管理,这意味着项目管理者,要运用系统来管理与项目相关的整个工作,在一定的资源约束条件下,管理整个过程中的设计、组织、命令、协调和评估系统,直到项目完成。一定的资源条件是基于项目管理目标的制定和项目过程的控制,项目管理的目的是确保项目目标的实现。项目管理的对象是项目,因为项目具有单件性特点,要求项目管理必须具有系统性、程序性和科学性。只有通过系统处理项目,理论和系统才能保证项目的成功。

(二)项目管理的内容

不同时期的项目管理工作,其包括的内容也是不同的。根据现代系统工程的观点、理论及方法,项目管理的内容见表1-1。

表1-1　项目管理的内容

序号	管理内容	说明
1	项目范围管理	项目范围管理是为了实现项目的既定目标,对项目的工作内容进行控制的管理过程。它包括范围的界定、范围的规划、范围的调整等
2	项目时间管理	项目时间管理是为了确保项目最终能按时完成的一系列管理过程。它包括具体活动界定、活动排序、时间估计、进度安排及时间控制等
3	项目质量管理	项目质量管理是为了确保项目达到客户所规定的质量要求而实施的一系列管理过程。它包括质量规划、质量控制和质量保证等
4	项目成本管理	项目成本管理是为了保证完成项目的实际成本。费用不超过预算成本、费用的管理过程。它包括资源的配置、成本和费用的预算以及费用的控制等
5	人力资源管理	人力资源管理是为了保证所有项目关系人的能力和积极性都得到最有效的发挥和利用所实施的一系列管理措施。它包括组织的规划、团队的建设、人员的选聘和项目(的)班子建设等
6	项目沟通管理	项目沟通管理是为了确保项目信息的合理收集和传输所需要实施的一系列措施,它包括沟通规划、信息传输和进度报告等
7	项目风险管理	项目风险管理是指涉及项目可能遇到各种不确定因素的管理。它包括风险识别、风险量化、制定对策和风险控制等
8	项目采购管理	项目采购管理是为了从项目实施组织之外获得所需资源或服务而采取的一系列管理措施。采购管理主要包括采购计划、采购与征购、资源的选择以及合同的管理等
9	项目集成管理	项目集成管理是指为确保项目各项工作能够有机地协调和配合所展开的综合性和全局性的项目管理工作和过程。它包括项目集成计划的制订与实施、项目变动的总体控制等
10	项目收尾管理	项目收尾管理是指对项目的收尾、试运行、竣工验收、竣工结算、竣工决算、考核评价、回访保修等进行的计划、组织、协调和控制等
11	项目合同管理	项目合同管理是指对项目合同的签订、履行、变更和解除进行监督检查,对合同履行过程中发生的争议或纠纷进行处理,以确保合同依法订立和全面履行

（三）工程项目管理

工程项目通常指为特定目的而投资和建造的建设项目,包括一些建筑或建造项目。工程项目的规模和范围是不同的,例如建设一定规模的住宅小区、建设一定长度和等级的公路、建设一座特大桥梁等。项目管理是一个项目管理大类,主要包括项目建设管理、项目设计管理、项目施工管理和项目咨询管理。

公路工程项目管理是项目管理的重要组成部分,是项目质量控制、计划控制和投资控制的核心活动。以达到缩短施工工期、保证工程质量、提高投资效益的目的。公路工程项目管理在工程建设过程中具有十分重要的意义,其基本任务主要包括以下内容。

1. 组织协调

组织协调是实现目标的重要手段。高速公路组织与协调在项目实施过程中,参与项目的人员要正视并修改协调关系,以加强合作,减少冲突,避免争议,共同完成项目目标。

工程项目的控制目标包括质量、进度和投资。在实施的过程中,施工企业的首要任务就是组织协调各有关单位,围绕控制目标采取有效措施。要实现控制目标,必须创造内外条件和环境,如地质部门的配合和协作、设计部门及时准确地提供图纸、施工队伍高水平的施工和管理能力、及时的设备和材料的保质保量供应、供电和供水单位的不间断供应、有关单位的密切配合、兄弟单位对工程建设的支持和帮助等,都是实现既定目标的控制条件。

2. 动态控制

动态控制是指在项目完成过程中,通过对活动、目标和过程的跟踪,以及对整个施工技术的控制信息的准确,我们可以对工程和目标进行计划,比较进度,并采取措施纠正偏差,达到预定目标。这个控制是一个动态过程。

在不同的空间里的工程工作,控制必须是在不同的空间里实施。计划在不同的阶段进行,控制被划分为不同的阶段。工程项目的实施总是受到外部环境和内部因素的影响,因此必须采取适当的控制措施。这个计划的不变是相对的,计划总是在适应中发挥作用。控制需要不断地在计划中适应这些变化来达到控制的目标的效率。只有理解项目的节奏,监理工程师才能达到目标。

动态控制是根据目标计划控制目标的所有层次,并执行计划的综合目标。在动态控制过程中,它是按照商定的计划进行的,一个好的计划首先必须是可行的和合理的,并且必须进行能力分析,以确保项目是技术开发的,资源使其具有财务和经济价值,并通过持续的创新来达到最大限度。

3. 风险管理

近二十多年来,随着中国基础设施建设的迅速发展,长期以来影响经济发展的许多问题都大大减少了,它促进了相关行业的快速发展,在国民经济发展中发挥了重要作用。在质量管理过程中,其中一种联系经常被忽视或遗忘,这就造成工程项目存在技术风险。

目前,公路工程项目的管理计划仍然与项目的后期有关。项目没有进行风险管理的原因一方面是项目管理系统中没有风险分析;另一方面是因为施工单位(业主不喜欢)不感兴趣,不知道项目实施分析和项目风险管理,对项目科学决策不感兴趣。

工程实践证明,公路工程项目从立项到运营都存在风险。在整个项目过程中进行风险管理,可以减少项目决策的不确定性,创造一个平静、稳定的工作环境,保证目标控制的顺利进行,更好地实现项目质量、进度和投资目标。

4. 信息管理

所谓的信息可以用语言、单词、数据、图形、声音或其他信号来表达,用户可以识别,并可以传输、处理和应用,以帮助人们做出正确的决定。信息管理工作的构建是信息,能够及时、准确、完整地掌握信息,而信息管理人员能够看到和完成结构。从操作管理器中提供信息将直接影响工程施工的成功或失败。建筑施工管理对于掌握信息和理解信息管理方法非常重要。

公路工程项目信息管理是对不同技术信息的收集、存储、处理、完成、传输和使用等活动的综合。信息管理的任务主要包括时间,因为项目需要各级单位、领导进行管理,参与并等待各单位的相关人员不同层次的信息,在项目开发过程中需要根据项目计划和项目管理的特点,及时、准确地做出决定,以及时进行结果执行的决定,这反映在一个成功的项目中,所有都是为实现项目的共同目标而服务。

5.环境保护

随着高速公路的快速发展,高速公路污染、高速公路对周边环境影响等问题也大量出现。如何解决公路建设带来的环境问题,如何根据我国目前的实际情况分析和评价公路建设对环境的影响和作用,采取何种措施减少或消除公路的环境污染,进行公路生态修复,是值得我们深入研究的重要课题。

随着公路的高速发展,公路的污染和公路对周围环境的影响越来越大。解决公路建设环境问题,适应国家现状,分析和评价公路建设对环境的作用和影响,以及采取何种措施减少或消除公路建设对环境的污染,恢复区域生态系统。

在公路工程项目实施阶段,主要项目和环境保护措施的设计、建设和运行是同步的。在工程施工中,环境保护必须依法进行,并被认为是合同的重要条件。环境保护和公共损害赔偿措施应始终被视为施工计划和施工中的重要内容。

6.目标控制

合理的目标控制是实现目标的手段,组织的设置、人员的配备和有效的领导是实现目标控制的基础。在工程项目计划执行过程中,必须进行目标控制。当在实施的过程中发现偏离目标时,应及时分析偏离的原因,确定应采取的纠正措施,直至工程项目目标实现为止。

目标控制是高速公路建设项目管理的一个重要功能,这意味着项目管理要进行一系列的活动来检查和调整,以确保目标在动态变化的环境中取得成功。公路工程项目的主要任务是通过规划、组织和协调,在规划的第一阶段进行研究和设计、施工、验收完成和交易,确保项目共同目标的成功。

二、公路工程项目管理的具体内容

（一）公路项目合同管理

1.公路工程项目合同策划

（1）项目合同策划程序。

我国公路工程建设项目的实施过程证明，项目合同策划必须按照一定的程序进行，这样才能够得到较好的效果，具体内容如下。

第一，分析工程项目的总体目标和战略，确定合同公司和项目的共同要求。由于工程合同是实现项目目标和业务目标的手段，合同必须反映并符合公司和项目的目标。

第二，实施项目的技术设计，编制相应阶段的总体实施计划。根据我国公路建设的实践，合同策划应在公路工程项目的早期阶段进行。例如，公路工程的"设计—施工—验收"的总体合同项目，在完成设计任务后要进行合同规划，并进行工程招标。

第三，进行工程项目的结构分解工作。工程项目的分解结构图是工程项目承发包策划最主要的依据，以此可对工程分别进行签订承包合同。

第四，确定工程项目的实施策略。这项工作内容主要包括：①对工作的具体分配；②准备采用的承发包模式；③对工程风险分配的策划；④发包商准备对工程项目实施的控制程度；⑤对工程所用材料和设备而采取的供应方式。

第五，纳入项目管理计划的委托阶段，如设计监督、施工监督、造价咨询或项目管理承包等。项目管理模式与承包模式相互关联，而项目组织形式、风险分配、合同类型与合同内容是重要的影响因素。

第六，着手进行项目合同规划。按照项目合同模式和管理模式，对项目结构所获得的工作进行分类、打包、签约，形成独立的合同，相互之间同时影响，作为具体项目合同的依据。

第七，开展与具体合同有关的规划工作。主要包括：①合同类型的选择；②规划合同的风险分配；③协调与项目有关的各种合同。

第八，着手规划项目工作进程。主要包括：项目管理工作流程、建立项目管理组织和制定项目管理制度等。通过规划项目管理组织,将整个项目管理工作分为发包人、监理工程师和承包人,划分其管理范围、职责、权利和协调。这些计划应该由合同来定义和描述。

第九,进行招标文件和合同文件的起草工作。以上所述各项工作成果都必须具体体现在招标文件和合同文件当中,这是一项综合性较强、要求很高的工作,是在具体合同的招标过程中完成的。

(2)项目合同分包策划。

项目的所有工作应该由一个特定的组织来完成,业主应该把项目委托给一个特定的单位或个人。公路工程项目的分包规划是决定整个项目的任务应该分多少包(或采购段),以及这些采购段应该如何划分。工程项目分包的方式就是承包商的承包方式。

(3)项目合同风险策划。

广义的风险是所有可能对协议中的任何一方造成的不正常损失,也可能导致双方造成损害的原因,包括无法对协议造成损害的原因;狭义的风险,只涉及合同中不可能对双方造成的非寻常损失。

公路工程合同中的风险是工程承包合同中的不确定性因素,是项目风险、业主信用风险和外部风险环境的集中体现和反映。合同风险是客观存在的,并受到项目复杂性的影响,双方必须决定和分享。

2.公路工程项目合同评审

(1)公路工程项目招标文件分析。

工程招标文件是公路工程招标的基本文件,是工程合同的重要组成部分。为确保项目交付的严肃性和公正性,招标人与投标人之间通常没有或只有有限的个人沟通,投标人只能根据投标文件的要求起草投标文件。招标文件是双方之间的桥梁,能够编写关于全面和严格招标的文件,不仅直接影响招标的质量,而且影响双方的利益,这是项目招标成败的关键。

根据我国公路建设的有关规定,公路工程项目招标文件的内容,大体分为如下三类。

第一,编写和提交投标文件的规定。提供这一内容的目的是降低投标方或供应商不明确或拒绝其要求的能力。

第二，检查投标文件的条件、标准和评审方法。提供这一内容的目的是提高招标过程的透明度和公平性，这是文件的一个重要部分。

第三，合同的主要条款。文件中主要以商业条款为依据，对承包商在收到主要合同后了解合同内容、明确双方的权利和责任十分有用。工程要求、合同要求和合同的主要内容是提供工程资料的主要内容，通常称为实质性要求。

（2）招标文件分析的内容。

在公路工程投标时，必须在收到招标文件后进行一般检查，强调招标文件的完备性，定期检查文件是否完整，以及投标文件列表中是否有缺页；检查文件夹的图纸，检查图纸是否完成。如果有问题，在检查完以上各项后，再按照表1-2进行全面分析。

表1-2　招标文件分析的内容

序号	招标文件分析	说明
1	进行招标条件分析	进行招标条件分析的对象是投标人须知，通过对"投标人须知"的分析，不仅掌握招标过程、评标的规则和各项要求，对招标报价工作做出具体安排，而且要了解投标的风险，以确定投标的策略
2	工程技术文件分析	工程技术文件分析主要是进行图纸会审、工程量复核、图纸和规范中的问题分析，从中了解发（承）包商具体的工程范围、技术要求、质量标准。在此基础上进行施工组织，确定劳动力的安排，进行材料、设备的分析，制定具体的实施方案，并对承包工程进行报价
3	合同文本分析	工程合同文本分析是一项综合性的、复杂的技术性很强的工作，分析的对象主要是合同协议书和合同条件。对合同文本分析要求合同管理者必须熟悉与合同相关的法律、法规，精通工程合同条款，对工程环境有全面的了解，有合同管理的实际工作经验。根据我国公路工程的实际，对合同文本分析主要包括以下5个方面的内容：①承包合同的合法性分析；②承包合同的完备性分析；③承包合同双方责任和权益及其关系分析；④承包合同条件之间的联系分析；⑤承包合同实施的后果分析

（3）公路工程项目合同合法性审查。

合同的合法性是指合同的形成在法律上的约束力。审查公路工程项目合同的合法性，基本上要考虑合同的主体部分、合同的对象和内容。根据实际情况，公路工程项目上存在不同类型的无效合同。

第一，没有经营资格而签订的合同。主要是考虑签订公路工程建设合同，以及是否有公路工程建设的专业条件，这是合同的有效或无效的重要条件之一。

第二，缺少相应资质而签订的合同。公路工程项目是一种重要的建筑投资模式，对建筑产品的要求非常高，而且它不是一种普通的产品，所以工程施工公司必须为工程施工项目提供积极的工程施工条件，只有在合同范围内的工作才能确认工程施工项目，不能越级或超越规定的范围。

第三，违反法定程序而订立的合同。当一份公路工程建设合同签订时，特别是在一份工程建设合同的约定中，通常招标为要约邀请，投标为要约，中标通知书的发出意味着承诺。对通过这一程序缔结的合同，《中华人民共和国招标投标法》有着严格的规定。首先，《中华人民共和国招标投标法》对必须进行招投标的项目做了限定；其次，招投标遵循公平、公正的原则，违反这一原则，也可能会导致合同无效。

第四，违反关于分包和转包的规定所签订的合同。《中华人民共和国建筑法》允许公路工程总承包单位将承包公路工程中的部分发包给具有相应资质条件的分包单位，但是除总承包合同中约定的分包外，其他分包必须经建设单位认可。也就是说，未经建设单位认可的分包和施工总承包单位将公路工程主体结构分包出去所订立的分包合同均无效。

第五，违反法律和法规而签订的其他合同。如果合同的内容违反了法律法规，也可能导致整个合同或部分合同无效。例如，承包人指定的承包商为项目购买建筑材料、结构件，或指定制造商、供应商等，这样的条款是无效的。协议中某一条款的无效性并不一定影响整个协议的有效性。

（4）公路工程项目合同完备性审查。

合同条款的内容直接关系协议各方的权利和义务。在签订公路工程项目合同之前，应严格审查合同内容的完整性，特别是以下内容。

第一,确定合理的施工工期。公路工程施工应当有一个适宜的工期。工期太长,不利于发包方收回投资;工期太短,不利于承包方的质量维护和建筑半成品的养护。因此,承包商可能必须计算他是否能在发包方要求的时间内完成合同规定的工作;或对违反合同的行为负责,以便延迟履行合同。

第二,明确双方的代表性。在公路工程施工合同中,一般都明确代表的名称和位置清楚,但代表的功能和权力一般不清楚。由于受托人的行为代表了两个承包商的行为,因此有必要限制某些条款和权力。

第三,项目成本或项目成本的计算是建筑合同中必要和重要的条款,但它经常发生在一个不清楚的情况下,往往隐藏在未来的争议和冲突中。在这些争议中,法院或仲裁机构通常允许价格控制来决定成本,从而导致长期诉讼。此外,价格控制是错误的,因为没有坚实的基础,这对保护双方的权利和利益是非常有害的。

第四,明确材料和设备的供应。因为采购和供应设备有很多问题,所以需要在合同中确定相关原则,包括业主或承包商提供或采购的材料、名称、规格、型号、生产和设备数量、所需质量、从发货到施工的时间、运输成本的标准责任以及解除合同的责任。

第五,明确完成项目的标准。最后的公路工程技术协议也是技术合同的一个重要条款。为了确保公路工程建设顺利进行,必须在合同中明确规定交付标准。如果业主需要尽快完成工程,而承包商已同意,业主必须同意支付费用。通过赶工,这意味着承包商将在人力、物力和财务方面投入更多,劳动力水平更高,压力更大。

第六,对违反合同负有明确责任。违反合同责任规则的目的是鼓励双方严格遵守合同义务,以防止违约。业主的延迟付款,承包商的缺乏保证施工质量,或未能及时完成施工,将对另一方和第三方造成无法估量的损害。

3.公路工程项目合同的履行

合同的履行是指合同当事人按照合同规定的标的、数量、质量、价格或报酬、履行期限、履行地点和履行方式,全面履行其义务。

（1）合同履行基本原则。

《中华人民共和国合同法》第60条规定："当事人应当按照约定全面履行自己的义务。当事人应当遵循诚实信用原则，根据合同的性质、目的和交易习惯履行通知、协助、保密等义务。"虽然不同类型的合同特点不同，但该条规定了合同履行的一般原则。

第一，全面履行的原则。基于合同的完美原则，即所谓的"适当履行原则"或"正确履行原则"，这意味着承包商在正确的时间、正确的地点、正确的方式、合同中签署的数量和质量的正确要求。这一原则的重要内容是指导和监督双方完成并及时履行其质量和质量良好的任务，防止犯罪，保护双方的合法权利。根据执行合同的原则，它决定执行合同和违反法律标准，它是衡量合同运作水平和违约责任的尺度。

通常，协议原则有三个方面：第一，双方都必须亲自签署协议，而不是第三方代为履行；第二，即当事人交付的标的物、提供的工作成果、提供的劳动符合合同的约定或者交易惯例；第三，它必须在数量和质量上按照协议执行，以及在合同中，不得部分履行，也不得部分不履行，否则就是违反合同。

如果在协议结束后，双方在质量、价格或费用方面存在差异，而在执行方面没有达成一致或没有明确协议，他们可以签署另一份协议。不能达成任何额外的协议，通常是根据已建立的合同协议或条款，但只能适用于缺失或不确定的情况，因为只有这些内容才能是一些交易行为。

第二，实际履行的原则。实际履行的原则是，合同必须严格遵守他们的义务，未经权利人同意，不得以其他标的代替履行或以支付违约金和赔偿金，并避免法律责任。

实际履行的基本含义有两个方面：第一，双方必须意识到标的履行，并没有用其他标的替代约定标的，尤其是合同不能简单用货币取代；第二，如果双方不遵守或不完全遵守，他们必须首先按约履行的责任，不得以偿付违约金或赔偿损失来代替合同标的履行，对方当事人有权要求其实际履行。

合同中所确定的标的,是为了满足当事人在生产、经营或管理等活动中一定的物资、技术、劳务等需要,用其他的标的进行代替;或当一方违约时用违约金、赔偿金来补偿对方经济、技术等方面的损失。因此实际履行原则的贯彻,能够促进合同当事人按合同规定的标的认真地履行自己的义务。

第三,诚实信用的原则。诚实信用原则是,当都涉及的民事活动要求、表达,都必须是公平的旨意诚意的,不可以侵犯他人与社会的利益,履行义务、信守承诺和法律规定,法律的运用都存在着当事人的承诺必须得到保持,最后我们必须做所有的活动,不仅需要平衡双方之间以及社会的利益平衡,而且还需要双方之间以及社会的利益。

在公路工程合同中,诚信原则要求双方在签订工程合同时,注重信用,信守承诺,诚实地追求自己的经济利益,不得欺骗。这一原则对于一切合同及合同履行的所有方面均适用。

(2)合同履行的方式。

合同履行方式是指债务人履行债务的方法。合同采取何种方式履行,与当事人有着直接的利害关系。在法律法规有规定或者双方有约定的情况下,应当严格按照法定或约定的方式履行;在没有法定或约定,或约定不明确的情况下,应当根据合同的性质和内容,按有利于实现合同目的的方式履行。合同履行的方式主要包括以下几种。

第一,合同分期履行。合同分期履行是指当事人一方或双方不在同一时间和地点,以整体的方式履行完毕全部约定义务的行为,这是相对于一次性履行而言的。若一方不按约定履行某一期次的义务,双方有权请求违约方承担该期次的违约责任;若对方也是分期履行的,但没有履行的先后次序,一方不履行某一期次义务,对方可作为抗辩的理由。在一般情况下,不履行某一期次义务,对方不能因此解除合同;但不履行的期次具备法定解除条件时,允许解除合同。

第二,合同部分履行。合同的部分履行是基于履行程度和满足程度之后的合同义务。在履约期结束时,所有的义务都已履行,合同协议全部履行完毕,部分或部分义务尚未履行。履行的期限表明义务履行的时间界限,是适当履行的基本标志,债权人在履行期届满后有权要求其权利得到全部的满足。《中华人民共和国合同法》第72条规定:债权人可以拒绝债务人部分履行债务,但部分履行不损害债权人利益的除外。

第三,合同提前履行。合同提前履行是指在商定的履行期限到期之前履行合同义务。在大多数情况下,提前履行债务对债务人有利,但在某些情况下,提前履行债务也会对债务人不利,增加债权人的风险。《中华人民共和国合同法》第71条规定:债权人可以拒绝债务人提前履行债务,但提前履行不损害债权人利益的除外。

第四,合同中止履行。合同中止履行是指在履行合同义务之前或期间,当事人不能履行合同义务,只能因某些客观情况的出现而暂时中止的情况。《中华人民共和国合同法》第68条规定:应当先履行债务的当事人,有确切证据证明对方有下列情形之一的,可中止履行:①经营状况严重恶化;②转移财产,抽逃资金,以逃避债务;③丧失商业信誉;④有丧失或者可能丧失履行债务能力的其他情形。当事人没有确切证据中止履行的,应承担违约责任。

3.公路工程项目合同实施控制

(1)公路工程项目合同交底工作。

在公路工程的实施过程中,承包商的每个职能部门不可能有一个合同,每个职能部门的活动和问题不一定都包括在合同文件中,有时只是合同条款的一部分,有些可能超出了合同中规定的责任。因此,高速公路项目的合同管理工作人员,首先要自己认真了解合同,对合同进行全面的解读和了解,然后向相关工作人员进行合同交底工作。

公路工程项目的合同交底工作,实际上是合同管理人员对各种合同事件的负责。而施工队或分包商在正常情况下主要分解执行以下合同和合同分析文件:合同事件表、结构施工图、设备安装图、详细施工说明。

根据公路工程的实际情况,合同交底的内容主要包括:①工程质量和技术要求;②对项目施工期的要求;③工程各种技术消费标准;

④相关事件之间的重合;⑤各施工单位的责任界限;⑥完成责任后果和法律后果。

（2）公路工程项目合同跟踪管理。

合同执行中的跟踪工作。在公路工程实施过程中,由于影响因素很多,情况不断变化,所以会导致合同的实施与目标出现一定的偏差。如果不及时采取一套措施,偏差将逐渐由小到大累积。为了解决这个问题,我们需要监测公路项目的合同执行情况,及时发现问题,减少或纠正偏差。

跟踪项目合同的基础。在监督高速公路项目合同执行方面,主要有以下几个方面的依据:①项目合同的结果和合同分析。工程合同和合同分析的结果,如计划、时间表、合同修改文件等,构成了比较的基础和合同实施的目的和方向。②各类实际项目文件。各种实际工程文件,如原始记录、各种工程报告、报表、验收结果等。③对场景的直观理解。项目管理人员每天到现场直观地了解情况,如通过参观施工现场,与各类人员交谈,召集小组会议,检查工程质量,通过项目报告编制项目报告。

项目合同实施跟踪的对象。根据我国公路工程的实践经验,公路工程项目的实施和合同跟踪的对象主要包括:①具体的合同事件。根据合同事件表的具体内容,分析事件的实际完成情况。②工程队或分包商的工作和业务。一个工程队或分包商可能会开展许多子项目或许多专业相同、工艺相近的合同事件,所以应检查和分析其实施的整体情况。在实际项目中,整个项目往往会因为某个工程团队或分包商进行的工作质量不高或进度延误而受到影响。合同管理人员应在这方面为他们提供帮助,例如,协调他们之间的工作,对工程中的缺陷提出意见、建议或警告,要求他们在一定时间内提高质量,从而加快项目进度。业主和监理工程师的工作。③业主和监理工程师是承包商的主要合作伙伴,对他们的工作进行监督和跟踪是非常重要的。④工程总的实施状况中所存在的问题。

（二）公路工程项目进度管理

1.公路工程项目进度管理的目标与措施。

（1）公路工程项目进度管理的目标。

管理目标是在特定的时间内管理活动及其结果。根据计划的时间长短，它分为长期战略目标、次级目标、短期目标和应用目标。目标不仅是计划的主要内容，也是计划的基础。科学计划的主要目的是准确地预测未来的发展，选择正确的方向，利用资源可以有效地实现更好的经济和社会效益。

在确定公路工程项目规划管理目标时，需要详细分析与公路工程项目规划有关的因素，制定科学合理的管理目标。确定道路施工速度管理的主要目标，包括施工时间所需的总体进度、时间限制、与工程实际进度的相似性、施工难度和技术条件。

公路工程项目管理目标是根据公路工程项目总体规划确定的。项目管理过程的一般目标已被分类，以方便和限制标准流程管理系统的实施。

根据工程建设项目的进度要求，提升工程项目整体管理目标。但实际上，在公司的建设活动中，项目最基本的性质是项目的分管，保证项目的单位或阶段的合规性，完成项目管理目标，并实现公路工程项目管理目标的提升。为了分析所有的进步目标，项目的总体进步目标可以直接控制分支机构或建筑工程，从设备到细节，从高层到基层，从分解到现场施工。

在分解过程中，每个目标和直接管理系统的速度会下降到目标管理的速度，下级管理速度是目标管理的速度，以及超过目标的速度，所以它会从上到下，从下到上，确保顶部和底部管理的多层次进度管理目标体系。

（2）公路工程项目进度管理的措施。

对公路工程施工项目进行进度管理采取的主要措施包括：组织措施、技术措施、合同措施、经济措施和信息措施。

第一，组织措施。组织管理大部分的过程，是指具体的任务和任务的划分,并建立一个组织过程管理的系统。按结构、进度、专业或分解工程施工合同结构的顺序,确定其进度目标,并建立过程控制系统。选择调度系统,如检查时间、方法、会议时间的协调、员工的参与等,对影响施工过程的因素进行了广泛的分析和预测。

第二,技术措施。技术措施是推进施工过程的施工方法,确保工程项目可以在限期前完成,也可以在进度调整后的时间内完成。技术措施主要包括质量保证、安全、经济和快速施工技术,还包括操作技能、设备技术、施工技术等。使工程管理过程和方法,特别是能源模式、网络设计技术等,在公路工程规划管理的技术措施、先进的施工方法、新材料和新程序中得到最大限度的应用,以确保规划目标的成功。在施工过程中,遇到问题时,可以调整合理的劳动关系,以加快施工进度。

第三,合同措施。合同以合同的形式订立,以保证施工技术出现的时间,即在施工合同期间保持目的和速度的一致性。提供信息的时间和合同的汇总时间,合同和建设项目,如电力、水、运输、计算机等,将为施工项目提供达到适当管理目标的合作服务。

第四,经济措施。经济措施是指为实现项目进度而采取的财务保证措施和经济核算方法。高速公路项目进度管理的经济措施主要包括:①落实高速公路工程项目目标的保障资金,确保资金如期到位;②与相关部门或个人按时、按期签订并落实经济合同责任制;③建立并实施有时限、有计划的奖惩制度;④各级部门经济和财务管理,加强项目成本核算。

第五,信息措施。信息化措施是指在施工进度的监测、分析、调整和反馈过程中,建立信息流动程序和信息管理系统,使施工进度信息得到及时、准确的反馈,以实现全过程连续、及时、动态的目标控制,采取必要措施使工程进度恢复正常。通过以上分析,我们可以知道,高速公路项目规划管理的主要任务包括:①编制高速公路建设的总体进度计划,并控制其实施;②编制公路工程单位工程的施工进度计划并控制其实施,按期完成单位工程的施工任务;③编制部分项目建设进度计划,并检查其执行情况,按期完成部分项目建设任务;④编制季度、月度(旬)工作计划,并监督其实施,按期实现目标。

2.公路工程项目进度计划的编制

(1)公路工程项目进度计划的编制依据。

进度计划是一个项目的工作顺序,而启动和完成的时间和班级计划的低层次关系是控制和管理项目的基础。通过计划,项目过程中的各种元素可以形成一个完整的有机身体。

根据我国公路工程建设经验,公路工程项目进度计划的编制依据包括以下几点。

第一,经过规划、计划、设计等有关部门和有关市政配套审批、协调的文件,是公路工程进行进度计划编制的基本依据;无此类依据,工程不能列入基本建设计划。

第二,有关拟建公路工程的设计文件和设计图纸,是进度计划编制的主要依据,工程进度计划编制质量与其关系密切。

第三,有关公路工程方面的概算文件、概算定额、工程量计算原则和方法、劳动定额等,是进行公路工程进度计划编制的可靠依据。

第四,主要分项工程和子项工程的施工组织设计和施工方案也是编制公路工程进度计划的重要依据。

第五,拟建公路工程项目的现场条件是影响项目建设进度的最重要因素,如地质、水文、地形、气候、环境数据、交通条件、能源供应、辅助生产能力等。

第六,有关拟建公路工程所用建筑材料、半成品的加工和供应能力,是公路工程施工速度快慢的物质基础,如果不能满足要求,必然会影响进度。

第七,有关拟建公路工程所用施工机械设备的性能、数量和运输能力,是生产率高低的主要影响因素,如果机械设备的性能、数量和运转状况不符合要求,也会严重影响施工进度。

第八,公路工程施工合同中规定的开工日期和竣工日期是公路建设进度计划的控制标准,项目进度计划必须满足合同中规定的期限。

第九，参与拟建公路项目建设的管理人员和施工人员的数量和水平是影响项目建设进度的关键因素，必将加快项目的建设。

第十，已建成的同类或相似公路工程项目的实际正常施工进度，是编制拟建公路工程进度计划的重要参考资料。

（2）公路工程项目进度计划的编制内容。

公路工程建设是一个系统工程，要完成一个公路建设项目，必须做好人、财的协调和安排好材料、时间和空间，以确保项目按照目的完成。在一定的人、财、物条件下，合理制定施工方案，根据工程需要的内容科学地制定施工方案，并统筹安排其他要素，是公路工程建设的核心。根据我国公路工程建设的实践经验，公路工程项目进度计划包括控制性进度计划和作业性进度计划两类。

第一，控制性进度计划。控制性进度计划包括总体计划、时间计划、项目计划或年度计划（季度计划）。控制性进度计划是经过这些计划的细节调整的。它的任务是证明和分析目标的进展情况，确定目标的进展情况，并为准备和执行不同的计划以及执行动态控制提供基础。

第二，作业性进度计划。工作性进度计划包括分段计划、每月工作计划和每周工作计划。操作程序是工作的基础，它定义了一个具体的时间表和相关的对象或资源。由项目经理起草工作计划。项目经理必须按照计划行事，并完成所有的过程和细节。

所有类型的日程安排内容都应该包括：披露日程安排、资源需求日程安排和供应平衡表日程安排，包括主要目标、计划、进度指导、关键点和难点、保证条件的重点、关键行动等。进度计划是主要内容，包括计划子项名称（如活动细节或进度计划）、进度目标或进度图等。

（3）公路工程项目进度计划的编制方法。

在编制公路工程项目进度表之前，应详细研究需要考虑的依据和因素。项目进度表的编制可以采用文字说明、里程碑表、工作比例表、交叉点图、网络图等编制方法：①划分建设过程；②确定施工顺序；③计算工程量；④确定劳动量和机械班次的数量；⑤确定子项目、子项目的施工天数，计划项目；⑥施工进度表；⑦日程优化。

第二节 桥梁工程项目管理基础

一、桥梁工程施工全面质量、安全管理的必要性

建设项目管理(PM),是指运用系统思想和科学的理论方法,对建设项目全过程进行的计划、组织、控制、协调等管理,在规定的质量和工期要求下,提高投资效益。作为基础设施建设项目,桥梁工程具有覆盖面广、施工工艺复杂、工程量大、标准高、专业性强、人员分散等特点,其建设管理的成败不仅关系项目投资效益的高低,而且还直接影响地方和沿线的经济发展,影响到社会资源的有效配置。随着桥梁工程建设规模的不断扩大、社会期望值的提高,对桥梁工程管理的要求也越来越高。

桥梁工程建设管理与一般的建设项目管理相比,具有长期性、复杂性、多方协调性、社会性和目标多重性等特点。

(一)长期性

桥梁工程尤其是大型、复杂结构桥梁项目的管理期较长,从立项、预可行性研究、工程可行性研究、图纸设计、招标确定施工及监理单位、工程施工、交工验收、试运行到最后竣工验收,一般要跨越多个年份。

(二)复杂性

桥梁工程建设需要众多专业施工队伍和施工人员的参与,技术难度大,交叉作业点多。由于参建单位的不同,人员构成复杂且变化较大,项目各方的技术水平和管理能力,直接关系桥梁建设工程的施工质量、项目规划和管理效率。

(三)多方协调性

桥梁工程建设项目的涉及面很广,在一个完整的建设周期内,涉及交通主管部门、业主单位、设计单位、承包商、监理单位等诸多直接

相关单位;同时,沿途还涉及各级政府、电力电信、材料供应厂家等多个部门。因此,桥梁工程建设管理不仅要解决好项目组织内部的协调问题,还应该处理好项目的外部协调,包括与政府部门、金融组织、社会团体、服务单位、新闻媒体及周边群众等的协调。

(四)社会性

桥梁工程建设项目投资额度大,建设完工以后将长期发挥作用,这就决定了它的社会性,即项目实施过程中和投入使用后,会给当地经济、社会和环境带来影响。同时,桥梁工程质量、安全直接关系国计民生,影响人民群众生命财产安全和社会的稳定。因此,在桥梁工程建设管理过程中必须考虑其社会性的特点,将促进所在地区经济与社会发展作为项目建设目标之一,对社会效益和环境效益加以重点考虑。

(五)目标多重性

由于项目各参建单位的利益出发点不同,其目标体系具有不一致性与一致性的矛盾。一方面,各个单位的具体目标与总体目标之间存在不一致性。例如,对于一个桥梁工程建设的业主来说,其目标是让项目尽快完工并投入使用,同时做到投资最小、工期最短、质量最好,项目完工投入使用后,社会效益和环境效益将达到最大化。而承包商追求的是开展工作后能给单位带来的利润,不参与建设项目本身的效益。另一方面,由于每个参与单位都能在完成建设项目的基础上保证其目标的实现,即按照业主的要求保证总体目标的实现,实现具体单位的子目标,因此有了一致性的目标。桥梁建设管理的过程本身就是目标不一致和一致的矛盾统一体,管理起来比较困难。

二、桥梁质量、安全管理的局限与趋势

桥梁质量、安全管理的目的是通过加强施工过程中的管理消除影响质量、安全的不利因素,以保障桥梁实体质量和作业人员的人身安全。然而,传统的管理方式由于自身的局限性,难以完全有效地达到预期目的。传统的管理方式的缺点主要体现在以下几点:一是管理不

系统。无论是质量管理还是安全管理,强调的都是独立管理主体的责任和义务,难以形成多主体共同参与的系统性管理,形成较多的管理界面搭接处的模糊地带,影响管理执行的效率。二是忽视管理环境。重视对人的责任追究,忽视整体管理环境对个体行为选择的影响,没有深入探究人与环境之间的内在关系,对目标的管理偏重控制而缺乏对个体主动性的调动。三是管理手段较为单一。桥梁工程的技术含量较高,施工难度较大,在管理过程中单纯依靠现场的监督和控制,不一定能够保证桥梁的实体质量。另外,安全工作的重点往往放在事故的追查与处理上,缺乏事前的整体布控,难以实现对施工安全的主动控制。

针对传统管理模式的弊端,结合我国桥梁工程建设的特点,先进的管理理论和管理方法正逐步引入或提出。宏观层面,桥梁工程建设管理体制深入改革,如投融资体制不断改革与完善,建设项目法人责任制、招标投标制、合同管理制和建设监理制的积极推行,这些措施对桥梁工程建设事业的发展起到了有效的促进作用。在项目管理层面,传统的各自为政的管理方式也在逐渐发生变化,针对独立的考虑自身的利益而忽略了项目整体以及其他参与方的利益要求,导致项目内部的冲突对抗状况严重,消耗项目整体的收益的问题,项目管理者开始探索整体利益最大化的管理方式,通过协同各参与方的利益与管理行为,实现项目整体系统化的管理,以降低管理过程中的内部消耗。

因此,建设项目质量、安全管理逐渐趋向于系统化管理的阶段,将质量管理、安全管理视为项目管理中的一个子系统,将质量、安全目标与其形成过程、影响因素等结合起来进行管理,以体系化管理的方式保证系统目标的实现。

三、桥梁工程施工全面质量、安全管理的意义

桥梁是铁路、公路等基础设施跨越河流、山谷等地质环境的主要方式,其质量和安全事关人民群众生命财产安全,事关国民经济安全稳定运行,事关党和政府的公众形象。经济社会发展对工程质量和安全施工要求不断提高,人民群众对桥梁工程质量和安全的关注程度不

断增强,社会舆论对工程质量和安全的监督力度不断加大,所以桥梁工程建设项目的质量和安全监管任务将更加艰巨。

桥梁工程的质量和安全不仅关系到项目的适用性和项目的成本影响,还关系人的生命和财产安全。在新的管理理念和管理方法的引导下,构建施工全面质量、安全管理体系的意义体现在以下几方面。

(一)有助于保证建设工程质量

建设工程质量具有形成过程复杂、质量责任关系复杂、施工过程复杂等特点。建设工程是指从项目的可行性研究到竣工交付使用的全过程所形成的最终产品,各阶段的质量决定了最终的质量。建设工程质量的形成涉及众多建设主体和部门,合同与质量责任之间的关系复杂,过程质量的复杂性交织在一起。因此,建筑产品的质量管理是一个全方位、全过程、全方位的管理过程,需要对建设单位进行质量管理,对建设单位及其委托的中介组织进行质量监督,还需要对分包商和材料、结构件、设备供应商进行质量管理,特别是需要政府建设工程质量监督机构对建设工程的质量进行全方位、全过程、全方位的监督和管理。通过对建筑工程的每个阶段和环节进行质量管理,确保建筑产品的最终质量。

(二)有助于保证施工安全

在以人为本的社会大环境中,安全作为人类生活的基本保障,是构建和谐社会的必然要求。一方面,对安全管理的重视得到强化;另一方面,传统的事后追究责任的安全管理模式已无法适应安全管理的需求,也不利于我国融入世界先进的市场竞争。桥梁安全管理的体系化,在管理体系建设中追求新理念的方式不仅是对安全管理的探索,而且是整个安全管理理念的具体应用,它可以从事前、事中、事后三个层面对安全进行全方位的控制。同时,通过对突发事件的应急管理,实现安全的全面管理。

(三)有助于推动管理实践的发展

全面质量管理和安全管理研究的根本目的是探索适合桥梁施工阶段的客观管理方法,指导桥梁施工实践。目前,我国已进入桥梁建设的大发展时期,而桥梁建设技术含量高、现场作业多、参与方多等特点决定了桥梁建设的科学性、安全性、管理的任务繁重。因此,探讨桥梁质量安全管理的理论,指导技术实践,具有现实意义。

四、桥梁工程施工全面安全管理概述

(一)桥梁工程施工安全管理

安全意味着没有威胁、没有危险、没有损害、没有损失、没有互相伤害、没有危险的隐患,是免除了不可接受的伤害风险。在人类生产过程中,安全是指系统对人的生命、财产和环境的损害能够控制在可接受的水平以下的一种条件。

广义的桥梁工程施工安全包括工程安全和施工过程的工作安全。工程安全与桥梁工程实体的质量密切相关;工作安全则是指工程实体形成过程中安全管理对象或要素的安全,工作安全直接影响工程安全的形成。安全管理可以被定义为管理者为保护生产过程中工人的安全和健康而计划、组织、指导、协调和控制的一系列活动。桥梁施工安全管理是安全管理原则和方法在桥梁施工中的应用,包括宏观安全管理和微观安全管理。宏观安全管理主要是指从组织机构、法律法规、执法监督等方面对桥梁工程进行安全管理。它既是间接管理,也是微观管理的行动指南。微观安全管理主要是指直接参与项目安全管理,它包括监理机构、中介机构和施工方受业主或老板委托,对项目安全的计划、实施、控制、协调、监督和管理。微观管理是直接而具体的,它是安全管理思想的体现,是安全管理法律法规和标准的指导。

(二)桥梁工程施工全面安全管理的内涵

第一,桥梁工程施工全面安全管理的概念。桥梁工程施工全面安全管理是指在现行安全生产法律、法规和项目安全目标指导下,各参与方各司其职、协同配合,建立系统的安全管理和保障体系,运用行政、经济、法律、技术等一系列手段,对桥梁建设实体建立过程中影响安全的因素进行全面控制和监督,做好项目实施过程中的事故预防和安全状况动态评估,及时消除不安全因素,将项目实施过程中可能造成的生命财产损失控制在可接受的水平以下。

第二，桥梁工程建设的全面安全管理不同于传统的安全管理，是对全员、全要素、全过程的安全管理，管理对象的范围更广，强调参与者协调合作的整体效果，体现了动态控制和趋势分析的安全管理思想。桥梁工程建设的全面安全管理主要包括以下几个方面：系统安全管理、全面安全管理倡导系统安全管理理念，即强调各参与方协调合作的整体效应，站在项目的全局角度，构建政府主管部门、业主、施工方、监理和设计单位都参与和合作管理的安全管理体系，并在此基础上设计系统的、兼容的安全保证机制，按照项目安全管理的流程，各参与方对影响桥梁工程安全的因素进行全面管理。全面的安全管理要素涵盖了更广泛的内容，与传统的安全生产管理中的人、物管理不同，本书提出了影响桥梁工程施工中安全的人、机械设备、结构与构件、施工技术和环境等五个因素，对五个要素的安全控制和监控构成了安全管理的核心内容。安全管理的主要对象包括工程结构和构件安全，如固定结构或构件的位移、挠度、应力和裂缝。同时，在安全管理下编制桥梁施工安全事故预案和应急管理。

第三，动态安全管理、全面安全管理强调的是基于过程的、动态的安全管理，即在识别危险、编制安全施工方案的基础上，以安全控制和监督的要素和细节、动态安全评估为主要内容，按照计划、实施、检查和处置四步循环，并在循环中自我完善，提高安全管理水平。安全管理的定义包括"施工过程中某一时刻的安全状况和变化趋势"的含义，根据这一点和安全管理相关因素的状况，建立评价指标体系，构建动态评价模型，动态评价可以反映桥梁在施工过程中某一时刻的安全状况和发展趋势，进行安全预警，调整安全管理进度。

五、桥梁工程施工全面安全管理体系的维度

桥梁建设全面安全管理的实施需要参与各方的协调和配合，在组织、制度、文化和信息的安全保障下，对桥梁建设的关键要素和环节进行全面管理，实现全面安全管理的目标。桥梁工程施工全面安全管理体系包含三个维度，即主体、保障体系、过程。

（一）桥梁工程施工全面安全管理的主体

桥梁工程施工全面安全管理的主体是工程项目的参与者、实施者，桥梁工程施工安全管理的主体主要包括建设行政主管部门、业主单位、施工单位、监理单位、勘察设计单位。建设行政主管部门既是工程项目安全管理相关制度的制定者，也是施工安全监督者、保障者。主管部门依据国家的法律法规和技术标准规范，对工程项目进行监督和管理。

业主单位既是工程项目的投资方，也是连接项目各参与方的纽带。业主要加强安全管理的意识，协调、监督各参与方行为，共同实施项目全面安全管理。施工单位是工程项目的实施者，是项目安全主要责任人，是安全管理的主要参与方。施工方要按照国家有关安全施工的法律法规、安全技术标准与规范等，对施工全过程进行安全管理。

监理人是项目的监理人，监理单位既要对业主负责，又要承担国家法律法规规定和建设工程监理规范要求的责任，要积极贯彻执行职业安全方针政策，监督施工单位按照有关安全法律法规落实各项安全工程措施，切实消除各类安全隐患，预防、控制和减轻各类事故，开展安全生产。研究和设计单位对工程项目也负有重要的安全管理责任。正式开工前，科研设计单位应与施工单位进行技术交底，参与安全施工方案和专项安全方案的编制和论证，参与重大安全事故的救援等。

（二）桥梁工程施工全面安全管理的保障体系

安全管理的基本保障有组织保障、制度保障、文化保障、信息保障。

1.组织保障

桥梁施工全面安全管理工作的实施需要项目的各个参与方共同协调配合才能完成。各参与方了解相互间的联系，明确各自的主要职责和内部的岗位职责，建立起全面安全管理的组织结构，保障全面安全管理的顺利实施。

2.制度保障

安全生产管理制度是工程施工能够顺利进行的重要保障。制定规范的安全生产管理制度能促使每个行为个体都按照制度行事，使其"一言一行"都有章可循。安全生产管理制度既规范了个人的行为，又可使得工程有组织、有计划地进行。

3. 文化保障

多年来的安全生产实践说明，造成安全事故发生的原因中，人的因素是主要问题之一，主要表现为安全意识淡薄、安全知识贫乏、安全技能不足、安全行为不规范，其中安全意识和安全行为问题尤为突出。因此，建设安全文化对于安全管理有重要的现实意义。全员进行安全文化建设教育，树立大安全观的思想，自觉遵章守纪，自律行为和规范，形成良好的安全行为习惯，有利于实现全面安全管理的目标。

4. 信息保障

安全信息是安全活动赖以生存的源泉，安全管理部门利用大量的安全信息进行管理。只有充分利用信息科学技术，安全管理才能在社会生产现代化的进程中发挥积极的主导作用。在工程项目中，各种安全信号是信息，各种事故的统计分析也是信息。掌握了准确的信息，就能继续正确决策，就能更好地实施项目的整体安全管理。

（三）桥梁工程施工全面安全管理的过程

桥梁工程施工全面安全管理的过程，是参与方协同配合，依照一定的安全管理流程，确保项目的顺利实施和安全目标实现的过程。安全管理的核心工作包括危险源的识别、安全施工方案及应急预案的编制与审核、施工过程的全员全要素安全管理、安全状态的动态评价、竣工验收过程的安全管理、突发事故应急管理。

第一，危险源的识别。根据桥梁的特点及其他类似工程的经验，对施工工程中的危险源进行识别，并建立危险源清单，尽量避免或减少施工工程中可能出现的安全事故。

第二，安全施工方案及应急预案的编制与审核。在项目开工前，施工单位应编制安全施工组织设计、安全专项施工方案和应急预案。同时，监理单位要做好审核工作。

第三，施工过程的全员全要素安全管理。在施工过程中，施工方、业主（监理方）、勘察设计方、主管部门都要参与到安全管理中，共同配合、管理和控制，有效实现全面安全管理的目标。

第四，安全状态的动态评价。从全面安全管理的不确定性因素处理和动态评价考虑，对桥梁工程安全状态进行动态评价，并对安全状态的趋势进行预测，以便及时发现问题，规避风险。

第五，竣工验收过程的安全管理。在竣工验收过程中，业主（监理）应把握验收环节，加强验收的安全监管，认真审核施工方提交的竣工验收报告等相关资料，特别是安全措施和设施施工情况的相关资料，必要时进行现场抽查、测试相关项目。

第六，突发事故应急管理。对突发事故进行应急管理，以确保事故发生后能够及时得到处理，使由事故引发的人员伤亡和财产损失降到最低标准。

第二章 公路路基工程施工

第一节 路基工程概述

一、路基的概念与分类

公路路基是路面的基础,是线性承重主体,承担着自身土重和路面结构物的重量以及由路面传递的交通荷载。没有稳定而坚固的路基,就没有良好的路面,柔软的路基会造成不均匀的下沉现象,引起路面开裂和不平整,进而影响行车速度、安全性、舒适性和道路畅通。

根据填方和挖方的不同情况,路基可分为路堤式路基、路堑式路基和挖填结合式路基三种类型。路堤式路基是指完全由石、土(或其他填料)构成的路基;路堑式路基是指完全由挖方形成的路基;当天然土的横坡比较大时,一边挖方,另一边填方,称为挖填结合式路基,也叫半路堤半路堑路基。

对于一级公路和高速公路,路基又可分为整体式断面路基和分离式断面路基两类。对于路堤来讲,按路基的填土高度不同,又可划分为:矮路基(小于 1.5 m)、高路基(大于 18 m)和一般路基(1.5~18 m)。按填料不同,又可分为土质路基石质路基和土石混合路基。路基在结构上又分为:上路堤和下路堤、路床。路床是指路面底部以下 0~0.8 m 的路基部分,可分为上路床和下路床。上堤坡指的是路面底部以下 0.8~1.5 m 的填充部分,下堤坡指的是上堤以下的填充部分。

路堑按其开挖方式的不同,又可分为:全挖式路基、台口式路基和半山洞式路基。按其材质不同,路堑又可分为土质路堑和石质路堑。

二、路基施工的特点和基本要求

(一)路基施工的主要特点

第一,土石方数量大,不同路段工程数量差别大。一般平原微丘区的二级公路,每千米土石方数量在 10 000～22 000 m³。山岭重丘区更是数量巨大,不同路段的挖填方数量差别大。

第二,材质差别大。不论是填方路段还是挖方路段,路基工程都是宜土则土、宜石则石。土路基本身也有不同土质类型,如粉性土、砂性土、黏性土、黄土,还有须加固处理的软土等。石质路基材质有可能是石灰岩、沉积岩、变质岩或是火山岩,不论其风化程度如何,只要其强度满足要求,都可以用作路基填料。在一条道路的同一路段上,出现多种材质混合的可能性比较大。

第三,施工方法因地制宜。由于地形地貌、地质水文、气象、现有交通条件等诸多条件的制约,施工方法宜挖则挖、宜爆则爆,多种多样,因地制宜。

第四,路基工程和桥梁、涵洞、防护工程、路面工程等在施工中相互干扰、相互影响,应认真组织,妥善安排。

第五,应注意环境和生态保护,防止取土、弃土和排水沟、边沟等影响农田水利和排灌系统。

(二)车辆荷载对路基工程的基本要求

基本要求包括:①具有足够的整体稳定性;②具有足够的强度,也就是抵抗变形的能力;③具有足够的水温稳定性,即在最不利的水温条件下,保持路基的强度仍能满足设计和行车荷载对路基的要求。

(三)路基工程施工的基本要求

基本要求包括:①路基工程施工应满足设计和使用要求,并把试验检测作为主要的监控手段来指导路基工程施工。②路基施工宜移挖作填,即使用路堑段的挖方用作路堤填筑段的填方,减少占用土地并有利于环境保护,减少对自然景观的破坏,保持与地形地貌的协调。③路基施工应严格按照规范要求来组织,特殊地区的路基施工采取相应的技术措施。④石方挖方路基的施工,不宜采取大爆破的方法进行;必须使用时,须请有相应设计施工资质的单位,做出专门的设计,反复论证后,按大爆破的有关规定组织和实施。

三、路基填料

路基填筑工程量巨大,路基填料的选择一般采取因地制宜的原则,宜土则土、宜石则石。所有具有规定强度并能被压实到规定密度且能形成稳定路基的材料都是合适的填料。换句话说,无论是细粒土、粗粒土还是爆破后的岩石或工业废渣,只要符合一定的技术要求,都可以作为路基填料使用。

但在选择路基填料时应注意以下几点:①路基填料应采用级配良好的砾质土、砂质土等粗集料,填料的最大粒径应小于150 mm。②泥炭、淤泥、冻土、强膨胀土、有机土以及可溶性盐超过允许含量的土,不应直接用于填筑基层。液限超过50%、塑性指数超过26的土以及含水量超过规定的土壤,不得直接用于填充基质。当需要用土或黄土填筑路基时,应采取一些改进措施,使其符合要求,并得到监理的批准。③其他工业废渣在使用前应进行有害物质检测,避免污染土地和水源。④浸泡路基应采用透水性好的材料填筑,如中等粒径的砂石、级配的碎石等,淤泥质土不应直接用于填筑。如果需要使用细砂、粉砂等容易流动的材料作为填充材料,应考虑采取防止地震流动的技术措施。⑤细粒土,如石灰、水泥、粉煤灰等,可以单独使用或合成。⑥石料填充的路基的最大粒径应小于其厚度的2/3,在路基顶部50 cm内不得使用石料。

四、路基施工期间的防水与排水

第一,在路基工程设过程中,为了避免附近的项目或农业用地、建筑物和其他设施被泥泞冲刷,必须建造一个临时排水设施,以确保工地的安全。

第二,临时排水系统必须与长期排水系统相结合。建筑用地不得用于农场、农田或天然水源,也不得污染、堵塞或清洗。

第三,无论是挖掘还是倾倒,建筑都必须在没有水的情况下进行。因此,所有的建筑层都必须保持一定的排水槽倾斜或垂直。如果地下室的水太大,必须采取措施,在挖隧道或填满隧道时减少水的含量。

第四,必须报告临时排水系统和排水措施,以便监测、检查和接受。

五、路基基本施工方法

路基基本施工方法大致可分为以下几种。

(一)人工施工

采用手工工具,如小推车、扁担挑、铁锹挖、人工填筑、人工石夯夯实的施工方法。人工施工工效低、进度慢,古代和近代的道路基本使用这种方法施工。目前道路施工中,特别小的项目和施工机械无法进入的区域,如庭院人行小路、块石路面,也主要采取人工施工方法。

(二)简易机械化施工

以人工为主、简易机械为辅的施工方式,采取人工战术,大兵团作战,仅在碾压、整形等环节使用机械作业。20世纪80年代以前,由于缺乏机械,我国道路施工和河道清淤多采取这种施工组织方式。

(三)机械法施工

高性能公路的主要工作程序是一种广泛的机械化施工方法,目前在高性能公路的施工都采用这种方法。

(四)爆破法施工

主要适用于石质路堑和隧道施工。

(五)水力机械法施工

使用水泵、水枪等水力机械喷射强力水流,冲散土层并流至指定地点沉积。这种方法对电力和水源要求高,且沉积时间长,难以控制工程质量,目前在公路施工中很少使用。

第二节 一般路基施工

一、土质路堤施工

(一)施工取土

路基填方取土应根据设计要求,结合底土排水、当地区划和环保要求进行开挖,不得随意开挖。建设中应不占或少占土地,尽可能利用坡地、荒地,土壤深度应与地下水因素相结合,有利于修复。原有地区的耕地应集中存放,以便再利用。在选择自行取土的方案时,应满足以下技术要求。

第一,地面横向坡度陡于1:10时,取土坑应设在路堤上侧。

第二,桥头两侧不宜设置取土坑。

第三,基坑与路基之间的距离应满足路基边坡稳定性的要求。基坑与路基之间的护坡应平整、密实,表面有1%～2%的向外倾斜的横坡。

第四,当基坑作为排水坡时,基坑底部应高于附近水区的正常水位或适合永久排水系统和桥沟出口的高度,纵向坡度不应小于0.2%,平坦面积不应小于0.1%。

第五,当水井与排水沟、鱼塘、水库等蓄水设施离线连接时(泄洪),应采取防磨和防污染措施。由土壤吸收造成的裸露表面应进行整改或保护。

(二)施工方法

路堤填筑是把填料用一定方式运送上堤进行铺平、碾压密实的过程。路堤填筑分为分层填筑法、竖向填筑法和混合填筑法三种方法。

1.分层填筑法

路堤填筑根据不同的土质,逐层填入原土,逐层压实。每层的厚度可以由有效压实深度和压实机决定。分层填筑法可分为水平分层填筑和纵向分层填筑。

第一，水平分层填筑法。用最大宽度填充层，直至把最上面的一层填满，每一层都要按照已确定的要求，更换一层，然后循环，直到达到设计的高度。

第二，纵向分层填筑法。这种方法可以用来从路堑中提取土壤，以补充距离较短的路堤。这种方法通常适用于坡度超过12%的地方。

2.竖向填筑法

竖向填筑法的方式是从道路的一端或两端开始的，这种方法适用于深谷、陡峭的斜坡、破碎的岩石、土壤处理和无法从下往上填满的情况。

竖向填筑因密度太大不易压实，施工选择沉陷量较小、透水性较好及颗粒粒径均匀的砂石填满路堤全宽度；选择振动或夯击式压实机械；暂时不要再建较高级的路面，容许短期内自然沉落。

3.混合填筑法

混合填筑法是在路堤下层垂直填筑，上层水平分层填筑，使上层通过分层压实获得所需的压实度。这种方法适用于水平分层填筑法和垂直填筑法因受地形限制或堤坝较高而不一定适合填筑的情况。在深谷陡坡地段填筑路堤，尽量采用混合填筑法。工程可以是机械式的操作，也可以是多机式的操作，一般是沿线路分段进，每段40 m的距离为宜，地面平整或两边有可利用的山地土场时可以采用。

二、填石路堤施工

(一)填料要求

路堤填料粒径不能超过500 mm，且不能超过层厚2/3，不均匀系数必须是15~20。路床底面以下400 mm范围内，填料粒径必须小于150 mm；路床的填料粒径必须小于100 mm。大岩石和薄薄的岩石不宜直接用于路堤填筑，而强风化石料、切割岩石和盐岩不能直接用于填充路堤。

(二)填筑方法

填石路堤的填筑有两种施工方法：倾斜填筑（包括就地浇筑）和逐层填筑、分层压实。倾斜填筑可分为两种情况：岩石表面爆破后立即铺入要填筑的堤坝;爆破后用推土机将岩石推入填石路堤,用自卸车运送爆破岩石,将岩石推入堤坝。在高速公路、一级公路和其他高等级公路的填石路堤中,应采用分层填筑和压实的方法,而不是倾斜填筑。当在陡峭的山坡上修建二级及以下公路特别困难时,或在开挖和填筑时使用大量半径时,可以用倾斜的方式填筑路堤下部的岩石材料,但是,倾斜的堤岸应在路床面以下 1.0 m 以上的范围内分层填筑并压实。

在施工中,做好石料的操作路线,专人指挥,根据分层程度,应安排先低后高、先两边后中央的卸料。由于每层的厚度都比较大,应使用大型推土机进行铺设工作。个别不规则的地方应该用细石子和石屑进行填充,如果石子排列不整齐,体积大,填充物厚,石子之间的空隙大,可以在每层的表面用空气扫除废料、碎屑、中砂和粗砂,然后用加压水冲刷下部的砂子,重复几次,填补空隙。

铺设 25 cm 石料时,要先铺填大石料,大面朝下,小面朝上,然后用小石料找平,再填上石屑,最后压实。当石料的粒径小于 25 cm 时,可直接分层摊铺和碾压。

三、土石路堤施工

土石路堤是指石料含量占总质量 30%～70% 的土石混合材料填筑的路堤。

(一)填料要求

首先,膨胀岩、可溶岩等不适合直接用于路堤填筑,崩解岩和盐渍岩也不适合直接用于路堤填筑。

其次,中硬和硬质岩石材料的最大粒径不应超过压实层厚度的2/3,岩石材料的最大粒径不应超过压实层的厚度。

(二)填筑方法

土石路堤不应采用翻转法填筑,而应采用分层填筑和分层压实法。当土石混合料中的骨料含量超过 70% 时,最好采用人工铺设,即先铺设大石块,然后铺设平衡,再铺设小石块、石渣或石屑来平整接缝,然后碾压。当土石混合料中的骨料含量低于70%时,土石混合料可以用推土机进行摊铺。每层的厚度应根据压实机的类型和规格来确定,不应超过40 cm。机械摊铺应用在硬石上,尤其要避免将大尺寸的硬石放在一起。

（三）质量检验

第一,对于施工中的中硬石质土石路堤的每道压实工序,可采用试验段确定的工艺流程和参数进行压实控制,并采用试验段确定的沉降差指标,检查压实质量。

第二,软质石料填筑的土石路堤,应符合地基表层处理的规定。

第三,土石路堤外观质量标准:底层表面无明显孔洞;大块石料填筑无松动,难以用铁锹挖掘;中硬和硬石土石路堤边坡铺设密实,无明显孔洞、松动,块体间承台面应向内倾斜,坡度平稳。

第三节 特殊路基施工

以软土路基为例,详细阐述特殊路基的施工技术。

淤泥、泥质土和天然强度低、压缩性高、渗透性小的一般黏土被称为软土。软土路基的天然含水量大于或等于35%和流体极限,天然孔隙率大于或等于1.0,纵横交错的板块抗剪强度小于35 kPa,压缩系数应大于0.5 MPa^{-1}标准,贯通数小于4,未定义抗压强度小于50 kPa,含水量大于50%的黏土和标准贯通数小于10,含水量大于30%的沙土。

一、软土路基处理方法

（一）换填法

换填法的目的是将所有的泥浆深度和覆盖范围从基础上移除,并满足规定的压实度的方法。换填时,必须选择能够稳定或透水性好的材料,必须分层铺筑,一层一层地压实。

（二）抛石挤淤法

抛石挤淤是指在路基底部抛投一定量的碎石，然后把黏土从路基中挤出去，以增加路基的力量。碎石必须从不受天气影响的大石头中挑选出来，其尺寸不得低于 0.15 m。抛石挤淤法施工很简单，又快又方便。它适用于洼地，难度大的排水情况，厚度较薄，表层无硬壳，或 3.4 m 厚的泥浆或软土中。在非常柔软的地面上，因为它不能使用机器，或者因为它的表面有大量的积水不能被排放。因此它适用于多岩石和短程运输的情况。

（三）排水固结法

排水固结法包括附加物预装法、真空预装法、预装脱水法和电渗法，但对于厚泥炭层应慎重选择。

（四）胶结法

1.水泥搅拌桩

水泥搅拌桩的应用范围是淤泥、粉土、高含水率地层、黏性土、淤泥等承载力不超过 120 kPa 的软土路基。在泥炭层较厚的软土底层，其适用性应通过试验确定，可通过添加磷石膏增加搅拌桩的强度。当地下水含有大量的硫酸盐时，应使用抗硫酸盐的波特兰水泥。在冬季施工时，应注意负温。注意当十字形板的抗剪强度为 35 kPa、抗穿透力约为 750 kPa 时，圆锥穿透试验（CPT）的穿透力对处理效果的影响。

2.高压喷射注浆法

高压喷射注浆法适用于淤泥、淤泥质土、陆堤、沙地和石灰岩等路基，特别是软基的加固。根据检测结果来确定湿陷性黄土以及土壤中含有大量的大粒径块石、黏性和坚硬的土壤、大量的树根或大量的有机物等的适用程度。对地下水流速较大或涌水工程以及对水泥有严重侵蚀的路基应慎用。

3.灌浆法

灌浆法适用于处理淤泥和高含水率，分层承载力标准值不超过 120 kPa 的黏性土基础。当用于处理泥炭土或具有侵蚀性的地下水时，应进行测试以确定其适用性。

4.水泥土夯实桩法

水泥土夯实桩法适用于地下水位以上的素填土、淤泥质土和粉土等。

（五）加筋土法

加筋土法非常适合人工充填、砂土的路堤、桥梁等。土工织物适用于所有类型的土壤,主要用于加固和稳定现有的建筑物和斜坡。锚固法可以使泥土和岩石保持可靠,而软黏土的组合可以通过多次增加压力或扩大土体来提高锚定力。对液限50%以上的黏性土,密度相对低于0.3的松散砂土以及有机物含量高的有机质土和淤泥质土,不能用于永久性锚固地层。

（六）振冲置换法

振冲置换法适用于饱和软黏土、饱和黄土和冲积填土,其抗拉强度为 20 kPa≤Cu≤50 kPa。应谨慎选择抗剪强度小于 20 kPa 的地基。这种方法可以使天然路基的承载力提高20%～60%。

（七）石灰桩法

石灰桩法适用于软黏土、混合土、开放土、红黏土。它不适合最易变的土层。当渗透系数较小的时候,软土脱水加固的土层使用效果就不太好。

（八）强夯法

强夯法适用于砾石、沙子、泥土、填充物、颗粒和土壤的小混合体。外壳和高密度土壤的饱和程度很高,所以在使用前需要进行测试。该处理方法可以深 10 m 以上,但是强夯的震动会对周围环境产生不利影响,所以在使用时需要考虑周围的环境因素。

（九）振冲法

振冲法是一种不添加砂石材料的振冲挤密法。一般适用于粒径大于 0.75 mm 且占土体 20% 以上的砂子,砂子材料的振动压实法适用于粒径小于 0.005 mm 且黏土含量小于 10% 的淤泥和砂。

（十）挤密碎石桩法

挤密碎石桩法可以与液体混合,与黏液、堤坝和液体沙子混合。

对软土要小心使用。

二、软土路基施工方法

（一）抛石挤淤施工

第一，抛石挤淤指令必须按照监理工程师或设计的要求执行。

第二，必须选择不易风化的片石，片石厚度或直径不小于 30 mm。

第三，当软土层是平的，软土呈流动时，填土将沿着路基中线的主干道呈一个三角形，然后延伸到两边的宽度，这样软土层或软土层就可以从两边挖出来。当软下坡的坡度大于 1∶10 时，应将其从高向低，并向低方向填充，使低侧有大约 2 m 的背景。

第四，片石抛出软土面或抛出水面后，应用较小石块填塞垫平，用重型压路机压实。

（二）垫层施工

垫层处置通常用于软化和潮湿表面，采用排水、铺设填料加固表面，用混合材料放置或加固地表层，以防止进行地基局部切割，确保重型机械的使用和在地基上均匀分布。

垫层材料填充物可以不受影响，而且沙子和泥浆的含量不小于5%，可以采用天然品质的碎石，颗粒的最大尺寸必须小于 50 mm，碎石的强度不得小于四级。

两侧应以沙子、砾石或其他方式进行保护。当沙子和砾石被用于缓冲时，应避免颗粒分离。在松软潮湿的路基上铺设 0.3～0.5 m 厚的排水层，有利于巩固松软潮湿的表层，形成填土的土壤排水。碎石和岩渣垫层的厚度一般为 0.4 m 左右，铺设单层或双层土工布或土工格栅有利于均匀地支撑填土荷载，提高地基的承载力，减少地基的沉降。掺合料垫层由掺合料（石灰、水泥、土、加固剂）按一定剂量掺入回填土中，可改变地基的压缩性和强度特性，使施工机械通过垫层摊铺压实。

垫层应分层摊铺压实，碾压到规定的压实度，垫层的宽度是 500～1 000 mm，它被建议用石头或其他方法保护两边。当床上有灰、沙和碎石时，要避免颗粒分离。湿软地面上的水层厚度为 0.5 m，有利于加固湿软表面,形成下水道。它可以提高基础的力量,并允许构建机器继续工作。砾石和贝壳的厚度约为 0.4 m,一层或两层的地质结构或地质网格被放置,有利于充分支持装载,提高钻井平台的承载能力,减少钻井平台的倒塌。缓冲式混合料是在土壤中使用的一定量的混合料(石灰石、水泥、土、加固),可以改变地基的受力和强度。为了确保施工机械的使用,最松的部分必须完全密封。

(三)袋装砂井施工

第一,袋装砂井施工过程如下:①施工过程包括现场施工、机缝、砂料、沙袋、套管、桩尖等一系列的准备工作,并在复查后准确设置井孔的位置。②底部的管道可以打开并覆盖,或者管道的末端(直径略大于沙袋的直径)将根据井孔的位置下沉到所需的深度。③扎好沙袋(袋长比井深约长 2 m)下口后,沙袋底部放入大约 20 cm 高沙子,将沙袋放入套管中,沉到它需要的深度。如果不能到达需要的深度,地面上就会有阻力,需要处理泥浆,直到沙子到达想要的深度。④就地填砂入袋成井,把袋子固定在装砂用的漏斗上,用震动把沙子填满,把沙袋拿出来,把盖子绑起来,把压缩空气带进去,把容器抬到地面上。⑤使用预制沙袋沉降,也可以用在事先装满沙子的袋子里,把上口扎紧,预制沙袋,被运到现场后,弯成一圈,叠成一圈,洞口紧接着将沙袋放入洞中。

第二,袋装砂浆的成孔方法可根据机械设备的条件选择。特殊的施工设备通常安装在振动打桩机械上,但方式不同,有五种施工方法:锤击法、水击法、压钻法、冲钻法、振动贯入法。

第三章　公路路面工程施工

第一节　路面工程概述

一、路面的概念、结构与分类

(一)路面的概念

路面是一种建造在道路上的供行驶或步行的构造物,主要任务是确保汽车快速、安全、舒适地行驶。路面必须能够承受交通和自然因素,但必须与环境相协调。

(二)路面的结构

道路行车荷载和自然因素随着深度的增加而增加。为了适应这一特性,路面的结构是多层的,包括面层、基层和垫层,一些道路也在面层和基层之间建立了一层联结层。

1. 面层

面层在大型路面结构的最上层,它承受行车荷载和受自然因素的影响。因此,面层必须具有足够的强度、硬度和稳定性;面层也必须具有平坦和防滑的状态,以确保道路的安全和平滑。一般情况下,水泥混凝土、沥青混凝土和沥青混合料都是用来铺路的,有些是块石、料石或水泥。在人口稠密的地区,人们直接用泥灰结碎石或泥结碎石铺路。面层可以分层铺筑,称为上层(表层),中层和下层。

2. 基层

基层是指面层以下的结构层,主要进行帮助和支撑路面面层和承受由面层传递来的车辆荷载作用,所以必须有足够强度和刚度。基层也应该有一个平坦的表面,以确保面层厚度均匀和平坦,基层也可能受到地表水和地下水的冲击,所以必须有足够的水稳定性,在潮湿的情况下不影响路面的结构强度。基层可用于水泥类、石灰类、石灰工业废渣类铺筑。当基层较厚的时候,它必须被分成2～3层来设置,下面叫作底基层,上面称为基层,中层视材料的类,可称为基层也可称底基层。在选择基层材料时,为了降低项目成本,必须根据情况使用尽可能多的本地材料。

3.垫层

垫层位于土基和基层之间,主要用于湿地和北方地区的冻干地面,并起到提高地面基础湿度和温度、隔离水(地下水和淡水)、排水(地漏)、隔离温度(放大冻结温度)和分散质量的作用。保湿剂不需要很高的强度,但需要稳定的水和隔热材料。一般来说,沙子、砾石、渣滓或石蛋都可用作保湿剂,而坚硬的底部岩石则用作润湿剂。

4.联结层

为了加强面层与基层之间的结合,或减少基层表面裂纹的影响,基础结构层通常被认为是基层的组成部分。联结层一般采用颗粒较大的沥青稳定碎石、大粒径透水性沥青稳定碎石或沥青灌入式。

(三)路面的分类

从路面力学性质方面,传统的分类方法分为柔性路面和刚性路面。随着技术的发展,路面分类将变得更加复杂。

1.柔性路面

柔性路面是指刚度较小、抗弯拉强度较低的路面,它的主要特征是刚度小。地面车辆的承受车辆荷载通常取决于压力和牵引,在更大的车轮荷载的作用下,在车轮荷载通过时,每个路面的压力都更大。

2.刚性路面

刚性路面是指路具有高刚度和高抗弯拉强度的路面,其特点是抗弯拉强度和刚度高,处于板块的工作状态,垂直变形小,传递到下层的压应力远小于柔性路面。

3.半刚性路面

我国公路科研工作者经过研究和探索,在20世纪90年代初又提出半刚性路面的概念。我国在公路建设中大量使用了水泥稳定类、石灰稳定类和石灰粉煤灰稳定类材料做基层,这些基层材料随着龄期的增长,其强度和刚度也在缓慢地增长,但最终的强度和刚度仍远小于刚性路面,其受力特点也不同于柔性路面。以沙庆林院士为首的我国公路路面科研人员,将之称为半刚性路面基层;加铺沥青面层之后,称为半刚性路面。

4.复合式基层路面

《公路沥青路面施工技术规范》中提出了复合式基层路面的概念。上部使用柔性基层,下部使用半刚性基层的基层称为复合式基层,它的受力特点是处于半刚性基层和柔性基层中间的一种结构,可以提高柔性路面的承载能力。复合式基层在加铺沥青面层之后称之为复合式基层路面。

当前一个时期内国内大量使用了半刚性路面基层,半刚性基层的整体性好,但易形成温度裂缝和干缩裂缝,并经反射造成沥青面层开裂,水渗入后在行车荷载的作用下出现唧浆现象,进而形成公路路面的早期损坏。将半刚性基层用作下基层,上覆以柔性基层,成为复合式结构,不仅可以提高基层的承载力,也可以扩散半刚性基层裂缝产生的水平应力,进而截断反射裂缝向上传递的途径。同时,柔性基层多采用级配碎砾石结构,具有一定的排水功能,进一步完善基层边缘排水设计,应能起到预防路面早期破坏的效果。重交通量和多雨潮湿地区目前已开始混合基层的研究和实践。

二、路面施工的基本要求

一般来说,不同类型的道路有不同的路面质量要求,主要体现在设计时对一定年限的交通和道路所提供的服务水平。首先,在设计期内预测交通量时,路面应保持一定的承载和抗疲劳能力;其次路面在风、日、雨、寒、热、冻融等复杂自然条件下,在设计期内应保持一定的稳定性和耐久性;最后,在设计期内经过一定的养护管理,道路应具备与公路等级相对应的服务水平,为车辆提供安全可靠、快捷舒适的服务。具体来说,对路面工程有以下要求。

(一)具有足够的强度和刚度

1.强度

路面承受车辆在路面行驶时作用于路面的水平力、垂直力,并伴随着路面的变形(弯沉盆)和车辆的振动,受力模型比较复杂,会引起各种不同应力,如压应力、弯拉应力、剪应力等。路面的整体或结构的某一部分所受的力超出其承载能力,就出现"路面病害",如断裂、沉陷等;在动载的不断作用下,进而出现碎裂和坑槽。因此必须保证路面整体和路面的组成部分具有足够的强度,包括修建路面的原材料,如砂石、水泥等;复合型材料,如水泥混凝土、沥青混凝土和路面结构本身。

2.刚度

刚度指道路抵抗变形的能力,刚度不足的道路在车辆荷载作用下会造成变形、车辙、落差、波浪等破坏现象。因此,要求路面有足够的刚度,整个路面及其组成部分的变形能控制在弹性变形范围内。

(二)具有足够的稳定性

路面结构暴露在自然环境中,水和温度的影响会改变其机械性能和技术质量。路面稳定性包括以下内容:①高温稳定性。在夏季高温条件下,如果沥青材料不具备足够的耐高温性,在车辆荷载作用下会发生水浸、表面软化、开槽、挥发和推挤等现象,水泥摊铺时可能出现助力膨胀的裂缝。②低温抗裂性。在冬季,如果摊铺材料不具备足够的耐低温性。会出现收缩、脆化或开裂,水泥路面也会出现收缩裂缝,气温骤变时出现翘曲而破坏。③水温稳定性。雨季路面结构应有一定的防水、抗水或排水能力,否则在水的浸泡作用下,强度会下降,甚至出现剥离、松散坑槽等破坏。

(三)具有足够的平整度

路面应具有良好的平整度,不平整的路面会使车辆颠簸,行驶阻力增大,影响行驶安全和乘坐舒适,加剧路面和车辆的损坏。因此,路面应具有与公路等级相适应的平整度。

（四）粗糙度和抗滑性能

路面表层直接接触车轮，路面表层应具有一定的粗糙度和防滑性。车轮与路面表层之间应具有足够的附着力和摩擦阻力，保证车辆在爬坡、转弯、制动时车轮不空转或打滑。路面抗滑性不仅对保证安全行车十分重要，而且对提高车辆的运营效益也有重要意义。

第二节　路面基层施工

一、无机结合料稳定类路面基层施工技术

（一）概述

无机黏结剂一般使用水泥、石灰和工业废渣（如粉煤灰）。使用水泥稳定的称为水泥稳定土，使用石灰稳定的称为石灰稳定土，使用石灰和工业废渣的稳定土称为石灰工业废渣稳定土。不同的稳定化材料有不同的强度要求。每种稳定混合物的混合比例应通过成分设计和相关试验来确定。

无机结合料稳定类基层可采取路拌法施工，也可采取厂拌法施工。一般规定：对于二级以下公路，应采用专用稳定土拌和机或集中厂拌法配制混合料。对于直接铺设在高速公路和一级公路土基上的底层基层，可采用稳定土拌和机进行路面拌合的方法，当土基顶层用石灰或混凝剂处理后，基层的土也应采用集中厂拌的混合料。上述稳定土层应采用集中厂拌的混合料，用路面铺设基层混合料。

（二）半刚性路面基层混合料组成设计

施工时应根据每个结构层的特点，选用符合规范的优质材料。配合比设计所使用的材料和路面基层施工所用材料必须一致。

1.无机结合料稳定类基层混合料组成设计的一般原则

混合料组成设计所要达到的目标是：碎石级配合理，胶结料含量合适，混合料的强度符合设计要求，有良好的抗裂、抗水害抗疲劳、耐

冻性能;同时能够进行准确的生产控制,易于铺筑和压实,而且比较经济。

当黏结剂的剂量很低,不能达到设计强度时,规范称其为改良土。传统的观点是,骨料的数量应该接近但不密集,空隙应该用无机黏结剂填充,以形成稳定的结构。在一些研究中,将骨架的密实结构引入半刚性基层混合料中,获得了减少裂缝和提高强度的良好效果。

半刚性路面基层的黏结剂和骨料种类很多,应就地取材,节约工程成本,并根据混合料组成设计,求得组成合理、经济实用的效果。

2.无机结合料稳定类混合料规定的抗压强度

现行混合料组成设计的主要内容是:通过试验选取适宜于半刚性基层的材料,确定满足强度要求的集料和其他材料的配比,确定混合料的最大干密度和最佳含水量。

3.无机结合料稳定类混合料组成设计方法步骤

首先,选择沿线有代表性的样板料场或计划中的长距离料场,对原材料进行测试,以确定这种材料是否能用于工程。测试项目包括:颗粒分析;流体极限和塑性指数;相对密度;压实试验;碎石或砾石的压碎值;石灰的有效钙和氧化镁含量;水泥的标签和初凝和终凝时间;应根据需要对土壤样品的化学成分、细度和粉煤灰的失火率、有机物含量和硫酸盐含量进行测试。

其次,根据强度标准和以往的技术经验选择无机黏结剂的用量范围,通过对上述原料的检测,对碎石、砾石土的级配差异,碎石、砾石土应首先考虑提高其级配。

(三)路拌法施工工艺

在路基稳定土混合料的搅拌和撒布施工中,广泛采用路拌法和厂拌法,应根据道路施工技术规范的要求和施工单位拥有的机械设备来决定。路拌法仅适用于二级及以下公路的建设,以及高速公路、等级公路直接铺设在基层土基上。在此描述施工过程时,以水泥石灰扩展稳定等级为例,技术过程如下:准备下层承重层—施工设置—准备材料铺设土壤浇水—填充平整和轻压—运输和铺设石灰混合物—稳定压力、浇水、成形—铺设和铺设水泥—混合（干混）加水和湿混—成型—碾压接缝和掉头处的处理—养生。

1. 准备下承层

下承层的表面应平整、坚实,具有规定的路拱,下承层的平整度、压实度、标高、横坡、弯沉（如为路基顶面）等应符合《公路工程质量检验评定标准第一册 土建工程》(JTG F80/1—2017)和招标文件相应条款的规定。下承层如出现表层过干现象,应适当洒水;如土过湿,应采取挖开晾晒、换土、掺石灰或水泥等措施进行处理。下承层出现的表层松散和局部松散,如下承层为土基,可直接洒水压实;如下承层为底基层,应开挖掺拌新结合料后夯实或压实。下承层出现的低洼和坑洞,应仔细填压并压实,下承层出现的搓板和辙槽应刮除。槽式断面的路段应在两侧路肩上每隔一定距离（5～10 m）交错开挖泄水沟,以便及时排除雨季降水。

2. 施工放样

在中间和直线段每隔15～20 m有一个桩,在曲线段每隔10～15 m有一个桩。中心桩和两边的指路桩标志着运输摊铺材料的松散摊铺高度。

3. 备素土、集料

第一,采用老路面或土基上部材料做铺筑材料时,应首先清除垃圾、石块等杂物,翻松老路面或土基上部,至路基顶面标高,并使土块破碎到要求粒径,初步按设计路拱和预计的松铺厚度整形。

第二,在使用料场的土（包括细粒土和中粒土、粗粒土）时,应先将料场的草、树、杂土清理干净。对超大颗粒进行筛分,以满足最大颗粒的要求。对于塑性指数大于15的黏性土,需根据土质和力学性能进行筛分。在料场计划开挖深度时,不分层开挖,尽量全厚开挖土层,如有不合格材料应予废弃。

第三,计算土或骨料的数量。根据稳定土的设计厚度、宽度和预定的干密度,计算出的干土或骨料的数量;根据料场的含水量和运输车辆的吨位,计算出每种材料的卸料距离或卸料面积;由远及近,材料将按照计算出的距离或面积在下承层表面的中间或两侧卸下。

第四,当集料采用多种不同的规格的碎石需按比例掺配时,上述备料方法不易控制级配,可计算出不同规格的碎石在每延米的体积,备料时,各规格碎石分别运铺,运到后首先码成一个三角形断面或梯形断面的料带,断面尺寸根据该规格材料用量,该材料之松方干重及材料堆自然休止角(决定三角形断面的坡度)计算求得,然后机械或人工摊铺在道路的全断面上,铺完一种规格用小型压路机或链轨车稳定1～2遍,再运另一种规格的碎石,直至全部材料运铺完成。上述方式称为层铺法。二灰稳定类路拌法施工时,除集料外还有粉煤灰和石灰,也采取这种方法运铺各种路用材料。

4. 洒水闷料

如果被评价的土壤含水量过小,可在土层上洒水,洒水要均匀,防止局部水分过大。细粒土要闷一晚上。根据细粒土、粗粒土含量的多少,可以缩短钻孔时间,复合稳定土和石灰粉煤灰稳定土也可在钻孔前混合,水泥稳定土应提前钻孔。

5. 整平和轻压

土壤成型后,用轻型压路机或链车压稳1～2遍,使其表面平整,并有一定的压实度。

6. 消解石灰

石灰应存放在临时料场,临时料场应选择在公路两侧,靠近水源和地势较高处。速溶石灰应在使用前7～10 d完全消解,氧化镁含量高的镁质石灰应在使用前10～15 d消解。石灰消解所用的水通常为每吨500～800 kg。消解后的石灰必须保持一定的湿度,以免形成水分过多的团块,同时也要避免过多的干飞,消解时应注意加水的均匀性,消解石灰应注意以下两个问题:第一,料堆不宜太高,宜在0.8～1.2 m之间,太高的料堆底部进水困难,消解不完全,消解湿胀后,料堆太高,影响使用安全。第二,消解时为消解充分,在加水的同时使用机械翻倒。消解后的石灰应过10 mm筛,并尽快使用,减少消石灰的有效钙镁含量损失。

7.运输和摊铺石灰

根据稳定土的设计厚度和混合料的组成确定的石灰用量,以及压实试验确定的最大干密度,计算出每 1 m² 稳定土基的石灰用量,然后计算出每辆车相应的撒布面积,计算出每袋石灰的撒布面积,计算出每辆车或每袋石灰的垂直和水平空间,并确定卸货位置。标出指定的石灰排放地点,并标出每辆车或每袋石灰的铺设线。按规定位置排放石灰,用刮刀将石灰分布均匀,并测量石灰的松厚度,根据石灰的松密度,检查石灰的用量是否合适。

在具体操作中,将每车石灰的装载质量控制得完全一致十分困难,小型机动农用三轮自卸车在某些地区因方便灵活,价格便宜,在运铺石灰环节得到了大量应用,石灰的用量采取体积法来控制。根据稳定土基的厚度、宽度和石灰剂量,计算出每米的石灰质量,并根据试验的松方干密度计算出每米的石灰体积。根据路面宽度采取三角形断面沿中线或两侧,卸成 1~3 条不间断的石灰料带,然后人工或使用平地机摊铺。石灰也可使用粉料撒布机直接撒布。

8.拌和(第一次)

二级及以上公路采用专用稳定土拌和机拌和,设专人控制拌和深度和拌和质量,并与拌和操作人员一起调整拌和深度。拌和深度应挖出控制,每隔 5~10 m 应挖一个控制坑,有的单位用钢棒插入控制拌和深度,不能找平土夹层,不建议使用。搅拌深度应达到稳定层的底部,次层应过度搅拌 5~10 mm,以促进顶层和底层的黏合。通常搅拌应在两遍以上,为找到平底中间层的位置,可将犁翻到接近下一层表面一次,然后用专用拌和机搅拌。直接铺设在土基上的混合层也应避免平土夹层。

对于三级以下(含三级)的道路,也应尽可能使用专用拌和机,在没有专用拌和机的情况下,可结合使用农用翻斗车和犁或平地机,但应特别注意拌合质量,包括拌和的均匀程度、土壤颗粒的最大粒径等。

在搅拌过程中,应及时检查混合料的含水量,含水量应均匀,应检查到略大于最佳含水量,清除粗细颗粒的"垃圾"和局部过湿或过干的地方。

搅拌后,混合物应具有相同的颜色和光泽,没有灰条、灰块和面粉表面,粗细骨料没有明显的分离。

9.稳压、洒水、整形

将混合物混合均匀后,首先必须用平地机对混合物进行整形。在直线段和无超高弯道段,平地机从道路两侧向中间进行整平,从内侧向外侧进行刮削,然后在第一段平坦的快速碾压路段再次使用链轨拉杆或轮胎压路机,暴露潜在的不平整。然后用平地机按照上述方法进行整形。整形前,应先用齿耙将轮轨卧处 5 cm 以上的表层松开;整形后,应先用齿耙将卧处 5 cm 以上的表层松开,然后用新混合料评价,压实后再找平。每个表层都应满足坡度和道路曲线的要求。

也可采取人工挂线的方法整形,再使用路拱板来回拖拉几趟。整形并稳压后,如含水量低于最佳含水量范围,可再次洒水。

10.运铺水泥

路拌法施工时,宜使用袋装水泥。首先根据路面基层的设计厚度及通过试验求得的最大干密度和水泥剂量,计算出每平方米需要的水泥剂量,然后计算出每袋水泥对应的摊铺面积,并确定水泥摆放的纵横间距,并用石灰粉画格,每格内摆放一袋水泥,方格应呈矩形,长宽比应接近于1:1,以利于摊铺。

水泥宜当日直接运送到摊铺路段,当天摆放,摆放完成破袋摊铺,摊铺时应使用刮板将水泥均匀摊开,每袋水泥正好铺满各自对应的方格,做到厚度均匀,没有空白位置,也没有过分集中的部位。

水泥摊铺也可使用粉料撒布机进行撒布摊铺,使用粉料撒布机撒布时应使用散装水泥,并应注意在大风季节采取措施防止污染周边的植被。

11.拌和(第二次)

拌和与上述工序的第一次拌和要求相同,注意与上次拌和基本等厚,以使水泥均匀地掺拌到混合料中。

12. 整形

整形与上述工序"稳压、洒水、整形"要求相同,此时含水量应已经两次调整,已基本在最佳含水量范围,故一般不需再次洒水。

13. 碾压

整形后,可以组织轧机进行轧制。混合物的含水量应略高于最佳含水量1%~2%。轧制时应遵循先轻后重、先慢后快、先两边后中间的原则(直线无超高曲线,设置超高曲线,曲线内侧向曲线外侧)。

碾压时,每个车轮应重叠1/2轮宽,整个路面宽度应被车轮碾压一次,一般为6.8次。前两次压路机的碾压速度应为1.5~1.7 km/h,以后可加快到2.0~2.5 km/h,并禁止压路机在被碾压或完成的部分上打转或突然刹车。

在轧制过程中,应保持表面湿润,如水分蒸发过快,及时洒上少量水可使表面湿润,但禁止出现水流。在碾压过程中,如果出现"弹簧"剥离、松动等现象,应立即松开,并重新加入适当的稳定材料,重新搅拌,然后一起压实。碾压前应迅速检测标高和横坡,对高于设计标高的部分可用平地机刮除,扫出,对局部低洼地带不再进行搜索和恢复,在摊铺上层时应进行处理。

水泥稳定类混合料从掺拌水泥到碾压完成的时间,称为延迟时间,虽然在配合比设计和施工时选用了终凝时间较长的水泥,但是水泥是一种速凝性材料,施工时应在试验确定的延迟时间内完成碾压。

碾压完成后,混合料基层应达到要求的压实度,且在表面没有明显的轮迹。

14. 接缝和调头处的处理

(1)横向接缝。

当天,两个工作段的连接处要进行搭接,即第一段搅拌成型后,5~8 m不进行碾压即可;最后一段施工时,将第一段剩余的碾压段再次掺入部分水泥,与最后一段进行碾压。

在压实的稳定土层的末端,沿着稳定土层的末端,挖出一条宽约30 cm的沟,横跨铺设层的全部宽度,沟与道路中心线垂直。靠近稳定土壤的一侧被切割成垂直高度。两根与压实厚度相同、宽度为一半的方形原木被放置在靠近垂直面的地方。

用原来挖出的平土填满沟渠的其余部分，并使其达到平土的密度。如果搅拌机或其他机器第二天要在压实的稳定土混合料上调头，应采取措施保护调头操作部分，首先在8～10 m长的稳定土层上覆盖一块厚塑料布或油毡纸用于调头，然后在上面铺上约10 cm厚的土、沙或砾石。

第二天，摊开搅拌后，取出方木，在靠近方木的地方人工添加和搅拌不能搅拌的小段，用混合料填充不足的部分，与正常的建筑部分一起重塑，新形成的接头应比完成的部分高3～5 cm，形成光滑的接头，轧制时应将接头修整光滑。

（2）纵向接缝。

在稳定土基层施工过程中，应避免纵向施工，因交通不能封闭等原因，应分两次施工，纵向接缝应垂直连接，不能斜向连接。纵向接头可按以下方式处理。

首先，在以前的施工中，靠近中间一侧用方木和钢模板支撑，方木或钢模板的高度与稳定土的压实厚度相同。然后进行撒布和搅拌等操作，搅拌结合，靠近支撑模板（木头）的部位，人工补充搅拌，然后成型和轧制。健康维护后拆除支撑模板。

其次，在后一幅施工时，拌和结束后，靠近第一幅的部分，应人工进行补充拌和，然后整形碾压。

（四）二灰稳定碎石厂拌法施工工艺

厂拌法施工工艺适用于各种等级、各种类型的路面基层。其特点是拌和均匀，施工相对较简易，工程质量更容易控制，但成本比路拌法略高，对于就地取材的稳定细粒土来讲，路拌法更加经济。厂拌法应使用专门的稳定土搅拌站来拌制混合料。

二灰稳定碎石厂拌法的施工过程如下：下承层准备、施工放样、厂拌混合料、运输混合料、摊铺混合料、整形、碾压、接缝及调头处理等。

1.下承层准备

下承层的准备与路拌法相同。

2.施工放样

厂拌机铺法施工放样与路拌法放样方法不同。同是厂拌法,采用推土机、平地机联合摊铺和采用摊铺机摊铺也略有区别,分述如下。

第一,采用推土机、平地机联合摊铺时,施工放样与路拌法基本相同,直线段每15～20 m设一中桩,曲线段每10～15 m设一中桩,并在两侧路肩边缘设指示桩,并在中桩和边桩上标出材料松铺标高和压实后的标高,作为施工控制的依据。

第二,采用摊铺机摊铺时,多数摊铺机装有自动找平装置,可在摊铺机的一侧或两侧的钢杆上安设高程引导钢丝,钢杆的距离以不使钢丝下垂为宜,一般为5～10 m。防止混合料在摊铺和碾压过程中向外侧滑挤,采用厂拌机铺法施工时,还应在拟施工路段两侧用素土培出高度不小于0.5 m、宽度与基层设计宽度相等、夯实后高程与设计相等的小肩,小肩内侧应保持竖直。

3.厂拌混合料

厂拌混合料应采用专用的混凝土搅拌站,厂拌混合料时应注意以下问题。

(1)原材料存放。

料场应进行必要的硬化,防止地表杂土混入原材料中,各种规格(不同粒径)的碎石、砾石、石屑、砂应当隔离,分别堆放,防止混杂。在料场较小、料堆较高时,各料堆之间可砌墙隔离。含细粒土的混合料,在拌和前应粉碎,最大粒径不大于15 mm。石灰在使用前应过筛,消除石灰中混杂的石块和未消解残渣。

(2)配比准确,拌和均匀。

在正式拌制混合料之前,必须先调试所用的搅拌机,使之配比准确。原材料的配比或颗粒组成发生变化时,应重新调试搅拌机。混合料应有足够的搅拌时间,使搅拌均匀。应当注意的是,搅拌机的拌和仓,搅拌臂的旋转速度并不太快,其主要功能是搅拌,对大颗粒的土块、灰块、粉煤灰结块不能粉碎,所以应当防止上述结块的细粒材料进入搅拌仓。最简单的做法是在料斗顶部设置适当孔径的倾斜振动筛,拌和生产时,开动振动电机,使结块的土、石灰等材料震碎,或滚下振动筛,防止进入料斗。对于成品混合料,应经常性取样进行筛分试验,检验配比的准确性。

(3)含水量准确。

二灰稳定类混合料需求量大,多数采用露天堆放,这样各种材料的含水量受天气影响比较大,尤其是细颗粒的石灰、粉煤和细粒土,在生产过程中,应定期检测原材料的含水量,并根据混合容器的含水量进行调整,以确保混合物处于最佳含水量范围内。在华北和华东季风地区,春季干燥,夏季炎热,蒸发量大,含水量增加的幅度宜大一些(如1.5%~2.5%);秋季潮湿蒸发量小,含水量增加的幅度宜小些(如0.5%~1.0%)。同样,每天的早晨和下午含水量宜略小,中午宜略大。

施工过程中还应注意料场的排水。料场应选在地势较高的地方,防止雨季积水;细粒料在雨季应使用厚塑料布、土工布或帆布覆盖,防止雨水浸入。

(4)拌和场布局合理,防止机械相互干扰。

拌和场同时也是贮料场,机械种类多、数量大,场地布局对生产、管理和施工安全都十分重要。应选好搅拌站的位置,使各规格的材料喂料方便,运送混合料的车辆进出方便,不与喂料机械在行走线路上有干扰,不与运送原材料的车辆有相互干扰。料场的进出道路应进行硬化,防止扬尘。

(5)料场安全生产。

料场机械多、人员多、扬尘较多,应注意安全生产,生活区应尽量远离生产区,注意防火、防盗。施工人员应戴安全帽,设备检修时应关闭电源,注意安全用电。

4.运输混合料

混合料宜使用自卸汽车运输。自卸汽车装料时,宜前后移动2~3次,防止混合料离析。运距较远时或在晴朗、干燥的天气施工时,应予覆盖,防止水分损失。

5.摊铺混合料

(1)摊铺机摊铺法。

混合料摊铺应与拌和机的生产能力相匹配,自卸车的运力应满足拌和产量的要求。对于高速公路和一级公路应连续摊铺,混合料产量应大于400 t/h。如果搅拌机的生产能力较小,摊铺混合料时应使用最低速度的摊铺机,以减少摊铺机等待材料的停机时间。摊铺后应专门处理粗细材料的离析现象,特别是应铲除局部粗集料的垃圾,并用新鲜混合料填补。

摊铺过程中,应经常检查松铺厚度,以保证厚度在合格范围内。在摊铺过程中,应让所有施工人员和管理人员注意,不要碰到基准钢丝,基准钢丝掉下或颤动都将会对平整度和高程合格率有影响。

对于较宽的路面基层,应采取两台以上摊铺机、相距5~10 m、一前一后联合摊铺的作业方式,并同时进行压实。摊铺机铺宽不宜太大,接长的熨平系统因刚度降低会影响路拱的精度,同时,接长后的摊铺机增加横向送料的距离,增加了混合料离析的机会,另外由于横向送料距离的增加,降低机械效率,加速机械损耗,故应尽可能采用较小的摊铺宽度。如12 m宽的路面,可采用两台6 m的摊铺机摊铺,尽量不使用一台12 m摊铺机,15 m路面可采用两台7.5 m摊铺机,20 m宽的路面可采用7+6+7的形式,也可采用两台10 m的摊铺机,但前一方案应更有利于提高基层质量。摊铺机接长时,应注意左右对称,否则在摊铺过程中因送料不均匀,行走时易偏离中线。

(2)平地机摊铺法。

二级道路下确定没有人行道,也可以用平地机和推土机与人行道混合。平地机摊铺法包括以下步骤:①根据摊铺层的厚度和要求的压实干密度,从每辆车上计算出混合料的摊铺面积;②用推土机或平地机按松散厚度和粗级配摊铺混合料;③用平地机按设计松散高度和松散厚度摊铺到细级配;④成立一个3~5人的小组,用小车装上新鲜混合料,及时清理粗集料坑和粗集料带,并装上新鲜混合料,或重新撒上细集料,搅拌均匀。

6.整形

采用摊铺机摊铺的路面基层,整形工作量很小,但在机械不能到达的部位,如局部加宽,构造物衔接处等应人工摊铺并整形。人工摊铺整形时,应扣锨摊铺,防止混合料离析。整形时,禁止在已摊铺的表面上薄层贴补,采用平地机摊铺时,整形与路拌法相同。

7.碾压

碾压工序与路拌法相同。

8.接缝及调头处理

(1)横向接缝处理。

当铺设混合料时,不适合破碎。如果水泥的断裂时间超过2 h或试验确定的滞后时间,应设置交叉连接。

摊铺机远离混合料的末端,手动清理末端,并将两根高度和厚度、长度和宽度相同的施工方木,靠近混合料。在方木的另一侧回填碎石或碎石约3 m,高度略高于方木2~3 cm,并压实混合料。

在再次开始之前,移除碎石和方木,底层将被清理干净,重新铺设回铺。如因特殊情况中断摊铺,未按上述方法施工交叉连接,中断时间已超过2 h或试验规定的延时时间,应将未压实的混合料铲除在路面附近和下方;将压实的混合料末端挖成垂直于中心线、垂直于下行方向的断面,然后摊铺新的混合料。

横向接缝宜首先横向碾压,到一定长度(3~5 m)后再纵向碾压,并注意不宜在已成形的基层上开启振动,以免对基层强度造成影响。

中断时间"2 h或试验确定的延迟时间"的限制是对水泥稳定类而言的,石灰稳定类和石灰工业废渣综合稳定类如为提高早期强度而掺加了部分水泥,亦应按上述时间进行控制。未掺加水泥等速凝材料时不受限制,但石灰稳定类和石灰工业废渣综合稳定类施工时,应在每天摊铺结束时,按上述要求设置横向接缝,并注意上层横向接缝的位置与下层错开5 m以上。

(2)纵向接缝处理。

纵向接缝容易形成弱黏结,应尽量避免纵向接缝。在高速公路、一级公路和较宽的基层施工中,应采用两块或多块路面,2～4块路面应间隔5～10 m,混合料应同步向前摊铺,并一起碾压。在旧路拓宽或交通无法封闭等原因下,应设置纵向连接,纵向连接施工应符合以下要求。

竖向接缝应连接好,无斜度。在铺设前,用方木或钢模板作为支撑,方木和钢模板与土体稳定压实厚度,固化结束后,拆除方木或钢模板,再进行另一块铺设施工。

纵缝部位应注意接缝的平整。对新混合料碾压时,压路机的大部分行驶在老混合料上,逐渐错轮到新混合料,压路机行驶在成形的老混合料上时,不宜开振动,保证纵缝结合部位的压实度也是需认真研究的问题。

采用平地机摊铺混合料时,纵横向接缝的处理方法参照路拌法进行处理。

二、级配碎石基层施工

(一)材料要求

首先,轧制碎石的材料可以是各种类型的岩石(软岩除外)、巨石或矿渣。白云石的粒径应是金刚砂最大粒径的3倍以上,矿渣应解体稳定,其干密度和质量应均匀,其干密度不应小于960 kg/m²。

其次,针状颗粒的总含量不应超过20%。碎石中不应该有黏土、植物等物质。

最后,一般碎石场的细筛余料可用于石屑或其他细集料,轧制沥青面层的细筛余料可用于清除和填充石料或专门轧制的细碎石集料。也可以用天然碎石或粗砂代替碎石。天然砂砾的颗粒大小应该是合适的;如果有必要,应该对过大的颗粒进行筛选。天然砾石或粗砂应具有良好的级配。

(二)级配碎石路拌法施工

1.备料

根据基层或底基层的宽度和厚度以及每段规定的压实度,并根据规定的混合比、非屏蔽碎石和石料的数量或不同等级碎石和石料的数量,计算每辆车的桩距。未屏蔽的碎石和石料可以按照预定的比例在料场中混合,在浇水和湿润过程中,使混合物的水分含量约为1%。非屏蔽式金刚砂的含水量应比最佳含水量高约1%。

2. 运输和摊铺集料

在装载骨料时,检查每种材料的数量是否基本相同。在同一料场供料的路段,最好是由远及近地排放骨料。应严格控制排放距离,以避免物料不足或过多。当非屏蔽的碎石和骨料分开运输时,应先运输碎石。在一定的距离上,应该在材料堆中留出一个洞。下层承重层上的骨料堆放时间不应过长。

松散摊铺的系数和松散摊铺的厚度在摊铺前通过试验确定。人工铺设骨料时,松散系数为1.40~1.50;而用平地机铺设骨料时,松散系数为1.25~1.35。摊铺完非屏蔽碎石后,在相对湿度条件下,应按非屏蔽碎石上的计算距离清除石屑。用平地机辅助,将人工石屑均匀地铺在碎石层上,并均匀地铺开。使用平地机或其他合适的机器将材料均匀地铺在预定的宽度上,表面应该是光滑的,并有规定的道路曲线。肩部的材料应同时展开。当使用不同等级的金刚砂和碎石时,大型金刚砂应铺在下层,中型金刚砂铺在中层,小型金刚砂铺在上层。洒水打湿碎石,然后铺上碎石。

3. 拌和及整形

对于二级及以上公路,使用稳定土拌和机拌和碾压式金刚砂。对于二级以下的公路,在没有混合器的情况下,可以使用平地机或带槽口圆盘耙的犁进行混合。

首先,稳定土搅拌器应该用于搅拌两次以上。搅拌深度应达到分级金刚砂层的底部;如有必要,应在最后搅拌前对土壤进行犁耕。

其次,用平地机进行搅拌,建议旋转5~6次,使石料碎片均匀地分布在碎石中。用平地机搅拌的长度应该是每段300~500 m。在混合结束时,混合物的含水量应该是均匀的,并且比最佳含水量大1%,而且不应该有粗细颗粒的偏析。

最后，在使用缺口圆盘耙与多铧犁搅拌级配碎石时，用犁对碎石进行预翻，用圆盘耙对后面的碎石进行翻动，即用边耙的方法对石子进行4～6次翻动。应随时检查，以调整转弯的深度。使用犁时，第一遍从道路中间开始，将混合物转向中心，同时机器应缓慢移动。第二遍从两边开始，把混合物翻出来。在混合过程中保持足够的水。在混合结束时，混合物的含水量和均匀性应符合要求。

当使用在料场混合的分级细石混合料时，如果铺设后混合料中出现粗细颗粒离析，应调整分级机进行补充搅拌。均匀混合的混合物经检测后，用平地机进行规定的路弓形成。在成型过程中，应消除粗、细骨料的离析。使用拖拉机、平地机或轮胎压路机在平坦的地段上快速滚动，以暴露可能存在的不规则现象。然后用平地机进行平整和塑形。

4. 碾压

经过整形后，当混合物的含水量等于或略高于最佳含水量时，立即用12T以上的三轮压路机、振动压路机或轮胎压路机进行碾压。直线和无超高平曲线路段，从路肩两侧向路中心滚动，超高平曲线路段，从内侧路肩向外侧滚动。滚动时，后轮应与1/2的车轮宽度重叠，后轮应穿过两段接缝。后轮压实一次路面的全部宽度，并压实到要求的密实度。一般来说，应轧制6～8次，表面不应有明显痕迹，两侧路面应多压缩2～3次。压路机的碾压速度前两次为1.5～1.7 km/h，后一次为2.0～2.5 km/h，严禁压路机在已经或正在碾压的路段上打转或突然刹车。

凡含有土壤的分级砾石层要进行滚浆压实，砾石层中没有多余的细土盘被压到表面。轧制到表面的泥浆（或后来的干燥薄土层）应被移除。

5. 横缝处理

两个操作部分的连接处应进行搭接和混合。第一阶段搅拌后，留5～8 m不碾压。第二阶段施工，留第一阶段未碾压段，第二阶段搅拌整平后进行碾压。

6.纵缝处理

应避免纵向接缝。当需要铺设两块时,纵向的接缝应搭接和混合在一起。第一片应全幅卷起并压实,而最后一片应搭接并混合到相邻的前片边缘约30 cm。平整后,应将其滚动并压实在一起。

第三节　沥青路面施工

一、热拌沥青混凝土路面施工

(一)施工工艺流程

热拌沥青混凝土路面施工过程如下:下承层准备验收—勘察和设置—沥青混合料搅拌—沥青混合料运输—沥青混合料摊铺—沥青混合料碾压—养护—最终产品检验、验收—开放交通。

(二)施工方法

1.施工准备

首先,在摊铺沥青面层前,要检查基层或底层的质量,不符合要求的要摊铺沥青面层。旧沥青路面或底层被污染,应在铺设沥青混合料前进行清洗或磨光。

其次,沥青的加工和施工温度沥青混合料的标号和黏度应根据气候条件而定,路面的厚度也应确定。

2.混合料拌制

首先,根据混凝土的情况,通过试拌确定沥青混合料的搅拌时间,并将沥青均匀地覆盖在骨料上。批量混合器的生产周期应不低于45 s(干混时间应控制在5～10 s)。改性沥青和SMA混合料的搅拌时间应适当延长。

其次,沥青混合料的拌和应均匀,无白料,无结块或粗细料严重分离,不符合使用要求,并应及时调整。

最后,沥青混合料必须用卡车称重,并按照现有的测试方法测量运输车中沥青混合料的温度,并出具一式三份的交货单,储存和混合设施以及摊铺区域的司机一人一份。

3. 混合料运输

首先,当卡车进入人行道时,轮胎上不应该有泥土等污物,这可能会污染路面;否则,最好在进入施工现场前设置一个水池来清洗轮胎。沥青混合料是根据运输发票在摊铺现场接收的。如果混合料不符合施工温度要求,或已形成结块并暴露在雨水中,则不应摊铺。

其次,在摊铺过程中,卡车应在摊铺地点前100～300 mm处停车,并在空挡处等待。在一定条件下,运料车可以将混合料排入转运车,通过二次搅拌将混合料连续、均匀地送入路面。每次都要清空料车,特别是改性沥青或SMA混合料,如果有剩余,应及时清除,防止固化。

最后,SMA和OGFC混合料在运输、等待过程中,如果发现沥青黏结剂沿车辆板面滴落,要采取措施加以避免。

4. 混合料摊铺

首先,热拌沥青应采用沥青混合料摊铺,当喷洒沥青混合料或采用SMA改性沥青摊铺时,宜采用润湿剂。铺面的受料斗应涂上一层薄薄的绝缘剂或防黏剂。

其次,应采用热拌沥青机械摊铺。高速公路、主干道、城市快速路和主干道应使用两台以上的沥青拌和机进行梯次施工,共同铺设。两个相邻的人行道之间应该有重叠,重叠宽度为5～10 cm。当混合料供应能够满足连续摊铺时,也可以采用全幅摊铺的方式。

再次,路面应提前预热0.5～1 h,温度不应低于100 ℃。为提高路面的初始密实度,应选择振动频率和振幅合适的夯实装置进行夯实。扁铁拓宽剂应仔细调整,使混合物的铺设没有明显的离析痕迹。

最后,摊铺时应缓慢、均匀、连续摊铺,不能随意改变速度或中途停止,以提高平整度,减少混合料的离析。摊铺速度应控制在2～6 m/min,改性沥青混合料和SMA混合料的速度应放慢到1～3 m/min。当混合物出现明显的偏析、波浪、裂缝、拖痕时,应分析原因加以消除。

5.混合料压实与成型

首先,沥青压实层的最大厚度不应大于 100 mm,沥青稳定土混合料压实层的厚度不应大于 120 mm,但在使用大功率压路机并经试验证明达到压实度时,允许增加到 150 mm。

其次,辊子的辊线和辊子方向不应突然改变,导致压力转移。压路机压实区的长度应基本稳定,两端的回程位置应与路面齐平,不在同一横断面上。

再次,沥青混合料的压实应分三个阶段进行:初步压实、重新压实和最终压实(包括浇筑)。摊铺后应立即进行初步压实,初步压实区的长度应保持较短,以便尽快压实表面,减少热量损失。实践证明,当摊铺后初始密实度较大时,采用振动压路机或轮胎压路机可以立即碾压,不会出现严重的损坏,效果良好,可以避免初始密实度过大,可以立即引入再压实的过程。初次压缩后,对平整度、拱度应进行检查,对严重缺陷进行修补,甚至返工。

最后,第一次压缩后立即开始重新压缩,不应随意停止。辊筒部分的总长度应尽可能地短,通常在 60～80 m。应采用重型轮胎压路机、振动压路机和钢筋压路机,每台压路机都应安排做全方位压路,以避免不同部位压实程度不均匀。滚动次数应通过压力测试确定,不应低于 4～6 次。重新压实后的路面达到要求的压实度。

另外,最终压实应在重新压实后立即进行,因为重新压实后没有明确的痕迹可以在最终压实时去除。最后的压实可以选择双轮钢辊或闭式振动辊的振动,应不少于两次,直到没有明显的痕迹。

6.接缝处理

首先,沥青路面的施工应做到接缝严密、接缝顺畅,不产生明显的接缝分离。上下纵向接缝应错开 150 mm(热缝)或 300～400 mm(冷缝)。两个相邻的和上下的横向关节应该有 1 m 以上的脱位。接缝施工将用 3 m 尺检查,以确保平滑度符合要求。

其次,纵缝在摊铺时应按梯次热接,留下 100～200 cm 宽度的已摊铺段作为下一节的接缝平面,然后在接缝处碾压,消除接缝。

再次,当施工过半或因特殊原因造成纵向冷缝时,宜加装隔板或加装切割器进行切割,或在混合料切割前留下边角料。对尚未完全冷却的,冷却后不宜用机器进行纵向间隙。在加入另一半前应撒上少量沥青,在该层上覆盖50~100 cm,然后将混合料撒在前半部分刮开,碾压时从侧面到中心留出100~150 cm,然后在接缝处捏紧压实。或者先在已压实的路面上碾压出约150 mm的新层,然后再压实新的路段。

最后,角形接头的搭接长度与层的厚度有关,应该是0.4~0.8 m。应在搭接处撒上少量沥青,将混合料中的粗集料颗粒清除,并填入细料,搭接平整,充分压实。梯形接头的台阶是用沥青铣削和劈开的。搭接的长度不应少于3 m。

此外,宜利用平缝未充分冷却时,用凿岩机或人工垂直拆除厚度不足的端部,使工作缝成直角连接。使用切刀做平缝时,适合在当天混合物冷却但尚未硬化时铺设。基层不得因拆除或切割而受损。切割时,应将泥水洗净,待干燥后刷上黏稠层油。铺设新的混合缝时,应将缝隙软化。辊子应先横向滚动,然后再纵向滚动,形成一个整体,充分压实并顺利接合。

7. 质量检查

质量检查的基本要求是:①沥青混合料的集料质量和集料级配应符合设计和施工规范的要求;②严格检查各种矿物材料和沥青的数量以及各种材料和沥青混合料的加热温度;③沥青混合料搅拌后应均匀,无发白,无粗细料分离和结块现象;④沥青工人应严格掌握厚度和平整度,仔细平整,注意控制施工和压路机的温度,要达到沥青混合料要求的密度。

二、沥青贯入式路面施工

(一)一般规定

首先,沥青透层摊铺适用于三级及以下公路,也可作为沥青摊铺的连接层或基层。

其次,沥青渗透摊铺的厚度应为4~8 cm,但乳化沥青的厚度不应超过5 cm。当渗透层以上的沥青混合料面层成为上拌下渗路面时,搅拌层的厚度不应小于1.5 cm。

再次,沥青渗透路面的顶层应铺设密封胶或附加的搅拌层。当沥青摊铺层被用作接合层时,表面密封材料不能被铺设。

最后,沥青透层摊铺应在干热季节施工,并应在日最高气温降至15℃前半个月完成,以便透层结构层能通过开放交通碾压形成。

(二)施工准备

首先,在沥青路面施工前,应将基层清理干净。当需要安装路缘石时,应在安装路缘石后完成施工。路缘石应该被覆盖。

其次,对渗透性乳化沥青的路面应洒透一层或黏合一层沥青。当沥青贯通路面的厚度小于或等于5 cm时,还应洒布沥青贯通层或胶黏层。

(三)施工要点

第一,使用碎石路面、平地机或人工铺设的主层骨料,严禁车辆铺设路面。

第二,轧制主层的骨料。摊铺完毕后,应使用6～8 t的轻钢筒式压路机从道路两侧向中间碾压,碾压速度为2 km/h,每个轮迹重叠30 cm左右。碾压一遍后,应检查道路曲线和纵向坡度,当不符合要求时,应调整压力后碾压平整。然后用重型钢轮压路机,每条轮轨重叠1/2,应压路4～6次,直到主层骨料挤压稳定,无明显痕迹为止。

第三,浇筑第一层沥青。喷涂方法应按照相关规范进行。当乳化沥青用于贯通时,为避免乳化液下渗过多,可在主层集料碾压稳定后,先洒上部分顶层嵌缝材料,然后再洒上主层沥青。

第四,使用集料播撒器或人工分配第一层黏合材料。尽可能均匀的扫开,不足之处应用石膏填补。当使用乳化沥青时,应在乳化液破乳之前完成石料铺设。

第五,立即用8～12 t钢制滚筒轧制接缝材料,约为轮轨重叠宽度的1/2,应轧制4～6次以稳定。轧制时,用压力扫过,使包缝材料均匀地嵌入。轧制过程中,由于温度过高,轧制过程大大提前,应立即停止,待温度稍低时再继续轧制。

第六,根据上述方法,浇筑第二层沥青,洒上第二层接缝材料,然后进行碾压,洒上第三层沥青。

第七，按铺设缝隙的方法铺设密封胶材料。

第八，采用6～8 t滚压进行最后一次滚压，应滚压2～4次，然后开放交通。

三、冷拌沥青混合料路面施工

冷拌沥青适用于三级及以下公路的沥青面层、二级公路的罩面层以及各等级公路沥青路面的基层、结合层或找平层的施工。冷拌改性沥青混合料可用于沥青路面坑槽的冷修补。

（一）拌和混合料

首先，应采用冷拌沥青在搅拌站进行机械搅拌和沥青摊铺。缺乏厂拌条件也可用于现场道路搅拌和人工摊铺。

其次，适当地搅拌，时间应根据实际情况进行调整，并通过试拌确定。矿物材料加入乳剂后机械搅拌时间不应超过30 s，人工搅拌时间不应超过60 s。

（二）混合料摊铺及压实

首先，应立即将混合物运到分散的地方，并在乳化结束前进行破乳。在搅拌和撒布过程中，混合物的乳状液被打破，应予以丢弃。

其次，沥青混合料应通过6 t轻型压路机初步压制1～2遍，使混合料初步稳定，然后通过轮胎压路机或钢轮压路机碾压1～2遍。当乳化沥青开始脱乳、混合料由褐色变为黑色时，用12～15 t轮胎压路机将混合料压碎，挤出水分后再压制2～3次，然后停机等待干燥一段时间，水分基本蒸发后继续复压，直至压实。压实过程中出现推挤现象时，应停止碾压，待稳定后再进行碾压。不能在当天完全压实的，可在较高温度条件下加轧。当缺少轮胎压路机时，也可使用钢制压路机或较轻的振动压路机。

（三）养护

首先，乳化沥青混合料路面施工后应封闭交通2～6 h，并注意早期养护。开放初期，由专门人员负责交通，车速不得超过20 km/h，不允许制动和转弯。

其次,在下雨时应立即停止沥青混合料的冷拌施工,以防止雨水冲走乳化液。

四、透层、黏层和封层

(一)透层

首先,各类沥青路面基层应喷洒透水层油,沥青层应充分渗透到基层后再进行摊铺。当下层密封层放在底座上时,不应省略渗透层油。当温度低于10 ℃、大风天气或降雨即将来临时,不允许进行原地喷油。

其次,根据基层的类型,选择液体沥青、乳化沥青和煤焦油沥青作为透层油,喷洒后通过钻孔或挖掘确认透层油在基层的渗透深度应不小于5(无机黏结剂稳定骨料基层)~10(无黏结剂基层)mm,并可与基层整体连接。

再次,在喷油之前,应将路面清理干净,并保护好路缘石和人工构造物,防止污染。油料应均匀分布,如有白点应人工喷洒,多余的立即撒上石屑或沙子吸油喷洒,必要时进行适当研磨。铺油后,表面不能形成油皮,不能被运料车和摊铺机粘住。当油不能满足穿透深度的要求时,应改变油的厚度或品种。

最后,透层油应通过沥青分配器一次喷洒均匀。应根据透层油的种类和黏度选择使用的喷嘴,并保证喷洒均匀。当沥青喷嘴喷洒不均匀时,最好使用手动沥青喷嘴进行喷洒。

此外,喷洒透层油后的固化时间应根据透层油的品种和气候条件试验确定,在保证液态沥青中的稀释剂全部逃逸、乳化沥青渗透蒸发的情况下,应尽早铺设沥青面层,避免施工车辆对透层的破坏。

(二)黏层

首先,应将黏层油喷入二层或三层热拌沥青路面的沥青层之间;水泥混凝土路面、沥青稳定碎石基层或旧沥青路面覆盖的沥青层与路缘石、雨水、检查坑等结构物与新沥青混合料侧面接触。

其次,应根据底层的类型,通过试喷来确定黏性油的类型和数量。当在黏性油上铺设薄层大空隙排水路面时,黏性油的用量应增加到

$0.6\sim1.0$ L/m^2。改性沥青或多孔乳化沥青应作为沥青层之间的密封材料,用量不应少于 1.0 L/m^2。

再次,黏稠的油品应通过沥青喷嘴喷洒,应选择合适的喷嘴,以保持喷洒速度和数量的稳定。在使用机动式或手摇式手动沥青喷洒机喷洒时,应当由经过培训的技术工人进行作业,统一喷洒。气温低于10 ℃时,黏层油不宜喷洒,寒冷季节可分两次喷洒。当路面潮湿时,不应喷洒粘性层油。用水清洗后,应在表面干燥后进行喷洒。

最后,喷出的黏稠油应该是均匀的水雾,均匀地分布在整个道路的宽度上,形成一个薄层。不应该有空的或条状的喷雾,也不应该有堆积。喷涂不足的地方要做好喷涂,喷涂多余的地方要刮掉。喷完黏稠的油后,卡车外不允许有其他车辆和行人。

此外,黏层油应在当日摊铺,在乳化沥青破乳化和水分蒸发后,或将稀释剂中的稀释沥青基本褪去,随后摊铺沥青层,确保黏层不被污染。

(三)封层

首先,密封层。顶层密封材料可选择乳化沥青浆密封、微表层涂层、改性沥青骨料密封、薄层耐磨层等。顶层封层的类型可根据使用目的和路面损坏程度选择对于二级及以下等级的旧沥青路面,可采用普通乳化沥青浆封层。沥青混合料可先喷洒沥青,然后与石屑(砂)混合,再进行碾压,使之成为密封层。微粒面层应建在公路轻度损坏和优质公路上,泥浆混合料、微粒面层或改性沥青集料密封可用于上部密封,以提高抗滑性。

其次,下一个密封层。在多雨潮湿地区,高速公路和一级公路的沥青面层气穴较大,有严重的漏水可能,或基层沥青面层不能及时硬化而需要交通时,宜在喷洒透水层油后铺设下封层。下层密封层的表面处理设计应批准该层的铺设方法。一般情况下,采用热SBS改性沥青金刚砂作为下层密封剂,其厚度不应小于 6 mm。

最后,泥浆密封层和微表层。微表层主要用于高速公路和一级公路的预防性养护,以及填充轻轨。它也适用于新建公路的防滑耐磨层。泥浆密封层一般用于二级和低级公路的预防性养护,以及封层下的新路。

泥浆密封层和微表层应使用专用的铺装材料进行铺装。单层微表层在旧路面的沟槽深度不超过 15 mm 的条件下是合适的。15 mm 以上的应先用两层或 V 形槽摊铺箱铺设。微型表面不适合沟槽深度超过 30 mm 的条件。

稀浆密封层和微表层应选择坚硬、粗糙、耐磨、干净的骨料。用于微型表面的合成材料通过 4.75 mm 筛子的砂当量不应低于 65%，用于粪便密封的合成材料通过 4.75 mm 筛子的砂当量不应低于 50%。改性乳化沥青应该用于微型表面。普通乳化沥青或改性乳化沥青可用于涂洒类密封剂密封。在微表层施工前，应彻底清理原路面上的泥土和其他物质，并对坑洞和凹陷进行修复，对较宽的裂缝进行清理。在水泥混凝土路面上铺设微表层时，最好铺上黏层油，太光滑的表面应刷上黏油。泥浆密封层和微表层的最低建筑温度不应低于 10 ℃，严禁在雨天施工。泥浆密封层和微表层两个纵缝的搭接宽度不应超过 80 mm，横缝应做成对缝。两层摊铺，第一层摊铺应在第二层摊铺前至少 24 h 开放交通。铺设后的泥浆密封层和微表层表面没有因拖动过粒材料而造成的严重划痕，横向和纵向接缝处没有出现过多的材料堆积或材料缺失，用 3 m 直尺测量接缝处的粗糙度不超过 6 mm。在微表面上不应该有横向波浪，也不应该有深度超过 6 mm 的纵向条纹。泥浆密封层和微表层在固化和初始交通滚动后是稳定的，在交通的作用下不应该飞散，并且是完全防水的。

第四节　水泥混凝土路面施工

一、水泥混凝土路面原材料施工技术

（一）水泥

水泥是一种水硬性无机胶凝材料，是公路工程中最重要的材料之一。公路工程中使用的水泥需要有较高的化学性能和物理性能。水泥中氧化镁含量不应超过5%，三氧化硫含量不应超过3%，抗压强度和抗折强度应符合国家标准。水泥是按照3 d和28 d的强度等级来分类的。强度等级为32.5级、32.5R级、42.5级、42.5R级、52.5级、52.5R级等。

五种类型的硅酸盐水泥，即硅酸盐水泥、普通硅酸盐水泥、矿渣硅酸盐水泥、火山灰质硅酸盐水泥和粉煤灰硅酸盐水泥，主要用于公路工程还有道路硅酸盐水泥。

（二）水泥混凝土

水泥混凝土具有浇筑性好、经济耐用、耐高温、能效高、现场生产、艺术性强、能耗低、原材料丰富、就地取材等优点，但水泥混凝土也有一些缺点，如抗拉强度低、韧性差、体积不稳定、强度重量比低。公路工程建设中使用的混凝土主要包括桥梁和排水水泥混凝土以及道路水泥混凝土。

（三）混凝土添加剂

1.特性

混凝土添加剂是一种在混凝土制作过程中加入的少量甚至微量材料，在施工过程中或硬化后赋予混凝土一些新的特性。

2.分类

混凝土添加剂按其主要功能可分为四类：①改善混凝土混合物流变性能的添加剂——不同的减水剂、空气进入剂和泵送剂；②调整混凝土凝结时间和硬化性能的添加剂——早期强度添加剂、缓凝剂和加速剂；③改善混凝土耐久性的添加剂——空气进入添加剂、防水添加剂和防锈剂等；④改善混凝土其他性能的添加剂——空气添加剂、膨胀剂、防冻剂、着色剂、防水添加剂和泵送添加剂等。

二、水泥混凝土路面施工方法

水泥混凝土路面包括普通混凝土路面、钢筋混凝土路面、连续钢筋混凝土路面、预应力混凝土路面、人造混凝土路面、钢纤维混凝土路面和混凝土板路面。

目前,最常用的是浇注式素混凝土路面,简称为混凝土路面。所谓素混凝土路面,是指接缝区和局部范围(边缘和角落)没有加固的混凝土路面。

水泥混凝土路面具有强度高、稳定性好、耐久性好、养护成本低、有利于夜间行车和发展当地建材工业等优点,但对水泥和水的需求量大,而且存在一些弊端,如接头、后期开放交通、修复困难等。

铺设水泥混凝土表面的技术方法包括小型机铺、滑模机铺、轨道铺、三辊机铺和辊压式混凝土铺。

(一)模板及其架设与拆除

施工模板应采用具有足够刚度的槽钢、轨道模板或钢边模板,不宜采用木模板、塑料模板等易变形的模板。支设前,应对模板的安装和底座的铺设位置进行测量和放线,铺设的高度分割板,应检查结构的伸缩缝和位置,每块横板的中心应安装在曲线的切点上,模板的安装应稳定、光滑、无变形,并能承受铺设、振动和找平设备的负荷,在冲击和振动时无位移。模板与混凝土拌合物的接触区域应覆盖隔离剂,当混凝土抗压强度不低于8.0 MPa时,应拆除模板。

(二)混凝土拌合物搅拌

搅拌站设备,应首选用间歇式搅拌站,也可使用连续式搅拌站。

每个搅拌站在投入生产前都应进行校准和测试。在校准期满或搬迁和安装搅拌站后,应再次进行校准。搅拌站的测量精度在施工过程中应每15 d检查一次。搅拌站的批量用量偏差不应超过规定;当不符合要求时,应分析原因,排除故障,以确保混合测量的准确性。搅拌站采用计算机自动控制系统时,生产中应采用自动配料,每天(周、旬、月)应打印配料的统计数据和偏差情况。

最佳混合时间应根据混合物的凝聚力、均匀性和强度稳定性来确定。

混合物应在稀释溶液中加入,稀释后的水和原溶液中的水量应减去加入混合物时的水量。

搅拌加气混凝土时,搅拌比例不应超过额定搅拌量的90%。应检查混合时间,以达到最大或更大的气体含量。

(三)混凝土拌合物的运输

第一,根据施工进度、运输量、距离和道路状况,选择车辆类型和车辆总数。总容量应略高于总混合容量。确保新的混凝土在规定的时间内运送到现场。

第二,运输到现场的混合料应适合于铺设工作性。不同铺设过程的混凝土混合料,从搅拌机卸料到运输和完成铺设的最大允许时间,应符合时间控制要求。试验失败,增加缓凝剂或增塑剂的剂量。

第三,混凝土运输过程中应防止漏泥、漏料和道路污染,道路不应任意拖延。自卸车运输应减少颠簸,以防止混合物的分离。车辆应平稳地启动和停止。

(四)轨道式摊铺机进行混凝土面层铺筑

高速公路的混凝土路面施工根据具体条件可以采用铁路路面施工。一级公路、二级公路、三级公路的混凝土摊铺施工应采用轨道式摊铺机继续施工。

1.准备工作

第一,提前做好模板的加工制作。制作数量应为铺装能力的1.5～2.0倍的模板数量和相应的加固实杆和钢筋焊接。

第二,测量放样。恢复定线,直线段每20 m设一个中心杆,弯曲段每5～10 m设一个中心杆。勘察无误后,根据恢复的中心线,放出混凝土路面浇筑的边线堆,用3 in①长的钉子,每10 m直线钉一个钉子,每5 m断面钉一个钉子。测量每个设置的钉子位置的高度,并计算该高度与设计高度之间的差异。

第三,导线架设:在距离设置的钉子约2 cm处,用钉子打钢钎(以不扰动钉子为标准)长度约45 cm,打的深度要稳定。混凝土路面的设计标高线(可用白色粉笔)应标在钢钻杆上,精确到±2 mm。然后将设计标高线固定,用钢丝绳牢牢绑住,中间不能产生扰动,不能扰乱钢钎,位置必须正确。

———————————
①in(英寸)为非法定计量单位,1 in=2.54 cm。

第四,模板支立:根据横移模板的方向和高度,模板的顶部和内部应接近横移,垂直,不倾斜,以确保正确的位置。模板应搭设牢固,以保证在浇筑振动过程中,混凝土、模板不会移位、下沉和变形。模板内部将均匀地覆盖脱模剂,不会污染环境和钢筋的转筋及其他建筑材料。钢筋的间距和位置应符合设计要求,安装应牢固。钢筋的垂直中心线应与混凝土表面平行。

第五,铺设轨道:轨道可选用 12 型 I 字钢或 12 型槽钢即可,一般只配备 4 个标准的 I 字钢长度即可,将 I 字钢或槽钢固定在 0.5 m×0.15 m×0.15 m 的小枕木上,小枕木距离为 1 m,将轨道与中心线平行,轨道上表面与模板上表面要有固定差异,轨道与模板的距离要保持不变。应确保轨道平滑笔直,接头平滑不突然变化。

第六,摊铺机就位和调试:每天沥青机就位前,沥青机应进行调试,将沥青机调试到与道路横坡相同的坡度。将混凝土刮板调整到模板的设计高度停止摊铺,检查振动装置是否完好,其他装置是否正常运行。

2.混凝土摊铺

注意事项如下:①铺设前,基层表面应洒水湿润,但不能积水。②混凝土入模前,检查落差,并控制在配合比要求的 20~40 mm 范围内。③铺设过程中,不连续时间不应大于混凝土初凝时间。④在撒料现场,要有专人负责卸料,根据撒料的宽度和厚度,每车混凝土的用量是均匀卸料,严格控制,不能丢料,可以适当轻微超量,但不能过多,避免被刮到模板外。⑤撒料后,要处理好杆件,确保杆件平行平整,同时用铝合金尺检查平整度,确保混凝土表面光滑,不缺料。⑥日常工作结束后,应在施工缝处设置伸缩缝或收缩缝,按伸缩缝和收缩缝划分。当浇筑由于机械故障或其他原因而中断时,可以设置一个临时工作缝。⑦铺设到伸缩缝时,应按设计要求设置伸缩缝和安装传力杆,在混凝土范围内可采用人工振捣和找平。如果继续浇筑,则应跳过一块木板的长度开始,拆除部分模板,铺上塑料套,用人工振动摊铺机。⑧摊铺机每侧应有一名助理操作人员,以保证摊铺机的安全运行。

（五）混凝土振捣

混凝土振动，是小型机器建设。在横断面上，应使用两根振捣棒，形成一组振动器，沿横断面连续压实。

各处振捣棒的持续时间，应以拌和物整体振动流畅、表面不再起泡和泛灰为限，不应过度振捣，不应少于 30 s。振动器的移动距离不应超过 500 mm，与模板边缘的距离不应超过 200 mm。应避免与模板、钢筋、传输梁和拉杆发生碰撞。

在振捣棒完成振捣的地方，振捣板可以垂直和横向交叉两次，振捣板应在每个路面上配备 1 块振捣板。振动板移动时应重叠 100～200 mm，振动板在一个位置的连续振动时间不应少于 15 s。振动板应由两个人抬起和移动，不得随意放置或长时间连续振动。位移控制被限制在振动板底部和边缘的泥浆厚度（3+1）mm。

缺少的部分，应该用人工填平的方式进行铺设。振动梁振动牢固，每辆车应在路上使用 1 根振动梁。振动梁应具有足够的刚度和质量，振动梁的垂直路径应沿中线阻力最长，往返 2～3 次，使表面泥浆相等。

（六）整平饰面

每条车道都应该配备一个滚杠（双车道两个）。振动梁振实后，应拖动滚杠往返 2～3 遍，以提升泥浆平整度。拖曳面在采用 3 m 刮刀碾压后，纵横 1 次或用刀片式或圆盘式片机往返 2～3 次压实。在完成洗面机的工作后，应进行全缝清理，清除黏贴物，从角上修复缺边。整平后的板材表面应无涂抹痕迹，紧凑平整，无外露，平整度应符合要求。

（七）空脱水工艺要求

用小型机械施工三、四级公路混凝土路面时，应优先使用添加剂；不加添加剂时，应采用真空脱水工艺。该技术适用于厚度不超过 240 mm 的混凝土板的施工。当使用真空脱水工艺时，与不使用添加剂的情况相比，每单位混凝土混合物的最大用水量可增加 3.12 kg/m^2。混凝土拌和物的合适落差是：高温日 30～50 mm，低温日 20～30 mm。

第四章　桥梁下部结构施工

第一节　桥梁基础施工

一、桩基础施工

(一)沉入桩基础施工

当浅层土质较差、承重土深埋时,为满足结构的强度、变形和稳定性要求,需要采用深基础,可采用桩基。桩基是桥梁基础的常见类型之一。应用锤击沉桩、振动沉桩、射水沉桩、静力压桩等施工方法称为沉入桩。桩基按其材料可分为木桩、钢筋混凝土桩、预应力混凝土桩和钢桩。

1.沉入桩基础施工准备工作

打桩前应掌握地质钻探技术资料、水文资料和打桩资料;要解决地上(地下)障碍物,平整场地,满足土壤承载力后再下沉;要根据现场的环境条件采取降噪措施,在城区、居民区等人员密集的地方不宜进行桩基施工。

2.锤击沉桩法

锤击沉桩法一般适用于中密沙质土和黏性土。由于对沉桩设备的要求较高,桩子的直径不宜过大(不超过0.6 m),沉桩的深度应在40 m左右。打桩设备是桩基施工成败的关键。应根据土质、工程量、桩型、规格、尺寸、施工周期、现场水电供应等条件进行选择。

(1)沉桩设备。

锤击沉桩的主要设备有桩锤、桩架、桩帽及送桩杆等。

桩锤：桩锤可以分为坠锤、单动气锤、双动锤、柴油锤和液压锤等。

桩架：桩架是沉桩的主要设备。它的主要作用是装吊锤、吊桩、插桩、吊插射水管和在桩下沉过程中用于导向。桩架主要由吊杆、导向架、起吊装置、撑架和底盘组成。

桩架可以用木料和钢材做成，分为轨道式桩架、液压步履式桩架、悬臂履带式桩架和三点支承式桩架，工程中常用的是钢制轨道式桩架。

桩帽：打桩时，要在锤和桩之间设置桩帽。它既要起缓冲保护桩顶的作用，又要保持沉桩效率。

因此，应在桩帽上方（锤子与桩帽接触的一侧）填充硬质阻尼材料，如橡木、树脂、硬桦木、合成橡胶等，并在桩帽下方提供软质阻尼材料，如麻饼、草垫、废轮胎等。

送桩：在桩顶设计的标高在导杆以下时，需用送桩。送桩可以用硬木、钢或钢筋混凝土等制成。

（2）施工技术要求。

第一，水泥混凝土桩必须达到 100% 的设计强度，并有 28 d 的龄期。

第二，重锤式低冲击混凝土桩帽应敞开通风。

第三，打桩顺序一般是从一端到另一端；从中心到桩群的四边；先打深桩，再打浅桩；先打坡顶，再打坡脚；先打靠近建筑物的桩，再向外打；如果是多方向的桩，应减少改变桩机坡度或方向的操作次数，避免桩顶干扰。

第四，在桩的打入过程中，应始终保持锤、桩帽和桩身在同一轴线上。

第五，桩子下沉时，主要是控制桩尖的设计高度。桩尖的高度等于设计高度，穿透力要不断锤击，使穿透力接近于控制穿透力。当穿透力达到控制穿透力，而桩尖高度未达到设计高度时，应继续锤击 100 mm 左右（或锤击 30～50 下）。如果没有异常的变化，可以停止锤子。

第六，无论桩子有多长，堆放和打桩都应该连续工作，不应该再有停顿。

第七，在一个墩、桩基础上，同一层面的桩基连接数量不应超过桩基总数的1/4，但按等强度连接的瓶子设计不能受此限制（需要抵抗水平磨损）。

第八，在桩子下沉过程中，如果发生渗透性变化，桩子突然倾斜、位移或严重反弹，桩子或桩顶出现严重裂缝、断裂等，要采取有效措施。

第九，在硬塑黏土或松散砂土沉降桩群中，如果在桩子的影响区域有建筑物，应防止土体抬升或降低对建筑物的破坏（黏土抬升、砂土沉降）。

3.振动沉桩法

振动沉桩法是指用振动打桩机（振动桩锤）将桩子打入地下的施工方法。其原理是，振动打桩机将桩体上下振动，同时消除桩体与周围土壤的摩擦力，使桩尖的基础松动，桩体被穿透或拔出。振动沉桩法一般适用于沙土、硬塑和软塑黏土、中密和软砾土。振动桩驱动的施工要点和注意事项如下所示。

（1）振动时间的控制。

每次振动的时间应根据土壤状况和振动机的能力，由现场试验决定。一般来说，它不应该超过 10～15 min。当下沉速度变快时，振动可以继续，由快到慢；如下沉速度小于 5 cm/min 或桩头出水时，应停止振动。如果振幅过大（一般不超过 14～16 mm），而桩子不下沉，说明桩子顶端的土壤很坚固或桩子的连接很松。

（2）振动沉桩停振控制标准。

应以最终的穿透力（cm/min）或以可靠的振动承载力公式计算的承载力作为检查。如桩尖已达标准高度而最终贯入度或计算承载力相差较大，应查明原因，并报请有关单位调查后确定。

（3）管桩改用敞口桩靴振动吸泥下沉。

如果桩基土层中存在许多卵石、碎石或破损的岩石，通过驱动高压水枪振动难以沉桩，可将锥形桩尖改为敞口桩靴，在桩内使用吸泥机吸泥,效果很好。

(4)振动沉桩机、机座、桩帽应连接牢固。

振动沉桩机和桩子的中心轴线应尽可能地保持在同一直线上;在沉降桩开始时采用自重沉降或水沉降,杆体有足够的稳定性后,再采用振动沉降。

4.射水沉桩法

射水沉桩法的选择应取决于土壤质量。在沙土层或硬土层,水爆破是主要方法,而锤击或振动是辅助方法。在底层或黏土中,为避免降低承载力,一般以锤击或振动为主,以水为辅,并应适当控制时间和水量,下沉空心池,一般用单管水。当下沉较深或土壤较密时,可将锤击或振动与水射流结合使用,当下沉固定杆时,水射流喷嘴对称地安装在杆的两侧,并在桩体上下自由移动,在任何高度用水冲刷土壤。无论采用哪种施工方法,在最后阶段下沉到设计高度 1~1.5 m 时,都应停水,用锤击或振动方式下沉到设计深度。

射水沉桩的主要设备包括水泵、水源、供水管和水射流管等。射水沉桩法的施工要点如下:在吊装和插入桩基时,应注意及时输送供水软管,防止其拉断和脱落;初期应控制桩身不要下沉过快,不要堵塞管道,并注意随时控制和纠正桩子的方向,在下沉到一定深度(8~10 m)并保持桩身稳定后,可逐渐加大水压和锤子的冲击动能,锤击或振动桩身到所需的设计高度。如果采用中间喷水法沉桩,应在桩垫和桩帽上留有排水通道,以防止从桩尖孔喷出的水柱返回到桩内,产生水压,造成桩身膨胀开裂。管桩下沉到位后,如果设计要求用混凝土填充,则应用吸水法,如清除沉淀物,再用水下混凝土填充。

5.静力压桩法

静力压桩法适用于高压缩性黏土或沙性较轻的软黏土地基。

(1)静力压桩法的特点。

无冲击力,施工时噪声和振动小,桩顶不易损坏,可预估和验证桩的承载力;30 m 以上的长桩子很难压入,但可以通过连接桩子和截面压入桩子。

（2）静力压桩施工要求。

压桩设备的设计承载力应大于压桩阻力的40%，压桩前应检查各种设备，使压桩工作不致中断。两台卷扬机同时启动下梁时，应同步进行压桩，避免半途而废，当桩尖高度接近设计高度时应严格控制工艺，特殊情况下应暂停使用。

（二）钻孔灌注桩施工

钻孔桩的长度可以根据承重土波动面的变化和最不利的内力组合来安排。该施工钢筋使用量少，施工方便，承载力强，所以被广泛使用。钻孔桩施工的主要工作程序是铺设保护筒、准备泥浆、钻孔、清理土壤、制作和吊装钢筋笼、浇筑水下混凝土等。

1. 埋设护筒

护筒可以稳定孔壁，防止塌孔，隔离地表水，保护孔面，固定孔的位置和引导钻头。管子的内径应大于钻头直径（旋转钻约20 cm，浸入式钻、冲击钻或冲击锥约40 cm），每节的长度为2～3 m。

常用的钢护筒，在陆地和深水中都可以使用，完成钻探后可以取出来反复使用。在深水区埋设护套时，应先将导架打入护套，然后用锤击或振压的方式沉入护套。固定管的深度取决于土壤质量和流速。与外套表面的位置偏差不超过5 cm，坡度不超过1%。

2. 泥浆制备

钻井泥浆由水、黏土（膨润土）和添加剂组成，具有悬浮矿渣、冷却咬合、润滑钻具、增加静水压力的作用，并在孔壁上形成泥皮，起到截断孔内外渗漏、防止塌孔的作用。通常使用塑性指数大于25、粒径小于0.005 mm、颗粒含量大于50%的黏土，通过泥浆搅拌机或人工搅拌储存在泥浆罐中，然后由泥浆泵送入井中。

3. 钻孔

（1）正循环回转钻机钻孔。

钻井开始时，应将钻杆稍稍抬起，将钻井液泵入套管，启动泥浆泵进行循环，待泥浆均匀后开始钻进，在沙土或软土层中最好使用平土钻头，用控制深度的方法钻进。压力轻、档次低、泵量大、泥浆稠。在钻进过程中,钻机的主钩应始终握住钻具,钻机的全部重量不应完全由孔底承担。

(2)反循环回转钻机钻孔。

反循环方案是泥浆从孔中进入,使用真空泵或其他方法(如气吸式挖泥机等)。钻井泥浆通过钻杆中心从钻杆顶部流出,或由泵配合钻杆钻进,将泥浆从底部吸出孔外。在钻井过程中,应不断补充水或泥浆,以保持水位稳定,维持正确的标高。

(3)冲击锥钻进成孔。

利用钻锥的不断提锥、落锥,反复冲击孔底土层,将四壁土层中的沙石挤压或打成碎渣,碎渣悬浮在泥浆中,可通过挖泥船取渣,重复冲击钻孔的过程。要求钻头应有足够的重量,适当的冲程和冲击频率,以使它有足够的能量将岩石打碎。

(4)冲抓锥钻进成孔。

用兼有冲击和抓土作用的抓土瓣通过钻架操作的切割锤,通过推力锥的自重带动抓土瓣向下运动,使抓土阀的尖端打开并插入土层,然后带离合器的葫芦的锥头关闭抓土瓣,拉出泥土,丢弃泥土后继续冲抓孔。

4.清孔

当孔的深度达到设计高度时,应检查孔的深度和直径,符合要求后方可进行清孔。清孔方法应根据设计要求、钻井方法、设备条件和地层条件来决定。在浇筑水下混凝土之前,应重新检查孔内泥浆的性能指标和孔底的沉积厚度。

5.钢筋骨架的制作、运输及吊装

钢筋骨架应分段制作,分段的长度应根据吊装条件确定,接头应交错排列。骨架外侧将设有控制保护层厚度的缓冲块,垂直距离为2 m,横向周长不小于4 m。吊环应设置在骨架顶部,骨架在孔内用一般吊车吊起;无吊车时,可采用钻架、浇注塔。吊装时应根据孔内框架的长度数。钢筋骨架的制作和支撑带的允许偏差如下:主钢筋杆之间的距离±10 mm,支架之间的距离±20 mm,外径±10 mm,骨架的坡度±

0.5%，骨架保护层的厚度±20 mm，骨架中间表面的位置20 mm，以及骨架顶部的高度±20 mm，骨架底部的高度为±50 mm。

6.灌注水下混凝土

灌筑水下混凝土时，需配备搅拌机等设备，灌注后应能在规定时间内完成桩孔。浇筑时间不应超过第一批混凝土的起始时间。如果估计的浇筑时间长于第一批混凝土的开始时间，应添加缓凝剂。水下混凝土一般用钢管浇筑，管径为200～350 mm，根据柱子的大小而定。使用前应对管道进行水密性压力和接头拉伸试验，不要使用压力。当新的混凝土被运到浇筑现场时，应检查其均匀性和坍落度。如果不符合要求，应进行第二次混合；如果仍然不符合要求，就不应该使用。第一批混凝土的浇筑量应足以覆盖管道的初始深度并填满管道的底部。第一批混凝土混合物落下后，应连续浇筑混凝土。在浇筑过程中，在2～6 m处检查管道的埋藏深度。在浇筑过程中，应经常检测钻孔内混凝土面的位置，并及时调整管道的埋设深度。为防止钢架上浮，当浇筑的混凝土上表面距离钢架底部约1 m时，应降低浇筑速度。当混凝土混合物上升到骨架底部4 m以上时，通过提升导管，使骨架底部高出2 m以上，即可恢复正常浇筑速度。在填充过程中，特别是在潮汐和受限水域，应注意保持孔中的水头。在填埋过程中，从孔中溢出的水或泥浆应引到合适的地方进行处理，不得随意排放，污染环境和河流。出现灌注故障时，应查明原因，确定合理的处理方案，及时处理。

（三）挖孔灌注桩施工

1.开挖桩孔

一般采用人工开挖，开挖前应清除场地周围和山体上的悬浮物、浮土，清除一切不安全因素，做好孔口周围的临时围栏和排水设备。应采取措施防止土石落入孔内，并安排好吊装设备（吊车或木绞车等）的上行通道，必要时孔内应搭设天棚。在挖孔时，应随时检查桩孔的大小和水平位置，以避免错误。注意施工安全，下洞人员应佩戴安全帽和安全绳，抽取土渣的设备应经常检查。当孔深超过10 m时，应定期检查孔内二氧化碳含量,如超过0.3%应增加通风措施。如果采用爆破施工,则采用浅孔爆破法,严格控制炸药量,加强孔附近的支撑,防止孔壁振动和坍塌。当孔深超过5 m时,应使用电雷管进行点火。爆破后,应进行15 min的通风和排烟,并经检查孔内无毒后,施工人员方可下孔继续开挖。

2.护壁和支撑

在孔柱开挖过程中,开挖和挡墙应连续操作,以保证孔壁不坍塌。应根据水质、水文条件和材料来源来选择支持和墙体保护的方法。当柱洞较深,土质较差,出水量较大,或碰上流沙时,宜采用就地浇筑的混凝土墙体防护,每次开挖1~2 m,随挖随用。

护壁的厚度一般为0.15~0.20 m,混凝土为C15~C20。必要时,可安排少量钢筋,下沉式预制钢筋混凝土圆管可用于挡土墙。如果土壤比较疏松,漏水不大,可以考虑用木板做框架支撑,或者在木框后面放上木板作为支撑。木框与木板要钉牢,木板后面也要用土堵住。如果土质尚好,渗漏不大时,还可以用竹篱笆作为围墙,将围墙与开挖的墙体连接在一起,保证开挖的安全性。

3.排水孔

如果漏水量不大,可采用人工排水(手摇木船绞盘或带吊的小葫芦);如果同一个桥墩同时有几个桩孔,可以在开挖前安排好拉丝孔,使地下水集中在一个孔中,以消除。

4.吊装钢筋骨架及灌注桩身混凝土

孔底的处理将在孔挖到设计深度后进行。孔底表面必须没有松动的矿渣、泥浆和沉淀的泥土,以保证桩身混凝土与孔壁和孔底紧密结合,应力均匀。如果地质情况复杂,就需要了解孔底的地质条件是否能满足设计要求,否则就需要监测和设计单位研究处理。钢筋骨架吊装和水下混凝土浇筑的相关方法和关注点与钻孔灌注桩的基本相同。

二、沉井基础施工

沉井基础是桥梁工程中经常用到的基础形式,因沉井在最初制作时无底无盖,形似筒状,故又称为井筒。

沉井通常采用钢材、混凝土或钢筋混凝土制成,具有强度高、质量大、外形庞大、容易下沉的特点。当采用合适的方式将其沉降到稳定地层中时,沉井将因其稳定的状态和较大的支撑截面,为建造在其页面上的结构物提供强大、稳定的支撑。

因此,在软土沉积很厚的地方常选择沉井作为桥墩基础。沉井主要由井壁、边缘基座和隔墙组成。开放式沉箱不仅是基础结构的一部分,而且在下沉过程中还起到固土和蓄水的作用,不需要特殊设备。此外,它还可以作为补偿地基使用,可以节省材料,简化施工,因此被广泛用于深基础或地下结构。

(一)沉井的类型

1.按平面外形划分

按照平面外形,沉井可分为圆形沉井、矩形沉井和圆端形沉井。

圆形沉井:易控制下沉方向,取土方便,在水压力作用下,井壁只承受环向压力。

矩形沉井:制造简单,基础受力有利。其四角一般做成圆角,以减小井壁的摩阻力和取土清底的困难。但其阻水面积大,易造成严重冲刷,井壁承受的挠曲弯矩较大。

圆端形沉井:介于上述两者之间,在控制下沉、受力状态、阻水冲刷方面较矩形沉井有利,但制造相对复杂。

2.按仓室分布分类

当沉井平面尺寸较大时,往往根据井壁侧向承受的弯矩、施工要求及上部结构的需要,在沉井中设置面墙,将沉井平面分成多格,沉井内部空间被分成多个仓室。按照仓室的分布,沉井可分为圆形单仓井和矩形三仓沉井。

(二)沉井的构成

1.刃脚

刃脚是由钢板制成的,位于开放式沉井的最低端,形状像一个刃口。随着沉井的下沉,它切入了地面。

2.井壁

井壁内衬是开放式沉井的外壁,它是用钢筋混凝土逐段浇筑而成的。在下沉过程中,井壁内衬不仅起到支撑作用,而且通过自重克服了外壁与地基土之间的摩擦阻力和叶片底部的土层阻力,使沉井逐渐下沉到设计高度。

3.隔墙

隔墙将开放式沉井分成几个区间,以减少由侧向压力引起的墙体弯矩,加强开放式沉井的刚性。此外,在施工过程中,为方便开挖土方,可以控制露天沉井的下沉偏差。

4.井孔

井孔是挖土和卸土的工作场所和通道。井孔的尺寸应满足施工要求,宽度(直径)不应小于 3 m。井孔的布置应与开放性沉井的中心轴线对称,适合对称开挖,使开放性沉井均匀下沉。

5.凹槽

凹槽布置在钻孔下端的边脚附近,其作用是让封底混凝土与轴衬有更好的结合,封底混凝土底部的反作用力更好地传递到轴衬上(例如,所有孔都填满的实心开放沉井也可以不设凹槽)。槽的深度为 0.15~0.25 m,高度约为 10 m。

6.射水管

当沉井的下沉深度较大,且通过沉井的土质较好时,很难估计下沉量,因此可在沉井壁上嵌入射水管组。射水管的调节要均匀,以控制水压和水量来调整下沉方向,一般水压不低于 600 kPa。

7.封底和盖板

在沉井下沉到设计高度已清除地基后,浇筑底部密封混凝土。当混凝土达到其设计强度时,可以从坑中排出,用混凝土或其他砌体材料填充。如果孔内没有填充物或只填充了碎石,露天沉箱的顶部应浇筑钢筋混凝土盖板,盖板厚度一般为 1.5~2 m。

底部混凝土受到地基土和水的影响,这就要求底部混凝土有一定的厚度(可以通过应力控制来确定),根据经验,其厚度不能小于钻孔最小长度的 1.5 倍。土层混凝土的顶部应高出沟槽底部不少于 0.5 m，并浇筑在沟槽的上端。

(三)水中沉井的施工

1.筑岛法

水流速度不大,水深不超过 3 m 或 4 m,可采用水中建岛的方法。岛上的建筑材料为沙子或砾石,周围有草袋,随着水的深度,可用于保护围堰。该岛应比露天沉井宽 2 m 以上,并应比施工最高水位高 0.5 m 以上。沙岛筑岛施工应达到施工条件要求,然后在岛上抛开沉井。如果筑岛的压缩水面较大,可采用钢板堆砌围堰。

2.浮动法

如果水深超过 10 m,筑岛法不经济,施工也困难,可采用浮动法施工。开放式沉井是在岸上制作的,利用铺在岸上的滑道滑入水中。然后用绳子把它引导到设计的码头。

开放式沉井的侧壁可以做成空心的,或采取其他措施,如有一个木制的底部或有一个钢制的气瓶,使开放式沉井漂浮起来;也可以在码头做定位,用浮桥把沉井抬起来,或通过潮汐,当水位上升,漂浮到设计好的开放式沉箱时,把水或混凝土倒入空隙,慢慢沉到河底;或者依靠悬挂长的开放式沉井并填充混凝土,使其逐渐下沉。每个步骤都应确保开放性沉箱本身的稳定性。在开放式沉井的边脚切入河床达到一定深度后,就可以采用上述的沉降法进行施工。

(四)陆地沉井的施工

陆地上的沉井采用在墩台位置处就地制造,然后取土下沉的施工方法。因这种施工方法是在原地制作,故不需大型设备,且施工方便,成本低。通常情况下,沉井比较高,故可以分段制造、分段下沉。其中,第一节沉井的制作和下沉尤为重要。

1.第一节沉井的制作

第一节沉井应建造在较好的土质上。当土质强度不能满足第一节沉井制作的质量要求时,可对地基进行处理或减小沉井节段的高度。由于沉井自重较大,刃脚底部窄,应力集中,所以应在沉井刃脚下对称的位置铺垫枕木,再立模,绑扎钢筋,浇筑第一节沉井混凝土,下沉时,应按顺序对称地抽出枕木,以防止沉井出现倾斜和开裂。

2.沉井下沉

在沉井仓室内不断取土可使沉井下沉。下沉法可分为两种类型:排水下沉和去水下沉。这两种方法对下沉时井壁外的摩擦力有很大影响。

当坑内水位上升时,可用抓斗或液压吸挖机取土。当沉井顶部离地面1～2 m时,应停止开挖,并连接高位沉井。

3.封底,填充填料及浇筑盖板

封底之前应对基底进行检验和处理,一般情况下,采用不排水封底,封底厚度应满足沉井底部不渗水的要求。封底施工完毕后再填充填料,浇筑盖板。

第二节　桥梁墩台施工

一、桥墩

(一)桥墩的分类

桥墩按构造特征分为重力式(实心)桥墩、空心桥墩、柔性桥墩、V形桥墩等。

桥墩按变形能力分为刚性桥墩、柔性桥墩。

桥墩按截面形状分为矩形墩、圆形墩、圆端形墩、尖端形墩、组合截面墩。

(二)重力式桥墩

重力式桥墩依靠自身的重量和桥面传来的永久荷载抵抗水平荷载,通常截面尺寸较大。重力式桥墩在水平荷载作用下,桥墩内将产生弯矩,最大弯矩在墩底截面。

在此弯矩作用下,横截面内将产生弯曲正应力,一部分截面受拉、一部分截面受压;桥墩在自重和桥跨传来的竖向永久荷载作用下,横截面内产生压应力;此压应力完全抵消弯曲拉应力,因而最终横截面上没有拉应力。

重力墩采用简单的流线型断面形状,如圆端墩、点状墩、圆角墩等,使桥下水流能顺利绕过桥墩,减少水阻和墩边冲刷。因重力式桥墩横截面内没有拉应力,一般采用抗拉强度很低的砖石材料或混凝土材料。

(三)空心桥墩

1.部分镂空实体桥墩

一些空心固定桥墩仍保留了重力式桥墩的基本特征,如较大的轮廓、较大的砌体量、较少的配筋等。镂空的目的是在截面强度和刚度足以承担外荷载的条件下减少圬工量,使桥墩结构更经济。

但镂空部位受到一定的条件限制,如在墩帽下一定高度范围内,为确保安全有效地将荷载从上部结构转移到空心墩壁上,应设置一个坚实的过渡段。在空心截面和实心截面的交界处,应放置倒角或结构钢筋,以避免墩身荷载传递路径上的局部应力集中。对于有冲击力的漂浮物或易搬运物,为避免冰块对桥墩的破坏,一般不挖空。

2.薄壁空心桥墩

针对重力式桥墩建筑材料用量多、力学性能利用低的情况,薄壁空心桥墩应运而出。一般高度的空心桥墩比固定桥墩节省20%～30%,钢筋混凝土空心桥墩可节省约50%。

当桥墩高小于50 m时,混凝土空心桥墩的壁厚一般要求不小于30 cm。有资料表明,跨度在12～26 m的多跨连续梁桥,桥墩壁厚可做成40～80 cm,造价比一般桥墩节约20%以上。

空心桥墩的截面形式有圆形、圆端形、长方形等。沿桥墩高一般采用可滑模施工的变截面,即斜坡式立面布置,桥墩顶和桥墩底部分,可设实心段,以便设置支座与传递荷载。

(四)柔性桥墩

柔性桥墩是指在墩帽上设置活动支座,桥梁热胀冷缩时产生的水平推力以及刹车制动力,通过桥梁对桥墩的水平力,都因活动支座而使桥墩免于承受这些压力。

柔性桥墩墩身比刚性桥墩细,柔性桥墩对水平力是柔的而不是刚的。柔性桥墩造型纤细,为了承受竖向荷载,墩身要加入一些粗钢筋和采用高强度材料。柔性桥墩也可以做成空心、薄壁的。高达 146 m 的空心薄壁预应力钢筋混凝土柔性桥墩,壁厚仅 35~55 cm,比实体墩节省材料 70%,它就是奥地利的欧罗巴公路大桥二号桥墩,建于山谷之中,采用了矩形截面形式。

(五)V 形桥墩

V 形桥墩的出现不仅扩展了桥墩的类型,还给桥梁结构的造型增添了新的形态。V 形桥墩在改变桥墩受力特征的同时,也改变了桥墩以往的外形,使得桥梁结构的整体造型更显轻巧、美观。V 形桥墩包括纵向和横向两个方向,扩展的 V 形桥墩还包括 Y 形、X 形、倒梯形等。V 形桥墩可以缩短梁的跨径,从而可以采用更为简单的梁截面,进而可降低梁的高度和造价,增强桥梁的跨越能力,还可以改善桥梁结构的造型。V 形桥墩与主梁的连接可以是固接的,也可以是铰接的。前者连接后部分称为 V 形桥墩斜撑钢架,后者连接后部分称为 V 形桥墩连续梁。V 形桥墩斜撑钢架两斜撑的夹角根据桥下通航净空及斜撑与主梁的内力关系来确定。

二、桥台

(一)重力式桥台

重力式桥台主要依靠重量来平衡台后的土压力。桥台本身通常由砖石材料制成,如石头、碎石混凝土或混凝土,并通过就地浇筑来建造。重力式桥墩根据桥梁等级、桥墩高度和场地维护有多种形式。常见的类型有 U 形基台、埋藏式基台、八字基台和一字基台。

(二)轻型桥台

轻型桥台通常由钢筋混凝土建造,其特点是使用这种结构来减少砌体体积的抗弯能力,使桥台变得很轻。常用的轻型桥台有薄壁轻型桥台和带支撑梁的轻型桥台。轻型桥台适用于小跨度桥梁,与轻型桥台配合使用时,跨度数不宜超过3个,单跨不超过13 m,多跨全长不超过20 m。

(三)框架式桥台

框架式桥台是一种具有柱式基础和框架结构的轻型桥台。它承载的土压力较小,适用于承载力低、台身高、跨度大的梁桥。其结构形式有柱式、肋墙式、半重力式和双排架式、凳式等。

(四)组合式桥台

为了使基座更轻,基座本身主要承担垂直和水平力,而基座后面的土压力则由其他结构承担,形成一个复合基座。常见的有锚杆式、梁式、框架式以及基坑与挡土墙的组合等形式。

三、桥梁墩台施工介绍

(一)钢筋混凝土墩台施工

1.墩台模板

(1)模板设计原则。

应优先选用胶合板和钢模板,在计算荷载的作用下,用受力方案检查模板结构的强度、刚度和稳定性,可保证结构外观美观,线条流畅,剪切角可控。模板可以用钢、胶合板、塑料和其他符合设计要求的材料制成。在浇筑混凝土之前,应将模板用脱模剂覆盖。混凝土模板的脱模剂应是同一品种,不应使用废油等油类,不应污染钢筋和混凝土的施工缝。应定期检查和维护重复使用的模板。

(2)模板的类型和构造。

混凝土和钢筋混凝土墩台模板主要包括模块化模板、整体吊装模板、组合型钢模板和滑动钢模板。

①模块化模板。模块化模板是一种不同尺寸的标准模板,通过销轴连接,用对拉杆、钢筋构件等形成墩台和承台的形状。将桥墩表面分成若干小块,使板扇各部分的尺寸相同,便于使用周转。板扇的高度通常与桥墩和基座的高度相同。一般来说,高为3～6 m,宽为1～2 m,取决于码头的大小和起重条件。由于装配式模板是在工厂生

产的,它具有表面平整、尺寸准确、体积小、重量轻、易拆卸、装配快、运输方便等特点,因此被广泛使用。

②整体吊装模板。根据墩台层模板和浇筑混凝土的高度,每层的高度应根据墩台的大小、模板的数量和浇筑混凝土的能力确定,一般为2~4 m,按层高安装第一层模板。装配方法与低矮墩台相同,模板安装完毕后,在浇筑第一层混凝土时,应将支撑螺栓嵌入墩台主体,以支撑第二层模板和脚手架安装。

③组合型钢模板。组合型钢模板具有不同长度、宽度和角度的标准构件,用成型的连接件将钢模板形成结构模板。组合型钢模板具有体积小、重量轻、运输方便、拆装容易、接缝紧密等优点。

④滑动钢模板。滑动钢模板适用于各种桥墩。各类模板在工程中的应用,要根据桥墩高度、桥墩形状、材料、施工周期等条件,因地制宜,合理选用。

检查模板刚度时,其变形值不应超过以下数值:外露模板的挠度为模板构件跨度的1/400;结构表面的隐蔽模板的挠度为模板构件跨度的1/250;钢模板的面板挠度为1.5 mm,钢模板的棱柱和箍筋的挠度为3.0 mm。

安装前应检查模板的尺寸,安装应牢固,以免振捣混凝土时造成漏模,安装位置应符合结构设计要求。

2.混凝土的浇筑

桥墩墩台具有垂直高度大、平面尺寸相对较小的特点,其混凝土浇筑方法与梁、帽不同。墩柱混凝土的运输方式不仅有水平运输,还有难度较大的垂直运输。

混凝土的运输通常是通过带有绞盘和升降平台的混凝土车,或者通过混凝土泵车的使用将混凝土送至高处的施工点等。

混凝土在运输过程中应该有足够的启动时间,以确保混凝土的浇筑质量。混凝土的搅拌、输送和浇筑速度应大于码头混凝土的体积与混凝土的起始时间之比。

在泵送混凝土前,应防止堵管现象的发生。在大体量墩台中,混凝土浇筑应采用分层块状浇筑;同时,应控制混凝土的水化热。一般来说,它应该满足桥梁和交通建设质量标准的要求。如果横截面积过大,分层混凝土不能在第一层混凝土初凝或复焊前完成,可逐块浇筑。浇筑砌块时应遵守以下规则。

块与块之间的水平接缝区应平行于底层平面的短边,并垂直于截面的边界,上层与下层之间的垂直接缝应错开做一个缺口,并按施工缝处理。

大体积混凝土的水化温度应通过以下方法控制:改善骨料级配,降低水灰比,加入添加剂和片石,减少水泥用量;使用低水化热坝水泥、矿渣水泥、粉煤灰硅酸盐水泥或低强度水泥;减少浇筑层厚度,加速混凝土的散热;混凝土材料应避免暴露在阳光下,为降低起始温度,在混凝土中嵌入冷却管进行水冷。

(二)砌筑墩台施工

1.施工准备

(1)对石料、砂浆与脚手架的要求。

对石料和砂浆的要求。石墩系统用片状石料砌筑,石料和粗石料用水泥砂浆砌筑,石料和砂浆要符合有关规定的规格。

浆砌片石一般适用于高度小于6 m的墩身、基础、面层及各种墩身的填筑。扭曲块石一般用于高度大于6 m的桥墩和桥台,其镶嵌面或应力要求大于扭曲块石砌体的强度。扭曲块石用于严重磨损和冲击的水和破冰面工程以及要求整齐美观的桥墩和桥台,要求用于防波堤。

对脚手架的要求。用于石料砌筑的脚手架应架设在桥墩和桥墩周围,以堆放材料和支持工人有目的地定位行和铺设勾缝。一般使用固定的轻型脚手架(用于6 m以下的墩台),简单的移动脚手架(用于25 m以下的墩台)和悬挂式脚手架(用于较高墩台)。

石头的吊装和铺设在正确的位置,是砌筑工程中比较困难的过程。当重量较小或离地不高时,可直接用简单的凳子跳板运输;当重量较大或离地较高时,可由固定式旋臂吊或桅杆吊或坑道吊运至码头,再分送至工地。

（2）注意事项。

第一,在使用砌块之前,湿水表面的泥土、铁锈等必须被清洗干净。如果基底是岩石或混凝土,在铺设砂浆前应将基底表面清理干净并润湿。如果基底是土壤,可以直接铺设砂浆。

第二,砌体应该分层建造。如果砌体较长,可以分段、分层砌筑,但相邻两个工作段的差值不应超过1.2 m。分段的位置应尽量远离沉降缝或伸缩缝,各段的水平砌体应一致。

第三,为了使外观美观,石砌墩台往往选择比较整齐的砌筑外层。里面可以用一般的石材,但要注意内外交织连接成一个整体,不能建成后外面是一圈,而里面乱填。

第四,当上层砌块建成后,应避免下层砌块的振动。砌筑中断后恢复砌筑时,应将所砌筑的砌筑层表面清理干净,并进行湿润处理。

第五,墩台侧面为斜面时,为砌筑方便,当用料石或预制块砌筑时,可用收台方式形成墩台身的斜面。此时,台阶内凹顶点的连接线应与墩台设计线相一致。

第六,在砌筑结构中,一定要检查平面形状尺寸和边坡是否符合设计要求。检查平面尺寸时,应先用经纬仪恢复墩台中心线的位置,然后根据中心线测量外周长尺寸。至少每隔2 m应重新测量一次高度。有偏差但不超过允许值时,在下一段砌筑时逐渐纠正;若超出允许偏差时,应返工重砌。

第七,砌筑完后所有砌石（块）均应勾缝,勾缝必须平顺,无脱落现象。

2.砌筑方法

同一层石料和水平石灰缝的厚度应均匀,根据每层砌体的水平、丁顺相间,砌体的石灰缝应相互垂直。砌筑完一块丁砖,再接着放一块顺砖,丁砖和顺砖交错摆放。填充砖的层高应与面砖的层高相同,圆、尖、角砌体的铺设顺序应从顶部开始,依次排列面砖。

3.墩、台帽施工

（1）放样。

墩、台混凝土浇筑或砌石砌至离墩、台帽高度为 300～500 mm 时，应测量墩、台帽的纵横轴线，并将墩、台帽的形状抬高。在安装锚栓孔或预埋支座垫板、绑扎钢筋等时，应注意不要将地基中线作为台帽的后墙线，模板搭好后，在浇筑混凝土前应再次检查，确保墩柱、台帽中心、承重垫石的位置、方向和高度没有误差。

（2）墩、台帽模板安装。

墩台和台帽是支撑上部结构的重要部位，对其位置、尺寸和高度的准确性有严格要求，上述部位应在墩台和台帽模板定型后进行一次浇筑，以保证墩台和台帽底座有足够的混凝土密实厚度。

（3）钢筋和支座垫板的安设。

桥墩和台帽的钢筋黏结必须符合相关加固工程的规定。一般情况下，承台板在墩、台帽上的安装采用预埋承台板、预留锚杆孔的方法。前者在绑扎墩、台帽和支座缓冲钢筋时，应将带锚固钢筋的钢板安装在支座的准确位置，然后将锚固钢筋与墩帽骨架钢筋焊接固定。同时，钢垫板用木架固定在桥墩和台帽模板上。这种方法在施工中不容易做到板块位置的准确，必须定期校正。后者在安装墩帽模板时应安装预留孔的模板，绑扎钢筋时应注意锚杆孔的位置，使支座的安装合适，支座枕板的位置准确。

（三）装配式墩台施工

装配式桥墩和墩台可用于预应力混凝土、钢筋混凝土薄壁空心墩或轻型桥墩的装配式施工。拼装墩主要由实体部分墩身、拼装部分墩身和基础组成。混凝土墩身和基础是就地施工的，在浇筑实体墩身和基础时，要考虑墩身与装配部分的连接、抵抗洪水和漂移的冲击、锚固预应力筋、调整装配墩身的高度等。

拼装部分墩身由基本构件、隔板、顶板和顶帽等部分组成，在工厂制作，运到桥位处拼装成桥墩。装配部分墩身的分块根据桥墩的结构形式、吊装、起重和运输能力决定。拼装要根据施工现场的具体情况拟定施工细则,认真组织施工。

1. 拼装接头

(1)承插式接头。

承插式接头连接是将预制构件插入相应的杆帽孔中,插入构件的宽度为长度的 1.2～1.5 倍,在底部铺设 2 cm 厚的砂浆,用半干的混凝土填充四周。这种方法常用于柱子与基础的连接。

(2)钢筋锚固接头。

钢筋接头的连接方式是由预留的钢筋组成钢筋骨架,放在另一构件的预留沟内,或将钢筋焊接在一起,再浇筑混凝土。

(3)焊接接头。

焊接接头的连接方式是将预埋在构件中的钢板与预埋在另一构件中的钢板通过电焊连接,外部再通过混凝土封闭。这种方法易于调整故障,通常用于水平连杆和立柱之间的连接。

(4)扣环式接头。

扣环式接头连接是指相互连接的构件按照预定的位置与环形钢筋嵌入。在安装过程中,将柱子的底座放在桩帽的中心,上下环形钢筋相互错开,U 形钢筋放在扣环之间,并进行焊接,然后将外侧的接头混凝土浇筑到立模中。

(5)法兰盘接头。

当使用法兰盘连接时,法兰盘安装在连接件的两端,法兰盘的嵌入部分的位置应与元件垂直,接头处可以不采用混凝土封闭。

2. 砌块式墩台施工

砌块式墩台安装前的准备工作与石砌墩台相同,但由于预制砌块的形状不同,预制块的形状也有很大的差别。基坑坑底整平后,经检验合格后铺设砂、砾石或碎石垫层并夯实整平,铺好坐浆后安装墩台。其施工方法和注意事项主要包括以下几点:预制砌块时,吊环宜设于凹窝内,使其不突出顶面,以免妨碍拼装,同时,也省去切除吊环工序;吊运安装机具可采用各种自行式吊车、龙门架、简易缆索吊机设备或各种扒杆;砌块安装时应对准位置安放平稳,若位置不准确时应吊起重放,不得用撬棍拔移安砌,平缝用较干砂浆。

砌缝的宽度不应超过 1 cm。为防止水平缝的砂浆被上层砌块挤压出来,可在水平缝中放置铁板,铁板的厚度应小于砂浆的厚度。竖缝中应插入砂浆并压实,上部路桥工程施工技术暴露时应预留 2 cm 的缝隙。垂直接头分层不应小于 20 cm,每安装约 1 m 高的砌块应进行评估,检查灰缝厚度和高度。

3.柱式墩施工

装配式柱式桥墩系统将桥墩中的一些轻型部件在工厂或工地预制,然后运到现场组装成桥。其形式有双柱式、排架式、台阶式和刚架式等。装配式柱式墩台应注意几个问题。

首先,要对桥墩和桥台进行编号,并检查每个桥墩和桥台的高度是否符合设计要求。基杯口和柱子边缘之间的缝隙将不小于 2 cm。

其次,当墩柱被吊入基坑后,应在垂直和水平方向上进行测量,确保墩柱套管的垂直度或坡度以及平坦的位置符合设计要求后方可摘钩。

再次,在墩台和承台柱顶安装盖梁前,要检查盖梁口的预留槽孔位置是否符合设计要求,否则应先进行修补。柱井和盖梁(上盖)安装完毕,经检查符合要求后,可将薄砂浆倒入基础井口和盖梁槽内,待其硬化后,取出楔子、支撑或风缆,再将砂浆填入楔子孔内。

最后,当预制混凝土管和环安装在基础或支撑平台上,做成墩台的外部形状时,为使混凝土基础与墩台的连接牢固,应将钢筋插入管子连接处和环之间的现浇混凝土中。插入的钢筋数量和锚固长度应通过设计或计算确定。

4.后张法预应力钢筋混凝土装配式墩台施工

后张法预应力钢筋混凝土装配式墩台采用的预应力钢材主要有高强度低松弛钢线和冷拉Ⅳ级粗筋两种。

高强度低松弛钢线的强度高,抗拉强度大。因此,所需的预应力筋的数量较少,而且在施工过程中更容易续筋。在预应力钢梁连接件的影响下,预应力钢梁连接件的混凝土墙需要局部加厚。四级冷拔钢筋对预制混凝土构件上的预留孔的精度要求很高,以便于四级冷拔钢筋的连接。

预应力混凝土装配式桥墩和墩台可以通过两种方式进行张拉:在桥墩帽的顶部和桥墩和墩台的底部。一般来说,预应力钢梁在桥墩帽的顶部张拉。

(1)在墩帽顶上张拉预应力钢束。

墩帽顶部预应力钢绞线张拉的主要特点是:张拉作业高度高,虽然张拉作业方便,但安全性差;预应力钢绞线的锚固端可以直接嵌入承台,不需要设置过渡段,可以发挥预应力钢件在墩台底部最大拉力位置抗弯能力强的特点。

(2)在墩台底的实体部位张拉预应力钢束。

墩台底部固定部位预应力钢绞线张拉的主要特点是:张拉作业为地面作业,施工安全方便;既能满足预应力钢绞线张拉千斤顶的放置要求,又能在作业阶段多布置张拉钢筋,满足截面受力要求;预应力钢绞线的张拉位置与过渡构件中的竖向受力钢筋关系复杂。

应特别注意,灌浆时最好自下而上压注,构件的水平装配缝采用35号水泥砂浆,砂浆厚度为15 mm。一方面可以起到调节水平的作用,另一方面可以避免漏水对预制构件连接质量的影响。

(四)滑模施工

滑动模板在桥墩底部被整体支撑。利用液压千斤顶和弹射器,模板沿着墩身向上滑动。

其主要优点是:施工进度快,一般平均昼夜进度可达到5～6 m;节省木材和劳动力;滑动形式可用于直墩体也可用于斜墩体。

1.滑模施工

(1)滑模组装。

在现场组装桥墩时,安装步骤如下:将挂篮放在基础顶部,确定桥墩的中心线;先将内钢圈安装在挂篮上,并准确定位,然后安装梁、外钢圈、柱、千斤顶、模板等。将整个装置吊起,卸下挂篮,然后将模板落到位置上,再安装其余设施;当模板滑动到一定高度时,应及时安装内、外吊架。安装模板前,应在模板表面涂抹润滑剂,以减少模板滑升时的摩擦阻力,应按照设计要求和装配质量标准进行全面检查,并及时纠正不符之处。

(2)浇筑混凝土。

滑模应该用低流动性或半干的硬混凝土浇筑。它应该分层、分段对称地浇筑。各层的厚度应该是20～30 cm。混凝土表面和模具的上边缘之间的距离不应小于10～15 cm。

混凝土在模具中应均匀分布,振捣器插入下一层混凝土的深度不超过5 cm。混凝土爆炸时的强度应为0.2～0.5 MPa,以防止混凝土在自重下坍塌。

因此,可根据气温和水泥的强度等级加入一定量的早强剂,以加速提升,脱模后8 h左右开始固化,使用模式是用一根带小孔的水管围绕墩身悬挂在下挂架上进行。当水渠距离模板下缘1.8～2.0 m时,效果会更好。

(3)提升与收坡。

桥墩的整个浇筑过程可分为三个阶段:第一次滑升、正常滑升和最后一次滑升。

从开始浇筑混凝土到第一次滑升模板,第一次浇筑混凝土的高度一般为60～70 cm,可多次浇筑,当底层混凝土强度达到0.2～0.4 MPa时,即可达到试升。所有的千斤顶每次缓慢地提升5 cm,以观察底部混凝土的凝固情况。现场鉴定可用手按压刚脱模的混凝土表面,如果按压底座不能移动,但有指纹,砂浆不沾手,用指甲划有痕迹,滑动时能听到沙沙摩擦声,这些现象说明混凝土已达到0.2～0.4 MPa的强度,可以缓慢提升20 cm左右。

初步提升后,可对设备进行彻底检查,然后引入正常的滑移阶段。即每浇筑一层混凝土,滑模提升一次,使每次浇筑的厚度和每次提升的高度基本一致。在正常温度下,提升时间不应超过1 h。

滑升阶段是指混凝土已经浇筑到所需高度,不再浇筑,但模板仍应滑升的阶段。灌注最后一层混凝土后,每隔1～2 h将模板提升

5～10 cm，滑动2～3次，避免模板粘连。上层框架之间的高度差不应超过20 mm，上层框架横梁之间的水平高度差不应超过5 mm。随着模板高度的增加，应转动锁坡螺杆，调整墩壁弧形面的半径，以满足收坡坡度的设计要求。

（4）接长顶杆、绑扎钢筋。

模板提升到一定高度后，应插入连接顶杆、绑扎钢筋等。为了不影响提升时间，钢筋连接应提前准备好，并注意错开连接。封闭件和封闭接头的钢筋，退出后的滑动方式，要及时清理，使之暴露。

在整个施工过程中，由于工艺变化，或发生事故，使混凝土浇筑工作长时间停止，即需要停止工作。例如，每隔0.5 h左右应将模板稍稍抬高，以防止粘连；工作停止时应在混凝土表面放置短钢筋，以加强新旧混凝土的连接，并在复工时在混凝土表面开沟，用水洗去残渣，润湿混凝土表面，然后浇筑一层1∶1的水泥砂浆，厚度为2～3 cm，再按原混合比浇筑混凝土，继续进行剪力墙施工。

爬升模板的构造与滑动模板相似，只是支架通过结构支撑在嵌入墩壁的预埋件上。当墩身的混凝土达到一定强度时，松开模板。将顶部、支架连同模板一起顶到新的位置，模板就位，然后继续浇筑墩身混凝土。然后每次爬升约2 m。

升降模板结构是一种特殊的钢制模板，一般由三层模板组成一个基础单元，并配备与模板一起上升的混凝土工作平台。浇筑完上层模板的混凝土后，拆除下层模板并倒置，形成第四层模板，以此类推。提升模板也可用于斜面墩的施工。

2.滑升模板施工方法的特点

（1）机械化程度高。

整套滑升模板均由电动液压机械提升，机械化程度高。

（2）施工速度快。

施工过程中只需要进行一次模板组装，大大减少了模板拆装工序，实现了连续作业。竖向结构施工速度快，在一般气温下，每个昼夜的平均施工进度可达5～6 m。

（3）结构整体性好。

滑升模板体系刚度高且可连续作业，各层混凝土之间不留施工缝，从而大大提高了墩台混凝土浇筑的内在质量和外观质量。

（4）节约模板和劳动力，有利于安全施工。

滑升模板是在地面上预先组装好的，施工中不再更换模板，所以模板的利用率非常高。这不仅可以节省大量的模板，还可以大大减少安装和拆除模板的劳动力，方便浇筑混凝土，改善工作条件，从而有利于安全施工。

（5）适应性强。

滑升模板施工方法适应性强，不但可用于直坡墩身的施工，还可用于斜坡墩身的施工。

滑升模板施工方法具有以下缺点：一次性投资大；建筑外立面造型有限；建筑管理和技术水平必须更高。

第五章 桥梁上部结构施工

第一节 简支梁桥施工

一、简支梁桥的分类

从梁的截面形式来区分,混凝土简支梁桥可以分为三种类型:板桥、肋板式桥和箱形梁桥。其中,肋板式桥的横截面形式又主要有Ⅱ形和T形两种基本形式。

(一)板桥

板桥的承重结构是钢筋混凝土或预应力混凝土的矩形截面,其特点是结构简单、施工适宜,建筑高度小。板桥通常有三种结构形式,即整体式板桥、装配式板桥、组合式板桥。这三种结构形式的板式梁因结构上的差异而导致使用中受力与变形方面的不同,从而导致承载能力的不同,因而适用的场合和跨径也不同。

1.整体式板桥

整体式板桥的截面形式主要有实心式、空心式、矮肋式。其通常在桥位处现场浇筑;当具有充分的吊装条件时,也可以先在桥下预制整体式板梁,然后吊装就位。整体式板桥在车辆等荷载的作用下,其变形和内力分布均表现为空间板结构的空间受力状态。受力时,发现其不但绕受力方向产生双向弯矩,而且由于弯曲曲率逐点不同,还将导致围绕法线的扭矩产生。因此,整体式板桥的承载能力优于装配式板桥。

2.装配式板桥

装配式板桥一般由几块固定宽度的实心或空心预制板组成。板块之间是通过填充混凝土的方式连接的,中间有缺口。在荷载作用下,每块板相当于单向荷载下的梁式窄板,除了主应力方向的弯曲中心基础外,还受到通过板间连接(铰链连接)传递的剪力引起的扭转。因此,每块预制板不仅要承受其中的荷载,还要承受相邻板的作用所引起的垂直剪力和其他内力。由于与垂直剪力相比,其他内力对特定板块的内力影响不大,因此在设计中采用铰链板(梁)法来确定板块的内力。板块中的主钢筋数量由计算得到的内力决定。此外,在板中安排适当数量的结构加固,以承受一些在计算中被忽略的内力。制造的装配式板桥有两种截面类型:实心板和空心板。

3.组合式板桥

组合式板桥通常采用装配+整体现浇的方式成型,因而也称为叠合桥。施工中,通常在桥下将组合式板桥的底层分片预制成构件,然后在墩顶进行装配,最后以装配构件为底模,整体浇筑梁体部,从而完成组合式板桥的施工。

(二)肋板式桥

肋板式桥在横断面上形成清晰的肋形梁桥,称为肋板梁桥,或简称为肋桥。在这样的桥梁中,梁肋(或腹板)与钢筋混凝土桥面的顶部相结合,作为支撑结构。由于混凝土在肋骨之间的受力区域大部分被侵蚀,结构的自重被大大降低。特别是对于只承担正弯矩的简支梁,既充分利用了膨胀混凝土桥面的抗压能力,又有效地发挥了布置在梁肋下的承拉钢筋的抗拉作用,从而使结构构造与力学性能达到理想的协调。与肋板相比,由于混凝土的压缩和钢筋的拉伸形成了较大的拉应力,具有高肋梁的肋骨桥也具有更大的抗荷载力矩。目前,肋板式梁桥多用于中跨度简支梁桥(超过20~25 m)。

(三)箱形梁桥

箱形梁桥是指桥横截面形式为箱形的桥。由于箱形截面具有闭合性,当荷载作用于梁上任何位置时,箱形梁桥结构的所有组成部分

（包括顶板、腹板、底板和翼板）将同时参与受力，使其具有较大的抗扭刚度和抗弯刚度，因而其可制作成薄壁结构，从而节省大量建造材料。同时，因为箱形梁桥顶、底板具有较大的面积，能有效地抵抗正、负弯矩的作用，所以满足较大跨度简支桥梁建设的需要。

二、混凝土简支梁桥施工

（一）支架与模板

1. 支架

（1）支架的类型和结构。

当简支梁桥的上部结构浇筑到位后，必须在桥面开口处设置支架，以支撑模板、钢筋混凝土和其他施工载荷。

（2）支架的制作要求。

支架应使用标准化、系列化和通用的钢构件进行制作和组装；在制作木制支架时，相邻两根柱子的接头应放在不同的水平面上，长构件的接头应减少。主压梁的连接长度应采用木夹板或铁夹板的对接方法，次要部件的连接可采用隔板连接方法。

2. 模板

（1）模板的类型与结构。

桥梁现浇模板主要包括木模板和钢模板。模板的选择主要取决于类似桥梁跨度结构的数量和模板材料的供应。

在建造不同跨度的单跨或多跨桥梁时，通常使用木模板，而对于相同跨度的多跨桥梁，可以使用大型模板块进行拼装，也可以使用钢模板。模板制作应选择机械化方法，以保证模板形状正确和尺寸精确。模板的尺寸偏差、表面光滑度和安装偏差应符合有关规定，尤其要保证模板有足够的强度、刚度和稳定性。

木模板包括由胶合板制成的大型整块模板，以及使用该模具的部分结构更复杂的地方。大型整块模板可以根据结构要求提前制作，然后用连接件快速组装在支架上。钢模板大多成片制作，由钢板和钢筋骨架焊接而成，钢板的厚度通常为 4～8 mm。框架由水平和垂直肋骨组成，肋骨由钢板或角钢制成。大型钢制模块采用螺栓连接或销钉连接。对于多循环钢模板,使用前应进行化学或机械清洗。浇筑混凝土前,应在模板内壁涂抹脱模剂,以利于脱模。

(2)模板的制作与使用要求。

虽然模板是建筑中的临时结构,但它对梁的制造非常重要。模板不仅控制着梁体尺寸的准确性,还直接影响施工方案和混凝土的浇筑质量,以及施工安全。因此,模板应满足以下要求。

要有足够的强度、刚度和稳定性,结构可以安全可靠地出现在各种负载中。确保设计形状、尺寸和结构各部分位置的准确性。模板的接缝应封闭,以确保在混凝土浇筑过程中不发生泄漏。模板具有结构简单、拆装方便、周转使用方便等优点,应尽量做成装配式的部件或块状。

(二)钢筋的制作与安装

1.准备工作

(1)钢筋的检查与保管。

首先,对钢筋外观加固和机械性能进行检查。进货的钢筋应该有出厂质量证明和测试报告。除外观和标志的检查外,力学性能的检查应分批抽取不同钢种、质量、等级、规格和厂家的样品,检查和试验方法符合现行国家标准的规定。钢筋只有在通过现场检查后才能使用。

其次,保护钢筋。钢筋进场后,应妥善保管,应做到以下几点:钢筋堆放选择在地势较高的地方,上盖有棚子,下有垫块,不能直接放在地上;钢筋按不同的钢种、质量、等级、规格、厂家进行挂牌和编号。钢筋在运输过程中不能出现腐蚀、污染或弯曲的情况。

(2)钢筋的调直。

直径小于10 mm的薄钢筋常被轧成圆盘状,而厚钢筋常被弯曲成发夹状,以便运输和储存。因此,运送到现场的钢筋必须首先进行调直。

用冷拉法矫直钢筋时,应按设计要求对钢筋的形状和尺寸进行加工,加工后的钢筋,其表面不应有削弱钢筋截面的痕迹。

2.钢筋的连接

(1)焊接。

闪光对焊或电弧焊、电渣压力焊或压力焊均可用于钢筋的焊接接头,但电渣压力焊只能用于垂直钢筋的接头,不应作为水平和倾斜钢筋的焊接接头。

每批钢筋焊接前,应先选定焊接工艺和焊接参数,并根据实际情况进行试焊,检查接头的外观质量和力学性能。焊接时,焊接地点要有合适的防风、防雨、防雪、防寒设施。

电弧焊应采用双面焊接,只有在双面不能焊接的情况下,才能采用单面焊接。

采用搭接电弧焊时,两根钢筋的端部应在一侧预弯,且两根钢筋的轴线应保持一致,总截面面积不能小于被焊钢筋的截面面积。弧焊接头的焊接长度,双侧焊接不应小于 $5d$,单侧焊接不应小于 $10d$(d 为钢筋直径)。电弧焊与钢筋弯曲的距离不应小于 $10d$,而且不应位于构件的最大弯矩处。

(2)机械连接。

首先,锥螺纹连接。锥螺纹钢筋的连接方式是将钢筋两端通过锥螺纹套筒进行片状黏接,通过螺纹的机械咬合力传递张力或压力。锥螺纹连接套筒是在工厂的专用机床上加工的,而钢筋丝套筒的加工是在钢筋丝套筒机上进行的。

其次,直螺纹连接。直丝连接是将待连接钢筋的一端卷成规则的直丝,然后用配套的直丝套,将两根钢筋相对拉紧,实现连接。这种技术的优点是没有虚线,机械性能好,连接安全可靠,连接强度可以达到与基体金属相同的强度。

第二节 预应力混凝土梁桥施工

一、预应力混凝土结构的特点

除了普通钢筋混凝土结构的优点外,预应力混凝土结构还具有以下重要特点:能最有效地利用高强度钢和高强度混凝土,减少横截面积和自重,与普通钢筋混凝土桥相比,可节约钢材30%～40%,跨度越大,节约越多;预应力混凝土梁在正常使用条件下不出现裂缝,鉴于能参与全断面的工作,可大大降低建筑物的高度,使大跨度桥梁柔和美观,扩展对不同桥型的适应性,提高结构的耐久性;对于现代装配结构,为最有效的装配提供了装配手段;根据需要,可以在纵向、横向和垂直方向施加预应力,将装配式结构整合成一个理想的整体,扩大装配式桥梁的范围。

当然,预应力混凝土结构要有优质的高强钢筋作为预应力钢筋,以保证高强混凝土的配制质量;同时要有一系列专用的预应力张拉设备和材质优良的高精度锚具,并要掌握复杂的施工工艺。

二、预应力混凝土桥梁施工

(一)固定支架就地浇筑法

固定支架就地浇筑法是一种古老的施工方法,需要安装模板、绑扎和安装钢架,并预留浇筑混凝土和现场施加预应力的孔洞和施工方法。由于这种方法需要大量的支架,所以一般用于中小型桥梁的低墩或交通不便的偏远地区。

近年来,随着桥梁结构的发展,出现了一些复杂的预应力混凝土结构,如特殊成型的桥梁和曲线桥。随着临时钢构件、万能构件、贝利梁和六四军用梁的广泛应用,其他施工方法难度加大,或经比较后采用固定支架现浇更方便、更便宜时,这种施工方法也可用于大跨度的桥梁。要完成现浇梁桥的现浇施工,应根据桥孔的跨度、桥孔下土层的地质情况、水深等情况选择合理的支座形状。

(二)悬臂施工法

悬臂施工法是大跨度桥梁最常用的施工方法,也是桥梁施工中难度较大的一种施工技术,需要特殊的施工材料和熟悉悬臂施工技术的技术团队。

用这种方法建桥梁时,不必在桥下建大量的支架,而要用吊篮式建筑材料从桥墩顶部被梁向两边建起,对称地吊出长度,直至合龙。

梁体每延伸段,通过预应力钢筋将当前梁段与梁体连成一体。按照节段梁体的制作方法方式的不同,悬臂施工法可以分为悬臂浇注法和悬臂拼装法。

悬臂浇筑:在桥墩两侧逐节对称浇筑,待混凝土达到一定强度后,张拉预应力钢筋,移动工具、模板继续施工。

悬臂拼装:将预制的节段件,从桥墩两侧依次对称安装,张拉预应力钢筋,使悬臂保持长度,直至合龙。

1.悬臂浇筑施工

(1)施工挂篮。

挂篮是一个能够沿轨道行走的活动脚手架,悬挂在已经张拉锚固的箱梁梁段上。挂篮的支撑结构可以采用通用构件,也可以采用特殊设计的结构。挂篮必须能承受梁段的自重和施工荷载,还要求自重要轻、刚度要高、变形要小、稳定性要好、行走要方便等。

当最初的几对梁式挂篮浇筑在桥墩一侧时,由于桥墩顶部位置受限,挂篮两侧的支撑结构必须临时相互连接。在梁被浇筑到一定长度后,支撑结构的两边将被分开。如果墩顶的位置太窄,难以用挂篮开始浇筑,可以建立局部支撑。墩顶梁段(即所谓零号块)或墩顶附近的梁段在支架上浇筑,施工挂篮就在已浇筑的梁段上拼装。

(2)悬臂浇筑施工工艺流程。

当挂篮安装到位后,就可以在上面进行梁段的悬臂浇筑作业了。工艺流程按每个梁段的混凝土浇筑两次安排,即先浇筑底板混凝土,后浇筑肋板和屋面混凝土。当采用第一次浇筑时,底板的混凝土浇筑过程与肋板和顶板的混凝土浇筑过程相结合,其他过程不改变。在浇筑混凝土之前,应在手推车的前分配梁上使用方形木质支撑,以分散负荷,减少轴压。在混凝土浇筑过程中,应随时观察挂篮因负载而产生的变形。

挂篮加载后,也会造成新旧梁段连接处的混凝土开裂。特别是采用两次浇注法施工,第二次浇筑混凝土时,第一次浇筑的楼板混凝土已经凝固。由于挂篮的第二次变形,楼板混凝土会在新旧梁段的交界处出现裂缝。为避免这种开裂,挂篮可事先增加变形方法,如采用活动模板梁。

由快凝水泥制成的C40～C60混凝土通常用于悬臂铸造。在自然条件下,混凝土强度在浇筑30～36 h后达到30 MPa。这将加速挂篮的运动。此时,每个施工期为7～10 d,具体应受工程量、设备、空气温度等条件的影响。

悬臂浇筑施工的主要优点是:预制场地小,逐段浇筑,易于调整和控制梁段位置,且整体性好;每段都是严格的重复操作,不需要施工人员,效率高。

其主要缺点是梁不能与桥墩平行施工,施工周期长,悬臂浇筑混凝土的加载期短,混凝土的收缩和徐变影响大。

2.悬臂拼装施工

(1)梁段预制。

悬臂施工是将梁沿纵向轴线,根据起重能力在适当的长度段,在工厂或桥梁工地附近选择预制场地,然后用吊车运到桥梁工地上。梁段预制的质量直接关系梁悬空施工的重量和速度。因此,在预制过程中应严格控制梁的截面和形状的准确性,充分重视预制场地的选择和布置、基座和模板的支撑制作、工艺规划和维护运输等各个环节。梁式预制方法通常是长线预制或短线预制方法的长线预制。

首先,长线预制。长线预制是在预制场或施工现场根据梁底曲线制作固定基座,在基座上安装模板进行分段浇筑混凝土。箱梁的各节都在固定基座上的活动模板中,相邻节段应一起浇筑。

长线预制需要很大的场地,底座的最小长度应该是桥梁钻孔机跨度的一半。梁段预制通常是在底板上进行的。钢模板经常被用来方便组装和拆卸。为了加快施工进度,确保各部分之间的紧密连接,通常先浇筑奇数部分,然后是偶数部分。当分段混凝土的强度达到设计强度的75%以上时,预制场就可以吊装了。

第二,短线预制。短线预制是在固定平台和纵向移动的模具铸造中,通过调整小车和端梁的内外形状而完成的调整。当第一段混凝土浇筑完成后,在第一段混凝土的相对位置安装下一段模板,并将第一段混凝土的端面作为第二段的最终模板,完成第二段混凝土的浇筑。这种方法适用于工厂化生产的节段预制,设备可以轮流使用,基座只需要三个梁段的长度,但节段尺寸和相对位置的调整比较复杂。短线基座除基础部分外,都是由钢材料制成。

由于长线基座的可靠性,桥梁的形状更好,而且长线基座给梁段储存提供了更多的空间。

短线预制场地相对较小,模板和材料不需要移动,可调式底模和侧模适用于平、竖曲线梁段的预制,但精度要求高,施工严格,周转不便,施工周期相对较长。

箱形梁段的预制需要相邻段之间的紧密接触,所以必须在段模完成之前完成,因为段模的端部浇注在后面;同时,应使用绝缘子,以方便将各部分与连接坑分离。

常用的隔离剂可分为以下几类:薄膜类、油脂类、皂类。

(2)梁段运输。

梁段运输包括水路、陆路、栈桥和缆吊起重机等。梁体节段从基坑出来后,通常先存放在预制底座上的梁场。当分段组装完成后,它们被从梁场运到桥址。预制块件的运输方式一般可分为场内运输、装船和浮运三个节段。

第一,场内运输节段。预制场的起重机通常用于基坑排放和运输。预制场的龙门吊也可用于节段上船。

当预制场与栈桥之间的距离较远时,应首先考虑平车运输。采用无转向架的平板喷气车运输时,运输轨道不应成为平曲线,纵向坡度一般应为平坡。当地形条件有限时,最大纵向坡度不应超过1%。

第二,装船节段。装船是在一个特殊的码头上进行的,其主要设施是建筑栈桥和节段装船的起重机。栈桥的长度应保证驳船能在最低施工水位时进入码头并起飞,栈桥的高度应保证在最高施工水位时栈桥的主要载体不被淹没。栈桥的宽度应确保梁架两侧与栈桥之间有不小于0.5 m的安全距离。栈桥起重机的起重能力和主要尺寸(净高和跨度)应与预制场内的起重机相同。

第三,浮运节段。浮运驳船应根据节段的重量和高度来选择。浮运驳船可以由铁质驳船、坚固的木质驳船、水泥驳船或漂浮箱组装而成。为了确保漂浮的安全性,我们应该尽量减少漂浮的重心。

有开口舱面的船舶,尽可能将配重块放在船舱底部;当必须放在甲板上时,应该放在船舱内。配重块的支撑垫应根据底部坡度用碎石堆砌,并填入支撑垫或加三角垫片,以保证配重块的稳定放置。此外,块状物应该用电缆固定和保护。

(3)悬拼方法。

第一,浮吊拼装法。重型起重机械组装在船上,整套设备在水上工作,在40 m的起重高度范围内,起重力大,辅助设备少。本实用新型的优点是相应的施工速度较快,1 d就可以完成2~4段的吊装和组装,但台架的成本较高。

第二,悬臂吊机拼装法。悬臂式起重机由纵向主梁、横向吊梁、锚定装置、平衡重物、起重系统、运行系统和工作挂篮组成。

主纵向桁架是起重机的主要支撑结构,可由贝雷桁片、万能杆、大截面钢等组装而成。一般由一些桁架组成两组,由横向桁架连接成一个整体,前后用两根梁支撑。横向吊带是用来直接安装葫芦和杠杆载体的。它是由贝雷框架、万能杆和型材钢制成的。

纵向主梁的外部载荷由横向提升桁架传递给它。横向吊装桁架支撑在轨道平车上,平车铺设在纵向主桁索的轨道上,吊装起重机布置在横向吊装桁架的上索上。放置锚杆和平衡重物的目的是防止主桁架在吊装时翻倒,并保持其稳定状态。对于在墩柱附近组装节段的双悬臂起重机,可以通过锚定横梁和悬挂物将起重机锚定在0号块上。箱体的对称杆段,不需要设置平衡重量。

当单个悬臂吊起一个节段时,吊车锚可以连接到节段吊环或垂直预应力筋的螺旋端杆上,而无须设置平衡重。吊装系统一般由电动葫芦、吊梁和吊块等组成。其功能是将驳船的分段提升到桥梁位置,达到组装高度,以便进行组装。应根据起吊段的重量来选择滑轮组。

起重机的整体纵向运动可以通过电动葫芦拉动的钢管辊轧到板上。牵引绳在纵向主梁的前顶点被转向滚筒连接到牵引钩上。横向提升梁由轨道平车驱动,由倒链滑轮拉动。

工作挂篮悬挂在纵向主梁前端的篮子横梁上,篮子横梁由轨道平车支撑,用于工作篮的纵向移动。工作挂篮,用于预紧钢丝、千斤顶拉伸、压力灌浆等操作。上层用于操作屋顶钢梁,下层用于操作肋板钢梁。还可以单独设置一层,工作篮可以用来设置链轮的高度。

第三,连续桁架装配法。连续桁架的装配方法可分为两种:活动式和固定式。活动连续桁架的长度大于桥梁的最大跨度。桁架被支撑在已完成的梁段和待组装的墩顶上。固定的连续桁架支撑全部位于桥墩上,不增加梁段的施工荷载。

(4)穿束与张拉。

第一,穿束。T形刚架桥纵向预应力钢筋的布置有两个特点:一是集中在顶板上,二是钢筋在墩上对称布置。因此,每一对对称装配在桥墩件上的预应力钢丝束必须按照锚固这些对件的要求长度进行切割。

明槽钢丝束通常以相等的间隔放置,并锚定在屋顶的加厚部分(通常被称为锯齿板),该部分是用管子预制的。首先,将线束顺利插入开口槽,然后将线束分别插入管道的两端。线束在管道的两端延伸,具有相等的长度。

暗管穿束比明槽难度大。经验表明,对于 60 m 以下的钢丝束,可以采用人工推送的方式。较长的钢丝束可以点焊成箭头状包裹的黑色橡胶板。当 60 m 以上的钢丝束穿束时,可在孔中插入一根钢丝与钢丝束连接,然后通过绞车拉动一端,另一端由人工放置。

第二,张拉。张拉前,应确定合理的张拉顺序,保证每批箱梁的张拉力接近总张拉力的重心。

张拉顺序的确定与箱梁的截面形状、同时工作的千斤顶数量和临时张拉系统的安装有关。

第三节　拱桥施工

一、装配式混凝土拱桥施工

(一)概述

梁式桥上部结构的轻型化和装配化,大大加快了梁式桥的施工速度。为提高拱桥的竞争力,拱桥也应向轻型化和装配化的方向发展。从双曲拱桥到后来的桁架拱桥、钢架拱桥、箱式拱桥、梁式复合拱桥、混凝土灌筑钢管拱桥,都是沿着这个方向发展的。人造混凝土拱桥主要包括肋拱、复合箱拱、悬索拱、桁架拱、钢管拱、钢架拱和扁壳拱;也适用于采用预制安装的其他类型的桥梁,如简支T形梁桥、T形刚构的吊装等。

装配式混凝土拱桥施工是一种施工方法,混凝土拱桥的每个部件都是在预制场制造的,然后在桥梁现场组装。装配式混凝土拱桥的施工方法可分为两类:少支撑施工和无支撑施工。

(二)缆索吊装施工

在峡谷或水流湍急的深河中,或在需要船舶顺利通过的通航河流中,缆索吊装是拱桥建设中最广泛使用的方案,因为它具有跨度大、水平和垂直运输运动灵活、适应性广、施工相对稳定方便等优点。

用缆索起重机吊装拱肋时,可采用两组主缆或增加主缆塔架的高度,在吊装缆绳偏离角度不超过15°的前提下,减少主缆的横向移动次数。

为了充分发挥电缆的作用,拱桥的结构也可以采用预制。电缆吊装在加快桥梁建设和降低桥梁成本方面发挥着重要作用。

1.构件的预制

(1)拱肋构件坐标放样。

装配式混凝土拱桥拱肋的绘制坐标与带支撑的拱肋的构造相同。

（2）拱肋立式预制。

采用立式浇筑法预制拱肋，具有吊装方便、节省木材的优点。常见的预制方法有：①立式浇筑法的垂直预制；②木框架的垂直预制；③条石台座的垂直预制，由几个石台、底模支撑和底模组成。

（3）拱肋卧式预制。

第一，木模卧式预制。当预制拱肋的数量较多时，应使用木模。当浇筑截面为 L 形或倒 T 形（双曲拱肋）时，拱肋的空隙部分可以用黏土砖或其他材料填充。

第二，土模卧式预制。在平地上，根据土槽大小，挖出与拱肋同样大小的土槽，然后仔细平整土槽壁，拍实，铺上油毡或水泥袋，拱肋即可浇筑。

第三，卧式叠浇。当水平预制拱肋的混凝土强度达到设计强度的30% 后，在其上安装侧模，浇筑下一个拱肋。

2.拱肋分段与接头

（1）拱肋的分段。

拱肋的跨度小于 30 m 时，不能分节或只分两节；30～80 m 时，可分三节；80 m 以上时，可分五段。理论上，连接处应选择在拱肋自重最小的位置，但通常是均匀分布的，所以各段的重力基本相同，吊装材料较少。

（2）拱肋的接头形式。

第一，对接。当拱形肋骨被提升为两部分时，通常采用对接的方式。对接中的接头为全断面接缝，该接头要求接头材料强度高，一般采用螺栓或钢板焊接。

第二，搭接。因为接头处于低自重弯矩的位置，所以三段式提升拱肋必须搭接。在五段式安装的拱肋中，拱肋的边段和次段的连接处也可以进行搭接。

搭接的接头具有良好的张力，但由于其结构复杂，很难预制。必须用样板进行检查和分割，以确保拱肋的安装质量。

第三，现浇接头。用简单的弧形框架建造的拱肋可以采用现浇焊接或环形连接的方式,并配有主钢筋。

(3)接头连接方法及要求。

用于拱肋连接的连接材料包括型钢焊接、钢板(或型钢)螺栓连接、焊接拱肋钢筋、环氧树脂水泥等。

连接处的混凝土强度应比拱肋混凝土的强度高一个等级。连接钢筋、钢板(或型钢)的截面要求应通过计算确定。

3.拱座

拱肋和墩台的连接被称为拱座,又称为基台。基台有不同的类型,如插入式基台、预埋钢板法、方筋基台和钢铰链连接等,其中插入式基台和方筋基台有很多优点,如结构简单、耗钢量少、预埋性能好等。

4.拱肋起吊、运输及堆放

(1)拱肋脱模、运输、起吊时间的确定。

在脱模、移动、堆放和吊装过程中,装配式拱桥构件的强度不应低于设计要求的吊装强度;如无设计要求,一般不应低于设计强度的75%。为加快施工进度,可掺入适量早强剂。

在低温环境下,可用蒸汽养护。

(2)场内起吊。

拱肋的吊点位置应按设计图纸进行;如图纸无要求,应考虑拱肋的形状、拱肋部位的钢筋布置及吊铺过程中的拉力,以保证移动过程中的稳定性和安全性。当采用两点吊装时,吊点应位于拱门辅助弯曲面的重心轴线上,也就是在离拱肋$(0.22 \sim 0.24)L$(L为拱肋的长度)的末端。当拱肋较长或曲率较大时,应采用三点或四点悬挂,以保持拱肋受力均匀和稳定。除中间跨度的一个吊点外,其他两个吊点可在距拱肋末端$0.2L$处设置。采用四点吊装时,外吊点一般位于距拱肋两端$0.17L$处,内吊点可位于距拱肋两端$0.37L$处。四个吊点的位置应该是对称的。

大跨度拱桥的拱肋构件一般用于提升模板龙门架,小跨度拱桥的桥肋和小构件可用于提升三角杆、马凳、起重机等设备。

(3)场内运输(包括纵、横向移动)。

场内运输可以通过龙门架、胶轮平车、汽车平车、铁路平车或船舶等方式进行。

（4）构件堆放。

拱肋在堆放时应尽量放远，特别是起跨比小的构件（拱肋、拱块），卧位时应垫三点，垫木的位置应在拱肋的中间和距两端 0.15 L 处。三个垫点应该有相同的高度。如果需要站立，应放在与拱肋弧度相应的弧形支架上；如果不需要站立，应该放在位于中心和距两端 0.2 L 的三个支持点上。每个顶点的高度应与拱肋的弧度相匹配，否则拱肋会断裂。

堆放构件的场地应平整、有台阶，不能有积水，当场地受限而采用堆放时，应安装垫片。堆放高度取决于构件强度、地面承载力、垫木强度和堆放稳定性。构件应按照吊装和安装的顺序堆放，并留有适当的间隙，避免过度堆放。

5.吊装程序

根据拱桥吊装的特点，一般的吊装程序是：边拱肋吊装、吊装；次边段拱肋吊装、吊装（最多吊装五段）；中段拱肋吊装、封闭；拱形构件吊装或砌筑。整座桥的拱肋的安装可以按照以下原则进行。

首先，单孔桥吊装的拱肋吊装顺序通常由拱肋合龙的横向稳定图决定，多跨桥梁的吊装应尽可能在每根拱肋合龙的几根拱肋受力后推进，一般不少于两根拱肋。对于带肋拱桥，吊装拱肋时应尽早安装枕木。为了加强拱肋的稳定性，需要使用横向临时带以加快施工进度。但由拱肋数量引起的单向条带不应超过桥墩的承重能力。

其次，对于高墩，单向带应控制在墩顶位移，应小于 $L/600 \sim L/400$。

再次，对有制动墩的桥跨，以制动墩作为吊装界孔，可先封闭拱肋再进行拱肋接头、梁和拱波的安装。

最后，为了减少主缆的横向移动，可以在每个主缆位置下抬起拱肋，然后移动。一般来说，吊装拱肋的桥口在最后的吊装中得到控制。如果有必要，可以用穿孔的方法在两根肋骨之间抬起弓形肋骨的最后部分。

此外，为了减少电缆的往返拖动次数，可以根据吊装方向依次吊装电缆。缆索吊装的施工程序是：在预制区预制拱肋（箱）和拱架结构，通过平车等运输设备将预制拱肋和拱架结构运输到缆索吊装位置，分段预制拱肋吊装到安装位置，分段拱肋通过扣索临时固定，封闭分段拱肋吊装，调整各分段拱肋的轴线，封闭主拱圈，安装拱架的上部结构。

6.缆索设备的检查与试吊

缆索吊装设备在使用前必须进行试拉和试吊。

（1）地锚试拉。

一般来说，每种类型的锚都要进行一次试拉。缆风索的地锚要求位移小，所以在条件允许的情况下，宜提前完成部分位移，对所有缆索进行测试。地锚可用于相互测试，其拉伸值为设计塑料的1.3～1.5倍。

（2）扣索对拉。

扣索是悬挂拱肋的主要材料，所以必须进行测试以确保其可靠性。可将两边的扣索连接起来，将扣索拉紧，这样可以全面检查扣索、拉紧扣索、扣索锚和电源装置是否符合要求。

（3）主索系统试吊。

主索系统一般分为三个步骤：跑车空载反复运转、静载试吊和吊重运行。在每个步骤检查完毕，观察无异常现象后，应进行下一个步骤。试验吊重可采用钢筋混凝土预制构件、钢轨和钢梁，一般按设计吊重的60%、100%、130%数倍计算。

试吊后，应对材料的技术状况进行分析和评估，并提出改进措施，以确定是否可以进行正式吊装。

二、钢管混凝土拱桥施工

混凝土灌注式钢管拱桥以钢管作为拱圈的外壁，在钢管内灌注混凝土，形成由钢管和混凝土组成的拱圈结构。由于管壁被混凝土填满，钢管壁的抗压稳定性得到提高，而且钢管内的混凝土受到钢管的约束，所以混凝土的抗压强度和延性得到提高。在施工中，由于钢管质量小，刚度大，吊装方便，钢管较大的刚度可以作为拱圈结构的刚性骨架，而且钢管本身就是模板，这些优点给大跨度拱桥的施工创造了非常有利的条件。由于这些优点,混凝土灌注钢管拱桥已在全国各地得到广泛使用。

(一)钢管混凝土拱桥的基本构造

目前国内修建的钢管混凝土拱桥,主要有如下类型。

第一,从行车位置分有上承式、中承式及下承式拱桥。由于拱桥适宜于在山区修建,因而采用上承式及中承式较多。近年来,由于拱桥有着彩虹般优美的外观,诸多城市争相采用,故下承式拱桥的数量已占到一定分量。

第二,从受力结构形式(即力学模式)分,有三铰拱、两铰拱及无铰拱桥。由于钢管混凝土拱桥跨度较大,因此大多采用超静定的无铰拱结构。

第三,从拱脚是否产生推力分,有无推力拱和推力拱。推力拱一般将拱座建造于山区地带的山体坚硬岩石上。无推力拱则主要为下承式拱,水平推力由两拱脚间的系杆来承担,故又称系杆拱。系杆拱又有钢架系杆拱与拱梁组合体系之分。

钢管混凝土拱桥拱肋截面根据跨度大小、受力要求,主要有双管哑铃形及多管桁架形等几种形式。

拱脚常采用铰座、预埋钢套管和半圆形钢管槽等形式,目的在于拱肋桁架吊装时,拱肋可以沿拱脚做小幅度转动以调整拱轴安装线形,合龙后,均须外包封拱脚混凝土。拱肋常常沿拱轴线分成若干段,以便于制造、运输及吊装,拱肋接头有对接法兰加外包钢板、内接法兰加外包钢板坡口对焊等连接形式。法兰连接多采用高强螺栓,外包钢板在拱肋合龙后焊接。合龙段为顶部一段拱肋节段,但也有采用仅在拱顶设一个合龙口(连接头)的形式。拱肋桁架大多只在弦杆钢管及缀板内填充混凝土,腹杆钢管多为空钢管,横向联结系即剪刀撑一般为型钢,也有用空心钢管的。填充混凝土采用泵送顶升法,混凝土强度等级一般为C50或C60。

(二)钢管混凝土拱桥施工方法

钢管混凝土拱桥施工的重点与难点在于钢管拱肋节段的制造、吊装及填充混凝土泵送。本处施工方法主要指钢管拱肋节段吊装。目前国内桥梁上,钢管拱肋节段吊装的方法较多,归纳起来有如下几种。

1.支架法

支架法即在桥位处直接搭设支架,在支架上拼装与焊连拱肋节段,合龙后将支架拆除。该方法施工较为简便,但需要有较空旷的场地,地基地质条件好,承载力较高,适用于矢高不大的拱桥,不适宜于大跨拱桥。

2.缆索吊机斜拉扣挂悬臂拼装法

缆索吊机斜拉扣挂悬臂拼装法利用缆索吊机吊起拱肋节段,两侧对称,逐节段从拱脚向拱顶方向悬臂拼装或焊连,每拼接或焊连一节段,须挂设一组扣索和锚索,将已拼装好的悬臂拱拉住,最后在拱顶合龙。该方法适用范围广,较为常用。

3.转体施工法

转体施工法是在岸边利用支架顺桥向或横桥向预先拼装好两个半拱,并利用斜拉索将半拱拽拉好,按规定要求做一定的转动,使两个半拱在跨中合龙。转体有平转和竖转两种,平转又分有平衡重和无平衡重转体两种。转体施工要求两半拱拼装焊连方便,是较为常用的方法之。

4.整体大节段吊装法

整体大节段吊装法是在岸边码头上将拱肋拼装好形成整体拱圈,而后用大型船舶浮运到桥位处,利用大型浮吊或拼装式吊机整体一次性将拱圈吊起安装就位。该方法需具备拼装码头和航运条件及大型起吊设备。

(三)施工注意事项

其一,对弧肋闭合前的全线位置进行测量和调整,并尽可能选择温度变化范围较小的时间段闭合。闭合后的弧肋对全线位置实施精密检测,调整合格的固定封闭装置,焊接扣件,完成弧肋的正式封闭。

其二,焊接时应采用小电流、多道次的焊接方法,以提高焊接接头的韧性。

其三,对气孔过大、夹渣、未熔合、裂纹等缺陷,采用碳弧气刨和磨盘法去除不合格焊缝,再进行焊缝修复。

第四,顶升混凝土时,每个填充孔预留一台输送泵,防止泵车中途故障,避免混凝土凝固在管内。

第五,在灌注前用水或蒸汽润湿管壁。

第六,泵的压力应控制在3.5 MPa以下、不超过4 MPa的范围内,以避免管壁爆裂。

第七,在混凝土浇筑之前、期间和之后,对拱形支撑的关键点进行高度测量和横向位移观察。

第八,混凝土浇筑24 h后,对拱肋浇筑进行冷却养护。

第四节　钢桥施工

一、钢梁制作施工

(一)钢材和零部件矫正

由于钢材和零部件的生产、储存和运输,以及经过冲压、剪切分离等初步加工的部分毛坯,可能存在各种变形,在生产钢梁之前,应按照工艺要求进行矫直。钢材变形的矫正可分为冷作矫正和加热矫正。冷作矫正是在室温条件下进行机械或手工矫正;加热矫正是将钢加热到一定温度,然后进行矫正。

(二)钢材放样与加工

1.钢材放样与号料

熟悉钢材放样从图纸开始,首先应仔细阅读技术要求和说明,并逐一核对图纸上尺寸和方向之间的关系。钢筋在测量和验证后用于测定,校准后的偏差被考虑到测量尺寸中。尺寸绘制方法是先测量全长,然后再划分尺寸。不允许分段测量和连接,以避免偏差的积累。应特别注意各部位之间的接头,接头与尺寸是一一对应的,如果有任何疑问,应联系有关技术部门解决。

以1:1的比例在样板台弹出的样品上出大样。当样本量过大时,可能需要进行分选。在放样过程中遇到的技术问题,要及时与技术部门联系解决。因尺寸变化、材料变化与原图纸不符时,及时与设计单位联系,进行修改。在放样结束时,检查图纸本身。检查样品是否符合要求,检查样品的数量,最后质量检查员签字。

号料材料是以样板为基础,在材料上画出真实的样品,并做出各种加工标记。检查原材料的质量,如有伤痕、裂纹、积灰、厚度不足等现象应更换材料,或取得技术认可后再使用。材料钢应该是平直的,而不是弯曲的。大规模的钢筋下料,应根据拉线的方便来铺料,两块钢筋之间要留有10 cm以上的空间,以方便拉线。

2.钢材切割

对于长条板件采取手工号料,可用多头直条数控切割机冲裁。对于各种连接板,如肋板、端板等,可在电脑上编制切割程序,采取数控切割。各类切割件在切割前要进行数料排查,用数控程序进行控制,合格后方可切割。大梁的翼缘和腹板的长度应大于200 mm。切割后,钢材应无分层,横截面无裂纹,应除去切割毛刺或熔渣和飞溅物。

3.钢材制孔

钢材制孔包括冲孔、钻孔和扩孔。钢材制孔在使用抛光机去除孔边毛刺后,并不能损坏基体金属。当螺栓孔的允许偏差超过规范要求时,不使用钢块补孔,可使用与母材匹配的焊条进行补焊,打磨找平后重新制作。螺栓孔采用数控钻头加工,连接板采用套筒钻孔,保证钢架的装配精度。

4.钢材组装与焊接

钢结构构件的组装应符合施工图的要求,将成品部件或半成品组装在一个独立的成品部件上。

零部件在装配前应进行整改,并在控制偏差范围内,接触面应无毛刺、污垢和其他物质,并符合相关规定。应提供适当的工具和设备,如装配平台或夹具、夹具、定位器等,以确保装配的充分准确性。第一批零部件组装完毕后,质检部门应进行全面检查,合格后批准可以继续组装。

焊接前应重新检查装配质量和焊接区域的清洁情况,并确认材料和焊接材料或进行工艺评估。焊接顺序和沉积顺序是减少焊接变形的重要因素。在选择焊接顺序和熔敷顺序时,应注意尽量减少热量输入,应以最小的线能量进行焊接,热量不要集中在一个地方,应尽量均匀分布;使用焊接方法时,事先焊接造成的变形要通过补焊来补偿;从结构的中心向外焊接;从板厚到板薄进行焊接,重要结构应采用多层多道的焊接。应按照规定进行质量控制。检查方法包括超声波检查和 X 射线检查。焊缝结束后,其两侧的焊渣、金属飞溅物和焊瘤等应彻底清除,在焊缝附近打上钢印代号。

（三）钢材试装

由于运输和架设能力的限制,螺栓连接和焊接钢梁的某些部件必须在现场组装。为了确保钢梁组装时不会出现螺栓孔错位,在钢筋组装现场的螺栓孔钻孔必须非常精确。送到现场的部件应该是预制的,以验证工艺设备的准确性和可靠性。连接钢筋时,高强度冲钉和螺栓的总数不低于总孔数的 1/3;孔数较少的部分,冲钉和螺栓的总数不低于 6 个。

二、钢桥架设施工

为确保钢桥施工过程有序、合理,各工序必须严格按照施工工艺流程进行,钢桥的主要施工工序如图 5-1 所示。

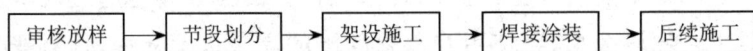

审核放样 → 节段划分 → 架设施工 → 焊接涂装 → 后续施工

图5-1 钢桥架设施工工序

其中,架设施工是钢桥施工的关键工序,它直接影响钢桥成桥时的内力线形以及工程的整体造价。钢桥建设的主要方法有膺架法、悬臂拼装架设法、拖拉架设法、浮运架设法、浮运拖拉架设法、浮吊架设法、顶推架设法、整体架设法等等。复杂桥梁的建设经常使用上述方法的组合。

（一）膺架法

膺架法是用钢筋或标准立杆（万能杆）在桥洞内形成脚手架,然后在脚手架上组装、搭建整孔或整段(部分)钢梁的方法。脚手架的主要类型是全罩式脚手架和梁式脚手架。满堂式支架具有对地基承载力低、安装方便、张拉均匀等优点,适用于无通航要求的施工现场,跨间往往需要临时支架。由于脚手架在施工中需要在脚手架上组装钢梁,所以适合桥下净空低的情况。钢梁可以通过纵向分段组装和纵向分层组装在脚手架上进行组装。

膺架法架梁的施工工序:组拼膺架→膺架顶面铺轨及设置木垛→钢梁组拼→调整拱度→螺栓初拧及终拧→顶梁安装支座→拆支垛、落梁就位→铺设桥面→安装附属设备→油漆。

(二)悬臂拼装架设法

悬臂拼装架设法是指在桥梁现场不能铺设连续支撑的情况下,从桥梁开口的一端悬臂架设钢梁的施工方法。钢桥的悬臂架设施工适用于高墩、大跨度的桥梁,以及在通航河流或水深较急、流冰或湖面木筏上架设的桥梁。钢梁的结构形式对悬臂架设有利(如连续梁、悬臂架梁等),也可采用悬臂架设法架设钢梁。

悬臂拼装钢梁架设的主要原则是尽快使装配好的构件成为一个封闭的三角形,形成一个稳定的几何不变的体系,并尽快安装好垂直和水平的连接件,保证结构的空间稳定性;同时,钢筋装配不应妨碍吊车作业后的钢筋安装。为保证悬臂的安全和顺利组装,可对悬臂架设中张力最大的构件采取临时加固措施,在伸臂架设中张力最大的部分加装钢筋梁,并在桥墩旁安装支撑,或在安装最大张力部分铺设预应力吊索。

悬臂拼装架设钢梁按照施工方法的不同又可分为全悬臂拼装法、半悬臂拼装法和中间合龙法。

(三)拖拉架设法

拖拉架设法架梁是在桥头的堤坝或防波堤上组装钢梁,钢梁上设有上滑道,堤坝或防波堤上设有下滑道,通过上滑道和下滑道之间的滚轮,将钢梁牵引到预定的桥洞口,屋顶落梁就位的施工方法。采用拖拉法架设钢梁时,应先在桥拱附近的相邻孔位进行评估,并布置好拼装支架和牵引支架,在拼装支架的顶部放置拼装平台,用吊车将钢梁安装在拼装平台上,用牵引装置将钢梁推到桥拱上,拖拉法架设方式有全悬臂纵向拖拉法和半悬臂纵向拖拉法。

一般一次性组装好的钢梁被整体拖到位后,随着滑道的长度来存放,也可以做到随拼随拖。钢梁可以通过葫芦的滑轮组连续向前拖动,一次拖动一节。滑动过程应尽可能平滑,左右行程应一致。

当钢梁被拉到位,所有高强度螺栓最终被拧上,钢梁可以开始落梁。钢梁的位置调整可以通过放置在墩顶的横向和纵向调整设置来实现,纵向调整一般是在钢梁被拖到墩顶后进行调整然后通过墩身千斤顶对水平位置进行微调,利用墩顶(或梁)上的横向装置将钢梁转移到设计位置,然后缓慢落到支座上,将钢梁的支承点从支座转移到正式墩的支座上。

第六章　公路桥梁工程项目施工管理

第一节　项目施工计划管理

一、施工计划的管理

公路施工企业计划管理的内容是规范施工进度,编制施工计划,管理下属施工单位的年度计划和施工队的作业计划。计划管理是通过计划来组织和调节企业的生产、技术和经营活动的管理制度,包括长远计划、年度计划和生产计划。公路建设计划管理主要是指生产计划管理。公路生产计划就是施工计划,分为年度计划、季度计划、月度计划和旬施工任务表。

（一）施工计划的种类和指标体系

1.施工计划的种类

按照不同的施工对象、计划用途和要求,有不同类型的计划。

第一,工程项目的总计划是建筑公司进行的工程项目的计划。它是施工组织设计的重要组成部分,也是施工总平面图在时间序列上的反应;它可以用来合理地确定各单位工程的施工顺序、施工周期、开工和竣工日期,以及平衡各单位工程之间的重叠关系和重叠时间,各施工阶段的工作量,不同时期的资源量和投资分配;它是指从项目开始到完成的各个主要环节的时间表,起到控制各单位工程或工期的作用。一般项目的施工计划包括建筑安装工程计划、劳动计划、材料供应计划、技术组织计划、降低成本计划、财务计划和辅助生产计划等。

第二，单位工程施工进度是指一个公路项目中的一个特定单位工程，如桥梁、隧道工程的规划。其任务是确定单位工程中各工序的施工内容、作业顺序和时间，并制定工序任务和所需作业时间，它与完成任务所需的关键资源（人力、设备和材料等）挂钩，以指导和控制单位工程在规定时间内有序完成。项目进展取决于整个项目进展计划。

第三，年度、季度、月度（旬）施工进度计划完成后，根据总体进度计划和单位工程进度计划的需要编制年度、季度、月度和旬施工进度计划。年度、季度、月度和旬的施工进度是基于总体进度和单位项目进度，年度、季度、月度和旬的施工进度受总体进度和单位项目进度控制。年度施工计划应反映项目进度控制指标的情况，但也应突出组织上的顺序关系，即每个项目的施工过程。季度、月度（旬）施工计划规定了季度、月度、旬的施工任务，以及包含哪些内容，预计完成哪些部分，预计完成多少工作，由谁完成，如何相互合作。这个内容确定后，它们可以具体指导施工工作，即相关施工队（小组）如何实现流程化操作和施工顺序等。

2.技术经济指标

施工计划应从质量和数量上界定要完成的任务、要花费的资源和相关因素（如时间、安全等），即通过努力预期达到的目标和水平，称为经济和技术指标。它是生产和管理活动的规模、技术水平和经济影响的具体体现。它在生产和管理活动的过程中发挥着控制、监督和促进的作用。一般来说，它用一套独立的、相互关联的量化指标来全面反映企业的生产经营状况，构成企业的计划指标体系。

（二）施工计划的重要性与任务

公路工程建设，特别是高速公路和一级公路的建设，是一项复杂的工程，在建设过程中经常遇到各种问题。施工企业要想生存和发展，必须尽量满足以下两个要求，才能开展和完成公路工程建设的项目。首先，企业自身要不断提高业务素质和竞争力，以适应社会主义市场经济条件下的市场竞争要求；其次，要满足建设方（业主）对拟建项目的工期、质量和成本要求。建设规划是建设管理的最重要内容。

为使建设计划的作用得到充分发挥,必须认真制定、执行和调整每一项具体计划。施工企业计划管理的任务是,根据企业管理的基本宗旨、施工合同的具体要求和施工企业的具体情况,运用系统设计的知识和项目管理的经验,通过科学预测,反复进行综合平衡,采取最合理、最有效的措施,充分挖掘内部人力的潜力。充分利用财力、物力,制定和落实各种先进合理的技术经济指标,有节奏地、均衡地组织施工,并根据施工过程中的实际反馈信息进行实时调整和控制,确保施工企业高速度、高质量、低成本地完成施工任务。

(三)计划管理的特点和基本方针

1.计划管理的特点

接到工程项目后,在施工前,要制订有针对性的计划,指导、调整和检验具体行动,确保高效完成施工任务。由于公路建设管理的特殊性,规划管理表现出以下特点。

(1)计划的多变性。

当施工单位按合同组织施工时,由于施工条件的变化、设计的修改、工程的变更以及业主、监理对工程时限的要求等诸多不可预见的因素,造成施工单位施工计划的可变性。因此,在编制施工计划时,不仅要主动、可靠、灵活,而且要迅速收集和分析有关变化的信息,及时根据新的和变化的情况调整计划。

(2)计划的可检验性。

施工完成后,只有实现项目计划的目标,规划工作才会有效。项目管理目标包括时间、成本、质量、信誉四个方面,施工企业往往把时间和成本作为主要控制对象,而时间和成本计划包括许多作业和成本估算,是可以量化和市场化的。因此,该计划必须具有可操作性和可测试性,这样才能发挥其领导和控制作用。也就是说,每一项混凝土施工的生产和管理活动都与最终目标密切相关,通过了解和分析施工全过程的每一个步骤、每一个环节的实施,可以得出整个挡土墙工程的最终结果。

2.计划管理的基本方针

计划管理的主体是人,计划管理的过程体现了管理者的意志。因此,施工企业的计划管理应遵循以下基本方针:①计划管理的科学性;②计划管理的严肃性。

(四)施工计划的编制原则、程序和方法

规划编制的原则、程序和方法是规划师应注意的三个方面。而编制程序是在正常情况下应遵循的编制步骤的顺序。在制订计划的过程中,我们可以通过使用合理有效的方法和技能,高质量、高效率、高速度地制订计划。

1.施工计划的编制原则

施工计划的编制应注重四个方面:计划的目的、谁应该实施计划、何时实施计划以及使用何种方法。为了使计划更加有效和实用,应坚持以下原则:①施工计划应以项目合同为基础,以提高经营效益和社会信用为目标,提出相应的指标作为计划实施的检验标准。②施工方案应与各工程施工组织设计中的有关内容相一致,如施工顺序、计划安排、施工时间要求等。③施工准备工作的内容应列入计划,以便监督和保证监督;施工顺序、计划工期和间隔时间应根据目标生产法的要求确定。④要坚持实事求是的态度,在认真调查研究的基础上,发现内外部条件,不断进行调整,实现综合平衡。综合平衡是计划管理的核心,是计划工作的基本方法。⑤在施工计划的执行过程中,为了及时监测、调整、优化和控制项目的进展,有必要利用计算机和网络规划技术来编制作业计划。

2.计划的编制步骤

通常情况下,比较完善的计划分为以下五个步骤:①确定目标主要包括要完成的项目名称和工程量、施工进度、完工日期、合同成本、质量要求等。②计划准备就是为编制计划摸清情况和准备资料。例如,收集各种定额,分析设计、资源、加工、运输等方面的情况,了解相关信息。③设计方案往往有几个可行的计划,其中有些是表面的,有些则是不表面的。为使计划具有可比性和选择性,计划专职人员应

根据合同和实施施工组的要求,分别编制出可行的设计方案,并送部门经理或部门领导选择。④计划评估分别对每个计划草案进行分析和评估,并指出每个计划草案的优点、缺点、可行性和相关经济指标。⑤最终计划在对计划草案进行分析和评估后,通过决策,最终选择和通过一个方案,作为正式计划,付诸实施。

二、施工进度计划与控制

(一)进度计划制订

公路工程施工企业根据项目自身的特点,为保证施工计划的准确性,首先按照招标文件要求、施工图设计文件等,复核计算公路工程项目的分部分项工程量。公路工程施工企业必须做好如下工作:①划分施工项目→分解施工项目后列出施工工序;②按施工图和相关标准计算工程数量,按分项工程、分部计算项目的实际工程量;③按交通行业现行的预算定额和劳动定额计算劳动量。

(二)项目进度控制

公路工程项目的建设过程是一个动态的实施过程,规划控制也应该是一个动态的管理过程。公路工程项目进度控制是指在公路工程项目进度计划实施过程中,定期检查实际进度,并与计划进度进行比较,有利于分析对总工期的原因和影响,找出必要的调整措施,修改原施工计划,反复循环,直到建设项目竣工验收为止。从而确保实现公路工程项目的既定目标,从而使在不增加实际费用支出的情况下,确保公路工程施工质量时,适当缩短工期。为了保证项目的实施进度,项目进度控制检查系统是非常必要的,从公司的总经理到项目经理再到作业班组都需要设置专门的人员或者职能部门来负责汇报和检查,统计和整理实际施工过程中的进度资料,并且将其与计划进度进行分析、比较,如存在偏差,分析原因并做出及时的调整。由不同级别的人员负不同的施工进度控制责任,项目部全体人员分工协作,组成保证公路工程项目进度计划的组织机构。

信息反馈是项目规划控制的最重要部分。在现场施工过程中,信息被送回基地工作人员,他们将信息处理和安排作为其职责的一部分。然后,一步一步地将信息送回项目部的进度控制部门。进度控制部门对各方面的信息进行统计和整理,做出正确及时的决定,并对计划进行调整,使之符合预期的进度目标。如果没有信息反馈,项目进度控制的调整就无法进行,所以项目施工进度控制实际上就是信息反馈和调整的过程。

（三）公路工程施工质量计划与控制

在项目管理中,由于公路工程项目的特点是室外作业,施工路线长,施工点多,施工不可重复,所以施工质量一次性合格比较困难。因此,要提前做好质量控制和过程控制的工作,事前控制的主要方法是做好质量策划与质量计划工作。

1.制订公路工程施工质量计划

第一,施工项目部建立后工程开工前,根据每个公路工程项目的施工特点及施工企业的人员素质及管理方式,组织项目部的全体技术人员认真学习合同文件、技术规范、部门规章,制订详细的公路工程项目质量计划,明确每个施工人员的岗位职责、质量责任,以保证公路工程的施工质量。

第二,工程开工前,必须组织项目部全体成员参加岗前教育培训,全体施工人员经严格考核,持证上岗。

第三,项目部组建后工程开工前,必须组织相关人员认真进行施工前的准备工作,内容包括原材料检查复试、机械设备性能检测、施工工艺方案检查、检测方法论证、质量通病预防措施。制定严格的质量控制程序,确保实现项目的质量目标。为了直观地了解质量计划,请画出质量保证体系框图和质量检查流程图。

2.质量控制

公路工程的质量控制分析可以绘制因果关系图（又叫逻辑图或鱼刺图）进行分析,通过工、料、机、环、法五个方面与质量有关的因素分别进行不同层次的分析,找出质量特性与质量因素之间的关系,再将这些众多的原因、因素进行分析、分解,确定影响公路工程质量的主要原因及其子原因,最终明确问题与原因之间的关系。

(1)在材料检查中所采取的措施。

公路工程的质量与使用的工程材料直接相关。工程材料的性能直接决定了项目的质量和寿命。建筑材料的质量是保证施工质量的第一道关口。道路工程包括道路工程、桥梁工程及其附属结构工程,它们常年暴露在大气环境中,不仅要承载大的负荷,还要承受任何一种复杂的环境变化影响。因此,对道路工程的原材料质量要严格控制和管理。

(2)在施工过程中所采取的措施。

在市场经济条件下,公路工程的质量控制当然要与经济奖罚有关,经济奖惩不是管理的真正目的,它只是作为一种管理手段,不能本末倒置。质量控制的实际效果体现在施工质量管理水平的提高和公路工程优良指标的实际情况上。

(四)公路工程施工安全计划与控制

1.严格落实安全生产责任制

首先,公路工程施工单位应建立起有效的、由项目经理任组长的安全生产组织机构,其主要职责是负责全面的施工安全管理工作,签发由项目总工编制的施工安全技术保障措施文件,严格落实安全生产监督和检查职责,调查、处理安全事故等工作。其次,项目部应配备专职安全员,负责对安全生产进行现场巡查监督,并指出安全生产隐患,提出预防安全事故发生的措施。再次,必须定期召开安全生产会议,强调安全第一,预防为主,要求项目部各级管理人员必须做到管生产必须管安全和谁主管谁负责。施工作业的进行要服从安全生产的需要,严肃考核,严格管理,落实安全生产责任制。

2.施工企业要建立健全安全生产管理规章制度并认真执行

第一,公路工程施工企业要制定相关的安全制度,并让制度来约束施工人员的行为。第二,在制定安全制度时要全方位考虑,要保证设施的安全实施,在制定处罚措施时,不仅要处罚一般工人,还要处罚领导。第三,施工单位会同有关部门举办专题培训班,对施工人员进行公路工程相关安全知识培训,掌握应急预案和事故后处理措施及程序。第四,在公路工程开工前,由项目安全负责人组织项目部全体人员根据工程特点,提出将发生的各类危险事故,然后根据事故原因和后果采取相关防范措施。第五,在项目建设过程中,要有专门人员现场监督,及时发现问题,及时处理。第六,对于风险较大的特种作业,应严格执行岗前培训,由专职人员进行施工,施工人员不具备上岗资格的,严禁在岗期间作业。鼓励施工人员培养安全意识,做好安全技术交底工作,对于特别危险的操作,在没有进行安全技术交底的前提下,可以拒绝执行。

3.施工企业要从思想上提高安全意识

预防建筑领域的施工事故必须从预防开始。只有预防工作做得好,准备充分,才能防患于未然。有些安全事故的发生是由于施工人员本身的原因造成的。施工人员的安全意识淡薄,工作不认真。作为工程第一负责人的项目经理,一定要有正确的安全意识,做到警钟长鸣。

在安排施工作业时,要把安全生产放在绝对重要的位置,为施工人员创造一个安全的施工环境,制定安全措施,防止事故发生。体现以人为本的安全理念,对建筑工人进行安全教育和培训,使工人牢固树立"我要安全""我想安全""我必须安全"的思想。特别是在雷电、地震、泥石流等灾害中,要教会施工人员自救和他救,尽量减少伤害的发生。

4.检查分包单位的安全资质条件

首先,检查工程分包单位的安全资质条件是否符合所分包工程的要求,审查分包单位是否有针对所分包工程的安全技术措施和设备,还要审查分包单位是否设有为确保施工安全的专门从事安全管理工作的专职安全人员;其次,明确总包方和分包方的权利、义务,分包方的安全管理(特别是人工、材料、机械等)必须服从总包方安全管理的规定,分包方向总包方负责,发生安全事故时总包方承担连带责任。

5.必须做好公路工程施工中的设备管理工作人

项目管理机构的相关人员要做好机械设备的组织调配工作,严格按照机械操作规程认真操作,专业机械操作人员应进行岗前培训,持证上岗。施工人员必须责令作业人员正确进行施工,作业人员有权拒绝违反操作规程、可能造成危险事故的作业。做好施工机械设备的维护工作,随时观察机械设备的动态,按时排除各种安全隐患,确保施工顺利进行。

第二节 项目施工准备阶段管理

一、施工准备阶段的工作内容

施工准备阶段是施工生产的首要环节,其基本任务是为项目的正式启动和顺利施工创造必要条件。主要工作有以下几个方面。

（一）建立施工的技术条件

建立施工的技术条件主要包括：①研究和熟悉设计文件并进行现场核查；②个额外的调查数据；③交桩的设计和技术披露的设计；④建立实验室；⑤编制施工组织设计；⑥准备建设预期。

（二）建立施工的物资条件

建立施工的物资条件主要包括：①组织材料的订购、加工、运输和获取；②进入施工机械和设备,进行安装和调试；③设置临时施工设施。

（三）组织施工力量

组织施工力量主要包括：①组建施工队伍,建立项目管理机构；②为特殊和新的技术工作组织技术培训；③落实合作条款,组织专业施工队伍,签订专业分包合同；④对临时工进行教育和培训。

（四）做好项目管理的基础工作

做好项目管理的基础工作主要包括：①建立以问责制度为核心的规章制度,即岗位责任制、经济管理规则和条例；②标准化工作,即制定、实施和管理的技术标准、技术程序和管理标准；③制定各种技术和经济定额,根据项目管理的实际情况,制定反映项目水平的消耗定额、状态定额和效率定额;④计划工作,即计量检定、测试、实验室分析等方面的计量技术和计量手段的管理。

(五)建立施工的现场准备

根据施工组织设计和施工图布置的要求,进行施工:施工场地准备和工作面编制。

施工准备工作的内容和构成随技术施工对象的性质和规模而不同。施工准备工作的基本内容主要有两个方面:一是了解规划,编制施工组织设计;二是在施工组织设计的指导下把握施工条件的落实。

二、技术准备

(一)研究和熟悉设计文件并进行现场核对

组织有关人员学习设计文件的目的是了解和研究设计文件、图纸和材料,使施工人员明确设计者的设计意图,熟悉设计图纸的细节,掌握设计者收集的各种原始资料,在现场检查设计文件和图纸。主要内容有:①按照国家有关政策法规进行规划、方案的布局。②设计文件所依据的水文、气象、土壤等数据是否准确、可靠、完整。③针对土壤侵蚀和环境影响的处理措施。④路基分层、竖向、横断面、总图结构和桥沟结构形式是否合理,相互之间是否存在错误和不一致。⑤检查路线中心线、关键控制点、水准点、三角点和基线的准确性,以及关键构筑物的位置、尺寸和开口的适宜性等,是否采用较先进的技术或使用新材料。⑥路线或结构对农田、水利、水路、公路、铁路、电信、管道和其他建筑物的干扰,以及解决方案是否合适,是否可以避免干扰的发生。⑦为解决不良地质段所采取的措施。⑧主要材料、劳动力、机械班次等的计算(包括运输距离)是否准确。⑨施工方法、料场分布、运输辅助工具、道路状况等是否与实际情况相符。⑩临时桥梁、通道、房屋布局合理,电力、电信设备、桥梁吊装进度、设备、临时供水、场地布局等。⑪各项协议文件是否齐备、完善。⑫项目控制和确定配额是合理的。如果在现场检查中发现设计不合理或不正确,应编制详细报告,并提出修改意见,与设计技术交流一起提交。

（二）补充调查

现场补充调查的目的是为编制施工组织设计建立数据。这与大规模投标前调查基本一致,但深度不同。因为编制施工规划和编制施工组织设计所需要了解的信息更加具体和详细。调查的主要内容是:①施工区域的自然条件,如气象、水文、地质、地形等;②了解材料供应和需求的季节性特点;③施工区域的交通和运输条件,如现有的交通和运输条件以及为施工服务的潜在能力等;④施工现场情况,如无障碍设施被拆除,可用于施工的原有建筑和设施,可作为临时施工场地的大小;⑤当地的市政、公共设施,如当地的供水、供电、通讯、生活、医疗等条件,为建设服务的能力;⑥与其他建筑和安装公司、建筑行业的建筑产品或零件工厂以及当地可作为临时工的劳动力等可能的合作条件;⑦施工地区对环境保护、防治施工公害方面的要求及技术标准等。

（三）设计交桩和设计技术交底

项目正式施工前,勘察设计单位应将桩基和设计技术移交给施工单位。应在现场进行交叉打桩,并将设计单位确定的交叉检查点、水准点等关键点的标志逐一移交给施工单位。在接受这些控制点后,施工单位应采取必要的措施对其进行适当的加固和保护。

技术设计交底一般由建设单位主持,设计、监理和施工单位参加。设计单位应说明项目的设计依据、设计意图和功能要求,详细说明一些特殊结构、新材料、新技术以及施工难点和需要注意的方面,并提出设计要求。建设单位提出研究设计文件中存在的问题和设计修改意见,由设计单位进行澄清和解释,经讨论认为有必要进行合理修改的,在统一认识的基础上,可将讨论结果逐一记录,形成总结,由建设单位正式撰写,参建单位会签,作为设计文件和施工依据的技术文件,同时作为工程结算的依据。

（四）建立工地试验室

在公路建设施工过程中,应进行各种材料试验,选择合适的材料和材料性能参数,以保证公路建设结构的强度和耐久性,有利于抓住任何一种材料的施工质量目标,保证结构施工的质量。

工地实验室是为施工现场提供直接服务的。其主要任务是配合路基和路面的施工,对现场使用的各种原材料、加工材料和结构材料的物理机械性能,以及建筑结构的几何尺寸等技术参数进行检测。

一个比较正式的工地实验室应该配备3～6名基本的实验室工作人员。其中,实验室主任或负责人1人,检测员2～5人。至少有100 m²的检测空间,以安排各种物品所需使用的仪器(设备)设备和办公、储存空间。实验室配备有加热设备、测温仪器、计量称重仪器、计时仪器等通用仪器,还应按照施工工艺对所要进行的试验和检验项目配备相应的专用检测设备。

(五)编制施工组织设计

公路施工组织设计是指导公路建设的基本技术经济文件,也是对施工进行科学管理的重要手段。组成施工组织设计的目的是全面、合理、有计划地组织施工,实现设计意图,按质、按量、按期完成施工任务。实践证明,一项工程如果施工组织设计准备充分,能正确反映客观实际,并能认真执行,就能有条不紊地实施;否则就会出现盲目施工的混乱局面,造成不必要的损失。

(六)编制施工预算

施工预算是在施工图预算的基础上,根据施工图、施工组织草案或施工方案、施工定额等编制的,是企业内部控制支出、考核用工、下达施工任务单、限制材料和进行经济核算的依据。

三、物资准备

物资准备的主要内容包括:①路基、路面工程所需的制备砂石材料、石灰、水泥、工业废渣、沥青等用于基层和路面工程;②为沿线结构准备钢材、木材、沙子、石头和水泥;③施工过程中的设备准备;④其他类型的小生产工具、小配件和其他准备。

物资准备是一项非常重要的工作。应按照施工组织设计和作业计划进行编制,也不能因为编制多余的材料而造成积压、变质和机械台班的闲置。

四、施工管理组织的组建

施工企业单位通过招标取得项目施工任务后,必须按照施工合同的要求成立施工管理机构,并组织施工队伍进入施工现场。施工管理组织是指为实现项目的总体目标,合理配置各种必要的资源,建立以分工合作、责权利一致、统一指挥、高效运作为原则的项目经理为最高领导、组织者和负责人的一次性临时组织机构。

（一）施工管理组织机构的类型,

工程项目的施工管理组织类型很多,适用于不同的工程项目,如规模、区域、技术等,根据我国的具体情况和以往公路建设的经验,较合理的组织类型有三种。

1. 部门控制式

部门控制式是一种项目管理组织,将项目委托给公司内部的机构或施工队,在不干扰公司现有结构的情况下组织实施。一般适用于小型简单项目和专业型项目,不需要涉及很多部门,职责明确,功能单一,关系简单,便于协调。然而,这种形式不适合大规模的复杂项目或涉及多个部门的项目,有很大的局限性。

2. 混合工程队式

混合工程队式是一个基于对象原则的项目管理组织。它适用于大型项目和项目进度紧急的项目,或多类型、多部门密切合作的项目。项目管理组织的成员来自公司的不同部门和单位。首先,任命项目经理,并从相关部门抽调管理人员,组成项目组。随后,该团队被转移到其指挥部,并建立一个项目工程团队,形成一个新的项目管理经济实体。项目完成后,工程小组的成员将回到他们原来的单位。

混合工程队项目管理组织的优势在于:①可以培养多技能人才;②减少冲突,及时解决问题;③权力集中,决策及时,效率高;④减少管理界面和行政干预,促进协调。

弊端包括工作人员来自不同部门,缺乏共同语言;工作人员长期离开原单位,容易影响比赛的积极性;工作人员分散,培训困难。

3.矩阵式

矩阵式是现代大型项目管理中应用最广泛的一种新的组织形式，我国已有大量的建筑企业开始采用这种形式。当企业同时承接许多项目时，对专业技术和管理人员的要求很高，而建筑企业在人力资源上有一定的局限性，大型复杂的项目需要许多部门的配合，开展不同类型的工作，在人工利用率很高的情况下最适合。在矩阵组织中，永久性的专业职能部门与一次性的项目管理组织同时互动。

矩阵式管理组织的具体做法是，公司设立全面灵活的管理科室，科室负责人根据不同的项目需要和繁忙程度，增加或减少本部门下属项目的专业人员。项目经理部，根据项目管理的需要，下设项目经理、经营经理、施工经理、生活经理等，这样一来，不仅有职能系统的纵向联系，也有以项目为中心的横向联系。纵向表现为建筑生产上的决策，横向表现为现场协调、平衡。劳务作业行动力量将被划分为分包任务，进场时间根据项目网络计划的需要确定。在完成任务后，它将自行撤离现场，为项目提供灵活、适应性强的施工力量。一个项目由多个工程队实施，一个工程队同时用于多个项目，充分利用人、财、物资源。

矩阵式项目组织的优势在于充分利用人力，特别是技术力量，以较少的人力完成更多的项目。同时，对项目的专业管理可以由精通专业、经验丰富的人员担任，有利于加强专业管理。其局限性在于，纵横双重领导体制容易产生纵横需求的矛盾，使各方无所适从，管理要求高，协调难度大；而且矩阵式项目组织一般不构成经济实体，容易出现责、权、利的脱节，不能发挥制约项目组织成员行为的作用。

（二）项目管理组织类型的选择

选择什么样的项目管理组织形式，要根据企业和项目的具体情况来选择。一般来说，要考虑的因素有人员素质、管理基础、项目本身的规模、技术复杂程度、学科数量以及项目经理的素质和能力。

五、建立健全各项管理制度

为了保证工程质量按设计要求、按计划确定的进度、按低于合同总价的造价，安全顺利地完成建设任务，建设管理工作要针对复杂、困难的特点,只有建立一套完善的建设管理制度,采用科学的管理方法,开展切实有效的工作,才能达到预期目的。

（一）施工计划管理制度

施工计划管理是施工管理的中心环节,其他所有管理活动都应围绕计划管理展开。计划管理包括组织计划、实施计划、检查和调整计划等。由于公路建设受自然条件的影响较大,很难准确预测其他客观条件的变化,这就要求在编制施工计划时要充分调查研究,如发现问题,应及时采取措施加以解决。如有必要,应调整和修订计划,以满足新的目标条件并确保其实现。

（二）工程技术管理制度

施工技术管理是施工技术的组织、指挥、调节和控制等一系列活动的总称。主要内容包括:施工技术管理、项目质量管理、施工技术措施计划、技术创新和技术改造、安全生产技术措施、技术文件管理。做好技术管理的关键是建立并严格执行各种技术管理制度。有了健全的技术管理制度并认真执行,才能更好发挥技术管理的作用,完成技术管理的任务。

（三）工程成本管理制度

工程成本管理是施工企业为降低工程成本而进行的各项管理工作的总称。

（四）施工安全管理责任制

加强施工安全和劳动保护对公路工程的质量、成本和时限非常重要,也是企业管理的一个基本原则。其基本任务是:正确贯彻安全生产要"以安全和预防为主"的方针。建立安全施工责任制,加强安全检查,开展安全教育,在保证安全施工的前提下,打造精品工程。

六、施工的现场准备

场地准备的主要内容是:①恢复固定线路调查,包括高速公路中间线、边杆恢复勘察、桥梁、蒸发器位置勘察等;②建设临时设施,包括工地行政办公用房、宿舍、文化福利用房和作业棚、仓库等;③实行"三通一平",包括临时交通支路、桥梁、施工、生活和消防用水、电力、场地平整等工作;④建立安全设施,包括仓库防火措施、电气安全装置、爆炸安全装置和消防通道的安装。

施工现场的准备与其他准备工作一样重要,具体工作方法及要求详见《测量学》《公路勘测设计》《公路工程施工安全规程》的相关内容。

第三节 项目施工安全管理

一、安全管理的概念

安全管理是企业全员参与、以人为本、为实现安全生产目标而采取的任何形式的措施管理。它是根据系统的观点提出的一种组织管理方法。是施工企业全体员工和各部门共同努力,把专业技术、生产管理、数学统计和安全教育结合起来,成立了从签订施工合同、设计施工组织、准备现场平面等方面开始的施工准备工作。从施工的每一个阶段,直到工程竣工验收活动的完整过程的安全保障体系,通过行政、经济、法律、技术和教育,可以有效地控制材料事故、人身伤害事故和职业危害的发生,实现安全生产和文明施工。安全管理的根本特点是由以往的事故教训转向预防为主,由事故管理转向不安全的事故致因,找出事故原因,了解主要矛盾,通过全体人员和部门的参与,依靠科学的安全管理理论、程序和方法,把隐患控制在施工和生产的全过程,消除事故隐患,确保施工和生产安全。

根据铁路施工建设公司的实践,实施安全管理是要通过三个方面来实现的目标:①自觉执行"安全第一,预防为主"的方针;②充分调动企业各部门和全体员工做好安全管理工作的积极性;③有效利用现代科学技术和安全管理技术,做好设计、施工、生产、验收等各个环节的工作,以预防为主,避免各种危险因素的发生。

其目的是通过安全管理创造良好的施工环境和工作条件,使生产安全化、最优化,减少或防止事故的发生,保证工人的健康和安全。

因此,在进行安全管理时,要注意"三全、一多样",即全员、全过程、全企业的安全管理,采用的方法要多样化。

二、安全管理的重要性及特征

在工程项目建设中,多数情况下是高空户外作业,现场条件多变,而且是多类型立体交叉作业,工作条件差,一般安全事故的发生率较高,因此安全管理非常重要。这既是管理的首要任务,也是激发员工做好施工安全管理的积极性、保护员工和工人在施工生产中的安全和健康、保护设备和材料不受损害的必要条件。没有安全的施工条件,就没有高效率的施工生产。

安全管理的特点,主要体现在以下几个方面:①统一性。安全与生产是一个辩证的统一体,即在保障安全的前提下发展生产,在发展生产的基础上不断完善安全功能。对安全生产越是重视,就越能促进生产。②预防性。安全建设要做到防患于未然,实行"安全第一,预防为主"的方针。③长期性。安全施工是施工过程中的一项常规工作,安全措施和安全教育要时时做、经常做,制度化。④科学性。各种安全措施都是科学原理和实践经验的结合。只有通过学习和应用科学知识,才能进一步加强和改进安全措施。⑤群众性。安全建设与每个员工的切身利益息息相关,人人关心安全,安全建设才能得到保障。

三、安全管理的内容

(一)建立安全生产制度

安全生产制度应符合国家和地区的有关政策、法律、法规和规章,并明确各级各类人员的职业安全责任制,结合建设项目的特点,所有人员都有义务认真执行。

(二)贯彻安全技术管理

在制定施工组织设计时,有必要结合技术实践,制定可行的安全措施。所有人员都有义务认真执行。如果在执行过程中发现问题,应及时采取适当的安全防范措施。在实施过程中,有必要对安全工程措施的技术数据进行收集、研究和分析、总结和完善，以利于未来工程项目的参考。

（三）坚持安全教育和安全技术培训

组织全体人员认真学习国家、地方和企业的安全生产责任制、安全工程法规、安全操作规程和劳动保护法规。新员工上岗前应进行安全纪律培训，特殊专业员工应进行专业安全工程培训，考核合格后方可上岗。为确保全体员工保持高度的安全意识，牢固树立"安全第一"的思想。

（四）组织安全检查

为确保安全生产，监督必须到位。安全检查员必须定期检查现场，及时排除不安全因素，纠正违法行为，监督安全工程措施的实施，不断改善工作条件，防止工业事故发生。

（五）进行事故处理

发生伤亡事故和各类安全事故后，应立即开展调查，了解事故原因、过程和后果，提出评估建议。在总结经验和教训的基础上，制定防止事故再次发生的可靠措施。安全生产指数被认为是评价合同的一个重要评估指标。

四、安全管理的基本要求

（一）安全管理是要求全体职工参加的安全管理

安全管理是一项系统工程。企业中每个人、每个生产环节的工作都会在不同程度上直接或间接影响安全工作。因此，要充分调动全体人员的积极性；人人关心安全，人人参与安全管理。通过各方的共同努力，我们可以做好安全管理工作。

要实现全员安全管理应抓好两个方面。

首先，要重视安全教育，强化员工安全意识，牢固树立"安全第一"的思想，促进员工参与安全管理活动。同时，要提高员工的技术素质、管理素质和政治素质，满足安全管理的需要。

其次，要实现对所有人员的安全管理，除了在过去实施一些有效的管理方法外,还需要进行岗位责任承包。单位和个人每年都要相互签订担保合同,实行连锁合同责任制;同时,采取将安全月度奖金、资金抵押合同和自费项目与抓管理挂钩等一系列经济措施,把安全管理落实到目标上。

(二)安全管理的范围是设计、施工准备、生产安装、竣工验收的全过程

全过程的安全管理,就是对每一项工作、每一个过程、每一个施工阶段的每一个环节,都要重视安全管理。对于铁路建设企业米说,是从工程设计、施工准备、生产安装到验收交付的全过程的安全管理,也就是一条垂直的安全管理线。

(三)安全管理要求是全企业的安全管理

安全管理可以从安全职能和组织管理来理解。

从安全职能的角度看,安全职能遍布企业的各个部门,要做好企业的安全生产工作,必须充分发挥企业各个部门的安全职能,都要对安全生产负责。然而,由于企业中不同部门的角色和职责不同,安全管理的内容也不尽相同。要加强不同部门之间的组织协调,共同努力做好安全工作。

从组织管理的角度来看,"全企业"的含义是指企业管理的各个层面都有明确的安全管理活动内容。建筑企业的每个管理层,可分为上层、中层、基层管理层,每个级别都有自己的安全管理活动重点。上层管理侧重于安全管理决策,统一协调各部门、各环节、各类人员的安全管理活动,确保企业安全管理目标的实现;中层管理要落实领导的安全决策,履行各自的安全职能,进行具体的安全业务管理;基层管理则要求人员和员工严格按照标准、规章、操作规程进行施工,完成具体的安全生产任务。

综上所述,"全员""全过程"和"全企业"三个方面的安全管理,交织在一个交叉的安全管理网络中,包含了企业安全管理的所有工作内容。

(四)安全管理所采用的管理方法应是多种多样

随着现代科学技术的发展,对施工安全的要求越来越高,而影响施工安全的因素也越来越复杂,有人的因素,有物的因素,有管理组织的因素,有技术的因素,有企业内部的因素,也有外部的因素。要系统地控制这些因素,全面地管理好这些因素,就必须根据不同的情况区分不同的影响因素,灵活地运用不同的现代管理方法,全面地处理这些因素。在应用科学方法时,应遵守以下要求。

1.坚持实事求是的工作作风

在安全管理过程中,要深入施工现场进行调查研究,掌握第一手资料,进行科学的分析和预测,制定有效的防范措施,通过建立感情、经验、科学的工作作风,纠正前一种工作方法,使安全管理建立在科学的基础上。

2.正确实施安全评价

安全评估是对施工过程中存在的危险进行定量分析,对施工过程中发生危险的概率和程度进行评估,以寻求最低的事故率、最少的损失和最佳的安全投资效益。安全评估方法包括三个方面:整体评估系统、评估程序和评估技术。根据不同的评估对象,可以选择一种或多种适用的方法。

3.广泛运用科学技术的新成果

全员安全管理是现代科学技术和现代建设生产发展的产物,要广泛运用科学技术的新成果,分析事故因素,研究防范措施,如系统安全检查表法、风险分析法、故障树分析法、类比法和传递矩阵预测法等科学管理方法。

五、安全管理的基本原则

安全管理是企业生产管理的重要组成部分,是一门综合性的系统科学。安全管理的目标是对生产中所有的人、物和环境进行状态管理和控制。安全管理是一种动态管理。

施工现场的安全管理主要是组织开展公司安全管理的计划、指导、检查和决策,同时也是保证生产处于最佳安全状态的根本环节。

施工现场安全管理的内容一般可以概括为四个方面:安全组织管理、现场和设施管理、行为控制和安全技术管理,在生产中对人、物、环境的行为和状态,进行具体管理和控制。为了有效控制生产要素的状态,在实施安全管理时必须正确处理五个原则。

（一）安全与危险并存原则

在同一事物的运动中,安全和危险是相反的,相互依赖的。既然有危险,就有必要进行安全管理,以防止危险。安全和危险并不是平等和平地共存的。随着事物的变化,安全和危险不断变化,它们相互对抗,状态将倾向于战斗的胜利者。人们可以看到,在事物的运动中没有绝对的安全或危险。

为了维护生产安全,必须采取各种措施,防止主要风险因素完全可控。危险因素是事物运动中的客观存在,是自然可识别的,也是可控制的。

（二）安全与生产的统一原则

生产是人类社会存在和发展的基础。如果人、物和环境都处于危险状态,生产就无法顺利进行。因此,安全是生产的客观要求,当生产完全停止时,安全当然也就失去了意义。至于生产目标,组织安全生产是对国家、人民和社会的最大责任。

只有在生产得到保障的情况下,才能持续、稳定地发展。在生产活动中,一个又一个事故发生,生产就会陷入混乱,甚至瘫痪。当生产与安全发生矛盾,危及职工生命或国家财产时,生产活动必须停止并纠正,消除危险因素,生产形势就会好转。

（三）安全与质量的包含原则

从广义上讲,质量包括安全工作的质量,安全的概念包括质量、互动、互为因果。安全第一和质量第一之间并不矛盾。安全第一是从保护生产要素的角度来强调的,而质量第一则是从涉及产品结果的角度来强调的。安全在质量服务之前,质量需要安全保证。生产过程中哪一方丢了,就会失去控制。

（四）安全与速度互保原则

速度必须由安全来保证，安全就是速度。我们必须追求安全加速，尽量避免安全减速。安全与速度是成正比的。重视速度而忽视安全是极其有害的。当速度和安全发生冲突时，暂时放慢速度以确保安全是正确的做法。

（五）安全与效益的兼顾原则

安全技术措施的实施将改善工作条件，调动工人的积极性，缓解劳动的热情，带来经济效益，足以抵消初期投资。在这个意义上，安全和效率是完全一致的，安全促进了效率的增长。

在安全管理方面，投资要适度、适当，精心策划，统筹安排。要保证生产的安全性以及经济的合理性，但也要考虑可以做什么。为了省钱而忽视安全生产，或者干脆以牺牲资金为代价，盲目追求高标准，都是不可取的。

六、机电工程施工安全技术

近年来，科学技术的飞速发展，智能安全技术在机电工程建设中的应用越来越广泛，使机电工程建设的安全技术水平有了明显提高。为保证机电设备的安全可靠运行，提高机电施工企业的社会竞争力，必须进一步加强机电工程的施工安全技术。因此，要求机电施工企业建立自己的安全管理体系，提高施工安全技术，保证施工质量。在机电工程施工安全的基础上，充分认识到施工安全技术管理和质量控制的重要性，采取各种有效手段，有效促进施工企业的管理水平。

（一）确保机电工程施工安全操作规范

为了安全、顺利地开展机电工程建设，应规范地制定施工安全的方法。在安装机电设备时，应根据不同的设备，科学地使用相应的安装手段。在机电工程施工过程中，选用的防护设备应具有双重绝缘性，施工人员应高度重视施工的安全操作，充分联系机电工程的具体施工需要，提高自身的施工技术水平。在施工过程中，要严格执行相关的施工安全规范和技术要求，确保各项施工连接顺利完成，避免出现差错,机电工程的施工安全得到充分保障。一旦在检测过程中发现隐患,应在第一时间修复,避免对机电工程的正常施工造成影响。

（二）保证所有基本零部件均符合安全标准

充分调动施工人员的积极性,端正他们的工作态度,是机电工程建设的首要环节。在使用机电设备之前,两级漏电保护的处理步骤是必不可少的,以充分保护机电设备,并将整体配电箱和开关柜的配置设置为一级;同时,也要确保电箱符合相应的电气标准。因此,在机电工程建设中,安装漏电保护是一个关键环节。一般来说,机电施工是在比较恶劣的环境下进行的,一旦机械设备发生漏电,应立即切断电源。此方式可以最大化降低其他机械设备因为漏电受到的影响。

因此,与开关箱的漏电动作系数相比,总配电箱的漏电电流保护系数应在其之上,且两极漏电保护装置也应满足相应的防漏电标准,所使用的零部件应统一,合理计算使用参数,先用这种方式找到安全事故的有效解决方案。专业维修人员应在固定时间对漏电保护装置进行检查,使漏电保护装置的性能符合有关要求,使漏电保护装置能稳定地进行两级工作,如果出现停工或工作效率不高的情况,应第一时间进行维修或更换装置。

（三）运用机电工程施工安全综合网络化管理技术

机电工程建设施工是一个复杂的项目,需要全面管理。目前,信息网络技术发展迅速,在这种情况下,相关人员应积极利用网络技术来进行管理,利用网络综合管理,有效保证施工安全。首先,要根据机电施工的实际情况,建立健康的管理制度,严格控制施工的各个环节,在工程的不断变化下调整管理制度,逐步形成完整的管理体系。其次,对机电设备的使用和维护,统一进行网络技术管理和施工现场管理,对于机电工程的施工,应积极利用网络信息和计算机开展管理和反馈。最后,与机电工程建设项目的安全和经济效益密切相关的项目,整理、统计,并在保持计算机网络软件的集中管理下,机电工程建设管理信息系统得以顺利实现。四是提升机电工程设备安全防护设计水平,做好串联改造漏电保护和继电保护的相关设计。如果在机电工程施工中出现不安全情况,要充分保证机电设备的安全和施工人员的人身安全。相关管理人员要树立先进理念,积极运用网络技术,通过综合管理手段对机电工程施工过程进行管理,同时建立网络管理系统,发挥其作用,从而充分保证机电工程的施工安全。

（四）加大安全培训工作

因为机电安装工程的危险性和难度较高,所以在施工前必须组织相关施工人员开展严格的安全培训,以此促进其安全意识有效增强。施工人员要将施工中的安全要求充分掌握好,在施工中把安全防护工作做好,佩戴好护具。

安全培训工作主要围绕以下内容展开:使施工人员牢固掌握施工材料和工具的正确操作方法,做好个人安全防护工作。其中,安全培训的重点是让施工人员学会正确的设备操作,保证他们充分了解设备操作的关键点,使施工人员的安全得到保障。为加深施工人员对机电安装技术施工危险性的认识,提升其安全意识,严禁施工误操作,防止安全事故发生。安全培训在安全管理中起着非常重要的作用,只有保证施工人员的安全,项目才能顺利进行。

在机电工程项目管理工作中,机电工程施工安全技术管理工作占据着极为重要的位置,且其也是机电施工企业顺利开展管理工作的一项重要保障。所以,针对施工安全问题,机电工程施工企业一定要引起高度重视,通过对相关安全技术的积极运用来对机电工程施工安全予以保障,从而增强自身市场竞争力,更好地应对激烈的市场竞争。

七、工程项目安全生产许可与安全生产评价

（一）安全生产许可

1.安全生产许可制度

《安全生产许可证条例》第二条规定:国家对矿山企业、建筑施工企业和危险化学品、烟花爆竹、民用爆破器材生产企业实行安全生产许可制度。企业未取得安全生产许可证的,不得从事生产活动。

国务院建设主管部门负责中央管理的建筑施工企业安全生产许

可证的颁发和管理。省、自治区、直辖市人民政府建设主管部门负责前款规定以外的建筑施工企业安全生产许可证的颁发和管理，并接受国务院建设主管部门的指导和监督。

根据《安全生产许可证条例》和《建设工程安全生产管理条例》的有关规定，住房和城乡建设部制定了《建筑施工企业安全生产许可证管理规定》（建设部令第128号，以下简称《规定》），对建筑施工企业安全生产许可证的申请、颁发、管理和法律责任做了明确的规定。

2. 实行安全生产许可制度的目的

（1）严格规范安全生产条件。

安全生产许可制度是专门针对生产经营单位安全生产条件而设立的，适用于矿山企业、建筑施工企业和危险化学品、烟花爆竹、民用爆破器材生产企业五类企业。这五类企业应当具备的安全生产条件和资质条件，虽然现行的法律、法规和规范标准已经做了相应的规定，但是，由于这五类企业是危险性较大、发生事故和死亡人数最多的几个行业，在现行法律、法规已有规定的基础上，国家新设立了安全生产许可制度这一基本制度，就是为了进一步完善有关制度、措施，严格规范这些生产企业的安全生产条件，提高市场准入门槛，使不具备安全生产条件的企业不能进行生产，促进企业进一步规范安全生产条件，从源头上促进预防和减少生产安全事故，真正做到安全生产。

（2）强化安全生产监督管理。

要实现安全生产，除了严格规范安全生产条件外，还要加强对安全生产的监督和管理。现有的职业安全法律法规对加强职业安全监督管理有明确规定，并赋予职业安全监督管理部门相应的职责。但在实际工作中，现有的监督管理手段不能完全满足日益增长的职业安全监督管理的需要，职业安全部门的监督管理职责没有发挥应有的作用。因此，在现有的劳动安全法律法规的基础上，建立劳动安全许可制度是一个重要的目标。通过这一制度的实施，为了加强劳动安全的监督管理，我们需要为负责劳动安全监督管理的部门增加一个实用有效的监督工具。

（3）防止和减少生产安全事故。

职业安全许可制度的最终目标是预防和减少职业事故，保障人民群众的生命财产安全，确保国民经济持续、健康、稳定发展。

3.安全生产许可证的申请

建筑企业在进行施工活动前，由中央管理的建筑企业（集团公司、总公司）向国务院建设主管部门申请办理劳动安全许可证；在本省行政区域内注册的建筑企业包括中央管理的建筑企业（集团公司、总公司），向本省建设工程行政主管部门申请办理劳动安全许可证。

（1）申请条件。

要获得安全生产许可证，建筑施工公司必须满足以下要求：①建立健全职业安全责任制，制定完善的职业安全规章制度和公司规章；②确保为单位的安全生产条件投入必要的资源；③按照国家有关规定，设立劳动安全管理机构，配备专职的劳动安全管理人员；④主要负责人、项目负责人、专职安全生产管理人员由建设主管部门或其他相关部门考核合格；⑤特种作业人员经相关业务部门考核合格，取得特种作业资格证书；⑥管理人员和操作人员每年至少进行一次安全培训，并对合格人员进行考核；⑦依法办理工伤保险，为从事危险作业的施工人员办理意外伤害保险，为工人缴纳保险费；⑧施工现场的办公、生活用房、作业场所和安全防护用品、机械设备、施工机械及配件等符合有关安全生产法律、法规、标准和要求；⑨有职业危害预防措施，工人配备了国家或行业标准的安全防护设备和安全防护服；⑩在危险的子项目和施工现场，对容易发生严重事故的部件和接头有预防、监测和应急计划；⑪有生产安全事故应急救援预案，有应急救援组织或应急救援人员，配备必要的应急救援设备和器材。⑫法律和法规中规定的其他条件。

（2）申请资料。

根据《建筑施工安全生产标准化创建和考评实施细则》，建设单位向省建筑工程行政主管部门申请办理职业安全许可证时，应提供以下材料：①建设单位职业安全许可证申请表；②企业法人的营业执照；

③各级安全生产责任制和安全生产规章制度目录及文件、操作规程目录；④安全生产投资证明文件（包括企业的管理办法或规章制度、年度投资计划和安全生产投资执行情况）；⑤劳动安全管理机构设置和专职劳动安全管理人员配置文件（包括企业劳动安全管理机构设置文件、劳动安全管理机构的工作任务、劳动安全管理机构负责人的任命文件和劳动安全管理机构组成人员名单）；⑥主管负责人、项目负责人、专职安全生产管理人员安全生产考核合格名单及证书；⑦本企业特种作业人员名单及作业资格证书；⑧本企业管理人员和操作人员的年度安全培训教育材料（包括企业培训计划、培训考试）；⑨职工参加工伤保险和施工现场参与危险作业人员参加意外事故保险的相关证明；⑩建筑起重机设备的检验证书；⑪职业风险预防和控制措施（可根据公司的业务特点，导致职业病预防措施的类型）；⑫施工现场危险性较大的分部分项工程和事故多发部位及接头的预防、监督措施和应急预案（根据企业经营特点，详细列出危险性较大的分部分项工程和事故多发部位及接头，以及有针对性和操作性的控制措施和应急预案）；⑬生产安全事故应急救援预案（按照事故后有效救援原则，详细列出救援组织人员、救援设备清单和救援演练记录）。

新成立的建筑施工公司或没有建筑项目的公司在申请证书时可以不在施工现场提供相关资料。项目开展后，公司必须立即向省建设管理部门报告，申请考核。

建筑企业在申请劳动安全许可证时，要对申请材料内容的真实性负责，不得隐瞒有关情况或提供虚假材料。

4.安全生产许可证的受理、审查与颁发

（1）安全生产许可证的受理。

省建设工程行政主管部门应当按照下列规定处理申请人的申请：①对不属于本机关职责权限的事项，及时决定不予受理，并告知申请人向颁发安全生产许可证的主管部门申请。②如果申请材料中存在可以当场更正的错误，申请人可以当场更正。③申请材料不齐全或者不符合要求的，应当在5个工作日内当场或者书面通知申请人需要补正的全部内容;逾期不通知的,自收到申请材料之日起即为受理。④如果申请材料齐全、符合要求或全部改正后符合要求,则自收到申请材料或全部改正后的材料之日起,予以受理。⑤如果因隐瞒相关信息或提供虚假材料而导致职业安全许可证申请被驳回,企业在一年内不得申请新的职业安全许可证。

(2)安全生产许可证的审查与颁发。

省级建设工程主管部门受理申请人提交的申请后,应当按照下列规定分别处理:①受理申请人的申请后,应当对申请材料进行审查,必要时到企业的施工现场进行审查。②在交通、水务管理、消防等相关专业项目上,请向交通、水务管理、消防等部门咨询。③在接受申请之日起45个工作日内,决定是否发放职业安全许可证。④作出向申请人颁发职业安全许可证的决定后,应当自决定之日起10个工作日内颁发职业安全许可证并送达申请人;不颁发的,在10个工作日内书面通知申请人并说明理由。

5.安全生产许可证的有效期

安全生产许可证的有效期为三年。需要延长职业安全许可证有效期的,企业应当在职业安全许可证有效期届满前三个月内向原颁发职业安全许可证的行政机关提出延期申请,并提交所需文件、资料和原安全生产许可证。

施工企业在劳动安全许可证有效期内应严格遵守有关劳动安全法律、法规和要求,劳动安全许可证到期后如未发生死亡事故,经省建设工程管理部门批准,直接办理换证手续,无须再进行调查。

对不符合上述条件的施工企业,要对其安全生产条件进行复查,审查合格后,办理更新手续。

6.安全生产许可证证书

(1)证书样式。

建筑企业安全生产许可证由国务院安全生产监督管理部门规定统一格式,由住房和城乡建设部统一印制和编码。安全生产许可证分为正本和副本。正本和副本具有相同的法律效力。

中央管理的建筑企业（集团公司、总公司）的安全生产许可证加盖住房和城乡建设部公章有效；在本省行政区域内注册的建筑企业的安全生产许可证加盖本省建设工程行政主管部门印章有效。每个具有独立法人资格的建筑企业只能获得一套安全生产许可证，包括一份正本和两份副本。如果企业需要增加副本，经省建设行政主管部门批准，可以适当增加。

（2）变更。

建筑业企业的名称、地址、法定代表人等内容发生变化时，必须在工商营业执照变更之日起10个工作日内，持原安全生产许可证和变更后的工商营业执照、变更批准文件等相关材料提出申请；向省建设管理部门提交安全生产许可证变更申请。

（3）遗失。

建筑施工企业遗失安全生产许可证的，应根据要求的报告和在公共媒体上公布的遗失和无效声明，向省建设厅申请补办遗失的安全生产许可证。

（4）注销。

建设单位破产、关闭或吊销安全生产许可证的，应当将安全生产许可证交回省建设工程行政主管部门注销。

7. 安全生产许可证的监督管理

县级以上人民政府建设（建筑）主管部门和其他有关部门应当加强对建筑施工企业安全生产许可证的监督管理。建设（施工）主管部门在对建设单位进行审查并颁发安全生产许可证时，应当审查被认定的施工企业是否取得安全生产许可证；未取得安全生产许可证的，不得颁发施工许可证。对开工报告已依法批准的建设项目，在建设单位向建设项目所在地的县级以上地方人民政府或者其他有关部门备案报送的安全施工措施资料或其他有关部门报送的资料中，应当包括实施该建设项目的施工企业的安全生产许可证。

设区的市、县（市）人民政府建设（建筑）主管部门负责本行政区域内取得安全生产许可证的建筑施工企业（包括在本地区注册的建筑施工企业、跨省在本地区从事建筑施工活动的建筑施工企业)的日常监督管理工作。在监督检查过程中发现企业有违反《建筑施工安全生产标准化创建和考评实施细则》行为的,设区的市、县(市)人民政府建设(建筑)主管部门应及时、逐级向省建筑工程管理部门报告。

省级建设工程行政主管部门根据各市建设(建筑)主管部门或其他省级人民政府建设主管部门抄告的报告,对违法事实、处理建议和处理结果,按照《建筑施工安全生产标准化创建和考评实施细则》对企业进行相应的处罚,并将处理结果向原报告或抄告部门反映。

跨省从事建筑活动的建筑企业有违反《建筑施工安全生产标准化创建和考评实施细则》行为的,由省建设工程行政主管部门将违法事实、建议和处理结果抄告其安全生产许可证颁发管理部门。

根据《建设工程安全生产管理条例》,县级以上地方人民政府交通、水利等有关部门负责本行政区域内有关专业建设工程安全生产的监督管理,对从事有关专业建设工程的建筑施工企业违反《建设工程安全生产管理条例》的,将其违法事实抄告同级建设(建筑)主管部门;铁路建设安全生产监督管理机构负责铁路建设工程安全生产监督管理,对从事铁路建设工程的建筑施工企业违反《建设工程安全生产管理条例》的,将其违法事实抄告省级以上人民政府建设(建筑工程管理)主管部门。

省建设工程管理部门将编制安全生产许可证档案,并定期通过报纸、网络等公共媒体向社会公布企业取得安全生产许可证,暂扣、吊销劳动安全许可证等行政处罚情况。

建筑施工企业取得安全生产许可证后,加强对劳动安全的日常管理,不降低劳动安全条件,接受当地建设(施工)主管部门的监督和检查。

8.撤销情形

省建筑工程管理部门或上级行政主管部门发现有下列情形之一的,对滥用职权或不按规定发放安全生产许可证的,可以撤销安全生产许可证:①发放管理机构滥用职权、玩忽职守颁发安全生产许可证;

②在法律授权之外颁发安全生产许可证;③违反法定程序发放安全生产许可证;④向不具备安全生产条件的施工企业颁发安全生产许可证;⑤其他情况,已经颁发的安全生产许可证可以依法撤销。

按照上述规定注销安全生产许可证,影响施工企业合法权益的,由建设主管部门(建设工程管理部门)依法给予补偿。

9.注销情形

有下列情形之一的,省建筑工程管理部门将取消依法颁发的安全生产许可证:①企业依法终止;②当安全生产许可证的有效期限届满且未被延长时;③安全生产许可证依法被吊销或撤销;④行政许可业务因不可抗力而无法进行;⑤依法注销安全生产许可证的其他情形。

任何建筑施工公司不得转让或错误地使用安全许可证,或使用伪造的安全生产许可证。

建设(施工)主管部门的工作人员在发放、管理、监督、检查安全许可证的同时,不得申请或接受施工企业的财物,不得要求获得其他任何利益。

任何单位和个人都有权向主管部门,如发放安全生产许可证的行政机构或监察机构举报违反规定的行为。

(二)安全生产评价

1.安全生产评价的概念和意义

根据国家安全生产监督管理总局2007年4月发布的《安全评价通则》(AQ 8001—2007)规定:安全生产评价是以实现安全为目的,应用安全系统工程原理和方法,辨识与分析工程、系统、生产经营活动中的危险、有害因素,预测发生事故或造成职业危害的可能性和严重程度,提出科学、合理、可行的安全对策措施建议,做出评价结论的活动。安全生产评价可针对一个特定的对象,也可针对一定区域范围。

安全生产评价按照实施阶段的不同分为三类:安全预评价、安全验收评价、安全现状评价。

(1)安全预评价。

在建设项目的可行性研究阶段、工业园区的规划阶段或生产经营活动的组织实施阶段之前,根据有关基础资料,对建设项目、工业园区和生产经营活动中的潜在危险和有害因素进行辨识和分析,确定其是否符合职业安全法律、法规、标准和规范,预测事故发生的可能性和严重程度,提出科学、合理、可行的安全措施,得出安全评价结论。

(2)安全验收评价。

在建设项目竣工或工业园区建设完成后,通过审查建设项目的安全设施与主体工程同时设计、同时施工、同时投产的情况,或在哪些条件下,产业园区的设备、设施投入生产和运行,检查职业安全管理措施的落实情况,检查安全规章制度的健全性,检查事故应急救援预案的编制情况,审查确定建设项目和产业园区是否符合法律要求;职业安全法规、标准和规范,确定建设项目、产业园区运行和安全管理的总体情况,做出安全验收评价结论的活动。

(3)安全现状评价。

为做好工业园区生产经营活动中的事故风险和安全管理,识别和分析工业园区存在的危险有害因素,评估和确定是否符合职业安全法律、法规、标准和规范,预测事故或职业危害的可能性和严重性,提出科学、合理、可行的安全对策,得出活动安全评估的结论。

安全状况的评估不仅适用于一个生产单位或工业园区,也适用于特定的生产模式、生产过程、生产设施或车间,有利于加强对建筑企业职业安全的监督管理,科学评价建筑企业职业安全绩效和相应的安全生产能力,实现建筑企业职业安全的规范化、制度化,促进建筑企业职业安全条件的改善,促进建筑企业职业安全管理水平的提高。同时,也有利于政府转变安全监督管理方式,提高监督管理的有效性。

2.施工企业安全生产评价标准和内容

建筑施工企业安全生产评价,应当依据住房和城乡建设部于2010年11月1日起实施的《施工企业安全生产评价标准》(JG/T 77—2010),该标准自2003年12月1日起实施。该标准规定,施工企业安全生产评价的内容包括安全生产条件单项评价、安全生产业绩单项评价及由以上两项单项评价组合而成的安全生产能力综合评价。

施工企业安全生产条件单项评价的内容包括安全生产管理制度，资质、机构与人员管理，安全技术管理以及设备与设施管理4个分项。

安全生产管理制度主要包括安全生产责任制度、安全资金保障制度、安全教育培训制度、安全检查制度和生产事故报告处理制度等。①安全生产责任制度。按照规定建立安全生产责任制，制定安全管理目标。在合同中明确安全生产管理职责，制定安全生产目标，确认并落实相关层级、部门、岗位人员和总分包的安全生产责任制，制定并落实安全生产奖惩制度。②安全资金保障制度。要按照有关规定建立劳动安全保障基金制度，落实安全防护设备的购置、安全防护装置的安装、安全教育培训的专项经费和保障劳动安全条件的经费。③安全教育培训制度。按照有关规定建立安全教育培训制度；明确企业负责人、项目经理和专职安全生产管理人员，以及特殊工种的从业人员、岗位说明书和新增岗位（职务）、人员安全教育培训的新要求；制订安全教育培训计划，按照计划开展教育培训活动并进行报告。④安全检查制度。建立安全检查制度（包括企业、分公司、项目等）；明确企业、分公司、项目定期、定时、专项、季节性安全检查的时间或周期和实施要求；对隐患问题进行整改、复查和奖惩；安全检查、隐患问题整改和复查记录真实、准确。⑤生产事故报告处理制度。制定生产安全事故报告和处理制度；按规定及时、如实报告事故；按"四不放过"原则处理事故；建立事故记录。

建设施工单位应当按照《建筑法》和《建设工程安全生产管理条例》的规定，为在施工现场从事危险作业的所有人员办理意外伤害保险；意外伤害保险费由建设单位缴纳；签订施工总承包合同的，由总承包单位缴纳意外伤害保险费；意外伤害保险期限自建设工程开工之日起至建设工程竣工验收止。

资质、组织和人员管理主要包括企业资质和人员资质、安全生产管理组织、分包商资质和人员资质以及供应商管理4项内容。①企业资质和人员资质。建筑企业依法取得建筑企业资质证书和《安全生产许可证》，并在其资质许可证范围内承揽工程。总包、分包单位的主要负责人、项目经理和专职安全生产管理人员经安全培训考核合格,取得《安全生产考核合格证书》,持证上岗,特种作业人员经安全培训考核合格,取得特种作业资格证书,留证上岗;其他管理人员和从业人员经安全培训考核合格。②安全生产管理组织。施工单位必须建立安全管理制度,按规定成立安全生产管理机构,配备专职安全生产管理人员。③分包商资质和人员资格。总承包单位应当制定分包单位资质和人员资格的管理和控制规定,检查分包单位的施工资质和安全生产许可证从业人员超过50人的分包单位应当配备专(兼)职安全生产管理人员。④供应商管理。制定安全设施所需材料和防护用品供应商的管理规章制度;核查安全设施所需材料、设备和防护用品供应商的生产许可证或有关行业部门规定的证书。

(三)安全生产评价的实施

建筑施工企业的安全评价是严肃而细致的工作。建筑企业应建立安全生产评价体系,按照《施工企业生产评价标准》进行自我评价,确保达到安全生产条件。建设行政主管部门加强对施工企业安全生产评价工作的指导和监督。

1.建筑施工企业自我评价

为提高企业安全生产的综合能力,施工企业应当建立安全生产评价机构,在每年年初,结合日常安全生产工作情况,对上年度的安全生产进行自我评价。

2.施工企业安全生产评价的监督管理

第一,省建筑业主管部门负责对全省建筑企业的安全评价工作进行指导、监督;省级建设行业主管部门负责管理本行政区域内建筑企业的职业安全评价工作。具体工作由各级建筑业主管部门所属的建筑安全监督管理机构负责。

第二,建筑施工企业自我评价后,每年年初建筑企业将上一年度的评价情况报当地建筑业主管部门审核,并提交以下资料:①施工企业安全生产考核评价申请表;②施工企业资质证书;③公司安全生产许可证;④企业安全生产责任制和安全生产资金保障、安全教育培训、安全检查、事故报告处理、事故应急救援预案等安全生产规章制度；⑤企业安全生产管理机构的建立和安全管理人员的配置情况；⑥企业负责人、项目经理和专职安全管理人员安全考核合格证，企业特种作业人员特种作业资格证；⑦企业安全事故调查处理及结案材料；⑧工程项目的安全标准；⑨各种安全生产奖惩措施的证明资料；⑩其他相关信息。

建筑施工企业对自我评估的结论和上述信息的真实性负责。结合日常职业安全监督管理工作，建筑业主管部门应对建筑企业提交的职业安全自评报告及相关材料，按照《施工企业安全生产评价标准》进行认真评审，提交评价结论。安全生产评价结论可分为三个等级：合格、基本合格和不合格。建筑业主管部门将评价结果记入公司信用档案，并包括对建筑市场的监督和管理，如投标、经营资质、安全生产许可证等。

第七章 公路桥梁工程项目风险管理

第一节 项目风险因素识别

风险识别是通过广泛搜集信息资料后,对不确定的潜在风险因素进行归纳,这是风险管理的起始阶段。因此,在潜藏巨大风险的公路施工阶段,如何科学有效地将这些风险进行辨识,是风险识别要解决的问题。为此,这里围绕这一问题介绍了公路施工阶段风险识别的步骤和方法,并就实际案例展开识别分析,以期达到理论和实践有效的相结合。

中小公路项目建设作为一个统一的有机整体,风险因素也是这个有机整体的一部分。这些风险因素相互作用,相互影响,继续形成复杂的关系,导致不同程度的严重性,如果无法对公路在施工阶段的风险进行准确识别,就无法为下一步风险应对提供数据支撑,也无法对潜在风险进行事前控制,达到预防为主的目的。因此,风险识别需要在风险事故发生前进行,把潜在风险进行提前预防,降低风险发生的可能性,避免不利风险造成事故的发生。但是,风险的存在是长期和持续的,它不是一朝一夕就能实现的。它不仅需要横向分析,还需要纵向比较;它不仅需要分析个人,还需要分析整体,进行系统和全面的分析。

在进行风险识别前应该动员项目所有人员大规模地收集信息数据,并就此征询相关人员意见,再筛选有效信息,深入分析发现可能存在的风险因素,弄清各个因素之间的关系,缩小风险评估范围。但在公路风险评估时,有时因采用有误的风险辨识方法,可能造成潜在的风险因素无法被识别。因此进行风险辨识工作时一定要广泛地搜集信息资料,将会大大提高风险评估的准确性。

在这里以同类型公路项目的统计数据为基础,在管理层面对风险诱因、风险源和风险后果进行了系统、全面、深入的分析,并对同类型项目进行了交叉对比,全面、具体、系统的研究和确认,逐一分析,化整为零,并从个体研究中,找到风险形成的原因和基本规律,并进行风险评估和认知。

一、风险识别的原则

第一,系统性的原则。项目风险识别首先要进行系统性分解,即把一个项目分解成若干条理,对每一个条理进行系统风险分析,分别找出风险要素,再把各个条理进行组建。保证识别的风险因素能在一个项目上完整地体现出来。

第二,全面性的原则。一个项目受到很多不同的大大小小的风险要素影响,如何对这些风险进行全面识别,没有任何遗漏,关系一个项目风险识别的成功与否,因为任何一个项目风险要素的忽略都可能造成潜在风险损失的发生。

系统性和全面性原则不是完全放开项目独立存在的,而是紧密联系互相影响的。因此,在风险识别过程中应该坚持系统性和全面性原则相统一的风险识别方法,才能使得风险辨识正确、客观,从而避免风险识别工作的无序和遗漏。

二、风险识别的步骤

风险识别不是一次性的工作,而是贯穿工程建设的整个阶段。风险识别内容大致包含收集基础性资料、依托基础数据资料展开数理统计分析、识别潜在不利风险因素并进行梳理归纳、编制风险识别报告等。

第一,收集基础性资料。风险通常是由于数据资料的搜集不完善引起的,所以资料和数据的不全面会影响项目风险因素被发现的可能性。因此在对潜在的不确定风险因素进行数理分析前,应分别从与工程有关的文件及数据资料、外部客观环境以及类似公路施工的有关资料三个方面收集。

(1)与工程有关的文件及数据资料。主要包括工程设计图纸、设计方案、质量标准、技术规范、施工组织设计、招投标文件等,这些内容的变化都会带来相应的风险。如没有对设计图纸和方案理解透彻,就可能会影响具体施工阶段的进度、成本、质量、安全方面的风险分析;还应该搜集包含施工方案、进度、费用和质量控制要求等工程资料文件,因为施工过程中实际方案和设计方案有时不一致,需要优化方案,提前搜集相关资料进行风险分析,就会更早的选择最佳施工方案。

(2)外部客观环境。公路工程施工阶段受外在客观环境影响较大,这里的客观环境包括自然环境和社会环境两类。自然环境指气象、水文等地理环境;社会环境包括政策变化,价格波动,文化差异等。

(3)类似工程的有关数据资料。在同类型项目施工阶段收集的风险管理经验和总结,对后续新建项目具有很强的指导意义,因此要注意收集类似项目的施工记录、工程总结、验收资料、事故和技术变更的质量安全处理文件以及索赔等资料。

第二,依托基础数据资料展开数理统计分析,筛选有用风险因素。基础性资料搜集完备后就开始着手对公路有关资料进行数理统计分析,可以采用层次分析法或者模糊法等科学分析方法,对搜集的数据进行定性和定量相结合的分析,主要包括以下四个方面:①对公路施工阶段的风险进行辨识;②对公路施工时的外部环境风险展开分析;③对公路下部结构、上部结构等进行分析;④对施工前期制定的管理目标进行分析。

第三,识别潜在不利风险因素并进行梳理归纳,建立风险因素清单。依据基础数据资料的数理统计分析结论,辨识潜在可能性的风险因素,并将风险因素进行梳理和归纳。建立风险因素清单列表,以方便把控整个施工阶段的风险。

第四,编制风险识别报告。经过风险基础性资料的搜集,潜在不利因素的数理分析、归纳,最终编制成风险识别报告,这也是识别阶段最终的成果展示,为风险分析的其余步骤和风险管理做准备,包括:①风险因素清单。列明风险的种类,风险识别来源,风险可能发生时间,发生后的损失。②正确识别风险表象。事故发生前都有其外在反应,而不是毫无征兆地突然发生,因此需要对事故发生前的表象进行识别,如深基坑施工时,发现坑壁有脱落泥土、坑底有泉眼渗水现象等,要对引起的相关可能事故有所预防。③应急预案。根据风险因素清单和风险表象制定突发事故的应急预案,以提高事故发生时快速反应能力,减少损失,甚至缩短救援时间。

第二节　项目风险评估与措施

一、风险评估概念

公路施工阶段的风险评估是通过分析和估计的方式,获取公路在施工阶段风险发生的概率大小以及因风险发生可能带来的损失,对概率和损失做出评估后,为风险管理制定对应的措施提供依据,也为风险监控点提供参考。

二、风险评估方法

一般可以通过以往类似项目的历史数据对在建项目提供参考数据,从而可以进行评估判断。但很多项目有其施工的特殊性,或者有时资料不齐全,这时需要用统计学原理或者概率分布理论进行风险评估:①对历史已知数据分析。因中小公路施工对水文和地理等环境要求相比大型公路小,其相似性较大,历年施工风险资料可以很好地作为参考依据,因此可以采用历史已知数据可直接作为在建项目的参考;当类似项目风险资料较多时,还可利用统计学原理分析,推断风险发生的概率。②概率分布理论。在采用概率分布理论时,把公路某些结构功能不能发生作用,由此失效,作为该公路选择的风险概率,结构失效是指在时间、外部客观环境作用下某项结构不可靠的概率。③主观概率。用专家调查法等主观分析方法,对风险发生的可信度估计出风险发生的概率。该方法的准确度取决于评价人员的业务素质和经验丰富程度,因此受主观因素影响大。在针对风险进行评估时可以运用定性和定量的分析方法。定性分析方法主要有头脑风暴法、风险核对法以及德尔菲法等。在进行风险评估时各分析方法的优缺点比较,如表7-1所示。

表7-1　风险评估方法及优缺点

编号	方法	优点	缺点
1	头脑风暴法	操作简单,集思广益	意见不一致,易发生冲突
2	风险核对法	风险识别直观,简单	适应性受到可比性制约
3	德尔菲法	实用性较强	缺乏理论和系统性,难以保证准确客观
4	SWOT法	分析直观,使用简单	有一定程度主观臆造
5	故障树分析法	因果清晰、描述全面,定性定量结合	对事故发生预测是弱项,系统复杂
6	决策树法	直观,分析全面	对各种方案出现概率确定主观性较大
7	敏感分析法	客观可靠,可以得到因素变化幅度	分析复杂,工作量大

三、风险应对措施

风险应对是指项目已经确定了明确的风险因素,要采取措施进行处理。经过对建设项目的风险识别、定性和定量的估计和评价,项目风险的概率、损失的严重程度与项目的其他外部因素相统一,明确了与项目风险相对应的风险等级,指导管理者决定采取何种措施进行处理,最终目的是将风险转化为机遇或将损失的风险降到最低。

(一)风险损失

项目风险损失指的是风险事件的负面影响,影响整体项目预期,比如在整个中小公路项目的施工过程中,工程进度、成本超支、质量事故、安全事故、材料事故等都是风险损失的常规新形态。

项目风险损失可以分为可以用货币计量的损失与不能或不容易使用货币计量的损失。在质量事故、进度延迟、成本超支和安全事故方面的一些损失可以用货币计量。能够用货币标准来进行计量的问题包括成本,材料,员工工资等。生产质量问题同样能够使用货币来衡量。例如,返工、维修、强化、加强以及第三方责任损失的延误。在对整个工程建设进行评估考虑时,不仅需要研究考虑主体自身的风险,还要把因安全事故的损失造成的时间损失也考虑在内,其中包括医疗费用、赔偿、财产损失以及连锁反应带来的风险损失。另一种是不能或不容易用金钱计量的损失。例如,时间的延误导致竣工日期延迟,影响项目最终收益导致利润损失;监理单位、施工单位在安全事故当中所受到的名誉损失,使得民众信心降低,由于在进度缓慢、成本超支和施工事故以及验收不合格等相互影响带来的连锁损失。风险估计损失需要花费大量的时间和成本,每一个具体的项目之间的差异也加大了风险评估的难度,需要秉承实事求是的原则,具体问题具体分析。

(二)风险应对策略

为应对施工中发生的风险,一般从消除潜在风险因素、降低风险发生可能性和风险后果等级几个方面考虑对应策略,所采取措施一般有四种:规避、转移、减轻、自留。

在公路项目施工时通常采取的风险应对从以下几个方面入手:第一是从项目开工前就对出现的风险有充分认知,并对风险出现的可能性和后果严重性有充足把握,然后决定采取风险规避。比如对于一些施工方案没有施工经验或者新技术运用不成熟,则可以坚决不采用,尽量进行风险规避。第二是控制损失,当风险发生时,及时止损,使其影响降到最低。第三是转移,通过寻求第三方,将风险合理转移出去。第四是直面风险,以自身实力抵御风险。在实际操作中,通常需要特殊矛盾特殊对待,用最适合的方法应对风险。

上述方法各有优缺点。风险规避的方法可以使潜在的风险最大限度地消除,为施工创造安全的施工环境,但也需要意识到项目成本的增加、项目利润的相对缩减以及技术发展突破机会成本的损失;风险转移,在很大程度上压缩了建设成本,但是也许会受到政策的制约与法律的限制;从现实角度出发,风险是客观存在的,无法避免的,但却是可以转化的。但它需要工程建设的承建单位对整个工程体系有着成熟的认识,对工程所要面对的风险有着全面的掌握,从而能够制定出最有效的应对措施。

在对建设施工风险进行了系统深入的分析后,在制定风险应对方案的同时也要保证施工的安全性,对风险的应对也要高效。详细来说,在评价结论的基础上,对施工中所存在的隐患进行预测和预警,是公路项目建设工程风险安全管理的一项重要组成部分。此外,还要做好各施工阶段的信息收集和风险评估、监测,从而对施工风险进行动态监测和管理。

第八章 公路桥梁工程项目成本管理

第一节 成本管理组织机构

一、公路桥梁工程项目部组织结构

（一）公路桥梁项目的工作分解结构和成本编码

工作分解结构和成本编码是成本管理活动和管理信息沟通的基础，它们可以提供有效的系统集成和控制手段。

1. 工作分解结构

工作分解结构（Work Breakdown Structure，WBS）是一种在不遗漏工作内容的情况下逐层分解项目的技术。当WBS被用于成本规划时，整个项目被分解成适合成本区间估算的单一项目或工作。它以施工图设计为基础，以公路施工企业做出的项目施工组织设计和技术方案为依据。WBS应该从项目成本预测和计划开始就正确使用，因为成本预测是建立在人们对项目内容准确理解的基础上的，只有不遗漏任何工作，才能谈得上成本预测的准确性。不使用WBS或其应用不当会导致成本计划和控制的缺陷，有了好的WBS，可以进行相应的成本编码，方便计算机数据处理，可以系统地进行成本控制。

2. 成本编码

为了使成本管理标准化，成本对象的分配也必须标准化。这种标准化涉及很多内容，其中成本编码是一个重要的工具。特别是在计算机处理数据的过程中，从不同角度对不同的成本对象采取不同的编码方式,有利于提高管理工作的效率。成本编码是根据WBS设计的,应与WBS保持一致,以方便施工过程中成本数据的收集和成本状态的识别。成本编码的编制方法应由有关成本管理部门具体制定,并作为一套统一的标准来使用。各建设单位的做法不尽相同,但成本编码的原则应简单、明确,并具有一定的灵活性,对增加成本条款的项目,要采用成本编码的方法。成本编码可以用来编码一项任务的成本,也可以具体到任务的人工、材料或机械成本。

(二)公路项目的成本管理责任制

项目经理的成本责任与工作责任不同。有时工作完成了,甚至做得很出色,但成本责任却没有。

我们分析一下上述公路桥梁建设项目的成本管理责任:项目经理在公路桥梁建设项目中的工作,如项目质量、进度、安全、成本管理等,然而,项目的最终目的是创造效益,质量、进度、安全等管理要素不应以牺牲成本为代价。在原有责任分工的基础上,项目经理应进一步明确成本责任,让每个项目经理都明白,在完成工作责任的同时,也要做好降低成本的周密计划,严格控制已经到位的成本,以节约成本。这里所说的成本管理责任制,是指项目经理在处理成本管理的日常活动中必须尽到的职责。项目经理应该把项目成本管理目标逐层写出来,并作为一个系统来实施。因此,项目经理应全面负责项目成本管理,从成本管理的角度出发,制定合理的施工计划和质量、进度、安全等措施,确保项目成本管理目标的实现,实现项目效益最大化。合同预算员是负责筹集公路建设项目的收入和节约开支的人。公路建设工程确定后,合同预算员必须根据公路建设工程造价的总体目的和要求,收集技术变更的资料,配合项目经理参与对外经济合同的谈判和决策,深入研究"开口"工程的合同条款。因此,应认真区分工程师、材料员等在项目管理中的责任与成本的责任,有关人员应大力配合,严格控制经济合同的数量、单价和金额,做到"以收定支",聚集各种有利因素,努力增加项目收益。工程技术人员负责执行技术规范,对保证工程质量起到了积极作用,但他们往往强调质量和安全是第一位的及新技术、新材料、新施工方法等,但在实施这些新技术、新材料、新施工方法的过程中,要把影响工程造价的主要因素表现出来,并加以分析,不要为了质量、安全等而不节约,影响成本超支。

二、公路工程项目成本控制体系的构建

(一)成本控制组织机构的建立

现代企业成本控制体系从结构上可以分为以下三层。①成本控制决策系统:负责制定成本控制战略决策。②成本控制管理系统:该系统负责制定成本控制计划,是成本控制结构的中间层次。③成本控制执行系统:该系统一方面由各具体控制主体根据已经制订的成本控制计划,采取一系列的措施和手段,努力完成各自的控制目标;另一方面根据各部门具体职能和特点,制订详细的二级成本控制计划。

(二)设计与招投标阶段

设计阶段是公路工程项目成本控制决定阶段,为整个项目成本定下了基调。设计方案直接决定建设工期的长短和建设费用的多少。设计阶段所占的成本通常在3%～5%,但是对工程整体成本的影响可能达到75%～85%。先进的设计方案,可降低工程造价10%甚至更多。因此,项目的设计阶段对项目成本的影响不容忽视。

公路工程相关的招投标主要有施工招标和采购招标。通过招投标制度来选择供应商和施工单位,可以有效降低在材料和施工上的成本。

(三)施工现场成本控制

1.合同的管理

在合同管理方面需要注意:①提高合同管理意识。重视合同管理对工程管理的重要性,深入贯彻以合同指导施工作业的准则,保证员工按照合同进行施工活动。②建立合同管理机构。建立专门机构,负责合同的签订、审核,进行合同精神的传达,使合同管理覆盖到整个项目。合同签订后,要制定必要的制度来保障合同的实施。③重视合同文本分析。重视合同内容进行完备性分析和合法性分析,以避免合同出现问题而导致的成本损失。合同的合法性分析主要包括当事人是否具有资质、工程项目条件是否具备、审批文件是否齐全等;合同的完

备性分析主要应注意合同条款是否有纰漏、用词是否准确无异议、有无考虑到不可预测因素的影响等。④重视合同变更管理。合同变更即意味着存在变更索赔的机会，所以在工程实施中必须加强对合同变更的管理。

2.机械设备的管理

在机械设备的管理方面应注意做到：①专人负责制。对于每台机械设备，除专人负责之外，都需要指定一名机长。机长对机械设备的使用状态和维护状态负责，并且工资与之挂钩。②无缝交接制度。施工机械常常是换人不换机的多班作业制度。对于机械设备的交接班，必须做到无缝交接，以便分清责任，避免机械设备的管理出现漏洞。③建立设备使用登记制度。对于机械设备的使用和维护，可以配备专门的登记卡簿，记录设备使用、维护的时间和执行人姓名。④建立技术档案。建立包括使用设备说明书、使用参数、维护保养要求、修理技术参数、运行记录、配件消耗等资料的技术档案。⑤加强操作人员的管理。加强设备操作人员的培训、培养和管理，实现人员管理与机械管理的有机统一。⑥强化设备维护制度。对大型的设备，强化例行保养和预防保养相结合的保养制度，状态监测与定时维修的维修方式。

3.物料的管理

在公路施工项目成本中，物料费用约占60%或更多。控制好物料费用，可以大幅降低工程总成本。做好物料成本的控制，首先要综合考虑供应价格和运输成本的因素，合理选择供货商；对于物料的存放，需要方便施工现场使用；对于物料的使用，要控制浪费，倡导节约。

4.工程竣工后的审查与反馈

竣工结算是项目成本控制的最后阶段。严格控制可以及时挽回因质量缺陷或施工工艺缺陷造成的成本损失。工程验收人员应当在每个分项分部工程结束之后进行及时验收。对于不符合工程施工质量或者没有达到成本目标的，应当及时将相应问题反映至总工程师或者总会计师。对于发现的质量问题或成本差异，应当由总工程师或总会计师下达停顿整改，并进行审查，提出解决方案。

第二节 成本管理目标

一、目标成本管理

所谓目标成本,是指企业在生产经营的某一时期或某一项目中所需要达到的产品成本额。目标成本有计划的性质,是基于生产要素的市场价格和项目的实际制定。目标成本管理的方法,一般来说是企业会计、商业会计、统计会计和现代管理方法(包括价值工程、数学分析和信息理论等)有机地结合使用。目标成本的预测、决策、控制、分析和研究是通过这些管理方法实现的。管理形式是按照一定的程序反复连续进行的,其过程主要包括两部分,即目标设定和组织实施。其中目标设定四个步骤,即:目标成本预测、目标成本决策、目标成本控制、目标成本分解。

结合企业项目成本管理的现状,我们研究了一些适合公路建设项目管理的成本管理方法。它能把人为的消极因素对成本的影响降到最低程度;能把成本管理的责、权、利有机地结合起来,调动全体员工参与成本管理的积极性。高速公路项目的目标成本管理与工业企业的目标成本管理不同。工业产品的销售价格由企业和市场共同决定,降低成本是获得竞争优势的手段之一,企业可以通过各种方式调节甚至停止生产此类产品。对于公路产品来说,价格完全由市场决定,应根据成本构成进行分析和计算。当计算的成本低于投标价格时,工程项目就有盈利的可能;当成本超过投标价格时,工程项目就会亏损。同时,项目的盈亏受到各种主观和客观因素的影响,因此我们需要在项目中实施目标成本管理。

二、公路桥梁工程项目目标质量和目标周期

(一)公路桥梁项目的目标质量

公路工程的客观质量是指道路工程完成后所要达到的质量。公

路工程的客观质量应该是定量的,其实现应该是可控的。公路工程目标质量的制定为企业的质量管理提供了一个参与的方向。因为目标表明了预期的结果,它们可以指导企业使用其资源来实现这些结果。公路目标质量管理是一种目标管理,它采用目标管理的思想,促进企业质量目标的实现,根据目标管理的实践,该做法被规范化和制度化,成为质量管理体系的一部分。对于公路工程项目的质量管理,企业领导应确定公路工程项目的质量方针,制定公路工程的质量目标,并保证这些目标能够实现,而对应达到的结果和设定的目标进行比较,发现问题及时改进。

(二)公路桥梁项目的目标周期

一个项目的目标周期是指项目的预期。确定项目的目标周期,以项目的完成时间为企业确定一个最终底线。所有参与项目的人都将为实现这一目标而努力工作。由于目标表明了预期的结果,它有助于企业利用其资源来实现这一结果。目标管理(MBO)也属于目标周期的范畴。它还采用了MBO思想和目标管理的方式实施企业的项目规划目标。对于项目进度管理,企业领导必须制定战略策略,确保项目周期,加快项目进度,为执行提供相应的保障。通过这些措施来确保目标周期的实现。在工程实施过程中,还应及时将进度与设定的目标进度相比较,发现问题及时予以改进。

三、公路项目目标成本的控制

目标成本控制是根据批准的目标成本对过程进行指导、控制、调节和缓解,并及时纠正将要发生和已经发生的偏差,将所有成本控制在目标成本范围内。目标成本控制是优化成本管理的核心,目标是降低成本,提高效益。

(一)目标成本的全面控制

1.开源节流

项目管理是一种一次性的行为,其管理对象只有一个项目,它将随着项目建设的完成而结束其使命。在施工过程中,项目管理可以降低成本,盈亏在此一举,没有回旋余地,所以要全面控制,节约成本。全员参与不是一个抽象的概念,每个人都参与其中,团队必须齐心协力,在施工的全过程中控制成本,科学管理,优化施工方案,提高劳动生产率,采取技术措施,防止成本失控,避免可能的浪费,节省人力、物力、财力消耗。

2. 充分做好施工准备

根据设计图纸和有关技术资料,对施工方法、施工顺序、作业组织形式、机械材料选择、技术组织措施等进行研究分析,并运用价值工程原理,拟定科学先进、经济合理的施工方案。根据公司下达的目标成本,在部分项目实物量的基础上,制定成本计划,分到各部门、各班组,为目标成本控制做准备。

3. 注重施工过程的控制

在施工期间,要贯彻和加强对施工任务清单和限额领料清单的管理,做好各分项工程竣工后的验收工作(包括实际工程量、工作内容和施工质量等);并对实际消耗的劳动力,控制材料数量,保证施工任务清单和限额领料清单的正确结算,为成本控制形成真实可靠的依据。将这一数据与每张图表的目标成本进行比较,计算出部分项目成本的差异,分析差异的原因,并采取有效的纠正措施。正确计算月度成本,分析月度目标成本和实际成本之间的差异。责任制成本计算是在月度成本计算的基础上进行的。利用会计数据,按责任部门或责任人收集成本,并与责任成本进行比较。定期检查成本控制,发现成本过高或过低,责任人应分析产生差异的原因并采取适当措施加以纠正。

4. 竣工验收阶段的管理

精心安排,干净利落地完成工程竣工收尾工作。避免拖拉以致施工机械、设备无法转移。配置合理的人力,避免人多窝工和人少将战线拉长。

(二)目标成本的控制步骤

公路工程项目目标成本控制步骤一般有以下几个方面。

1. 确定成本费用的可控范围和责任人

根据成本特点,按照责任单位的控制区域和责任大小,划分和确定成本责任人。在项目部,施工项目成本分为采购成本、生产成本和费用。

采购成本包括项目部的材料采购、储存和交付。采购部门对材料、数量、质量、价格和财务计划负责并承担责任。

生产成本包括施工队、团队、现场运输和搅拌站、预制场地、维修和辅助加工。每个生产成本人员只对他的可控成本项目负责,如钢材、水泥、沙子、砾石、木材、水、电、劳动力成本、机器成本的消耗。

成本包括企业内部和项目部内部不生产、只提供一些专业管理服务和承担某些成本规划指标的费用,包括质量、人力资源、财务、安全管理和其他费用。本着"谁使用,谁承担"的原则,责任成本不能只花钱,还必须注重效率、效益,进行成本分析、效益分析。每个季度自我对比检查自己的成本计划的超支或节支情况,找到原因,提出改进措施,并制订下一季度的成本计划。

2.确定成本责任人后要明确责、权、利

公路施工企业的目标成本控制应以劳务生产成本为基础,以项目部为基本责任主体。按照职能简化、责任单一的原则,合理划分可控成本的范围,责任成本由项目部负责承包。

3.目标成本的分解

目标成本是指在现有设计方案和施工环境下,建设项目的成本管理标准,项目部应根据成本项目的分配和经济责任实现目标成本的情况进行分解,下达给相关责任人,层层落实。目标成本不仅应包括人工、材料和机械台班的数量指标,而且应包括按人工、材料和机械台班的固定价格计算的价值指标。目标成本可分为标准数量、标准价格和控制价格。标准数量是指构成设计中规定的工程单位的数量或不同的材料消耗量;标准价格是指制定目标成本时计算的综合价格或单价。在分解标准价格时应考虑一定的控制量,这个控制量取决于劳动效率和施工环境等因素,控制价格以企业的先进水平为依据。

4.目标成本的执行

目标成本是负责成本的部门日常运作的成本上限。所有费用不应由于计划变化(如地质条件的变化)、不可抗力等以外的因素而被突破。各成本责任部门应采取提高效率、合理调控工艺衔接、降低消耗等措施,实现成本目标。

5.差异分析

在目标成本的执行过程中,由于进度变化、地质条件变化、不可抗力等因素,一个过程或工作的目标成本可能与实际成本有很大偏差。在这种情况下,通过分析原因,提供相关信息和数据,来调整这种偏差。

6.偏差调整

通过对目标成本与实际成本的偏差分析,通过成本计算,反映工程成本,计算出项目的实际成本,系统研究影响成本升降的各种因素及其形成原因,挖掘降低成本的潜力,正确认识和理解成本变化的规律性。通过审查标准成本,我们可以有效控制实施过程,及时发现和制止各类损失和浪费,它为制定最终目标成本和编制其他项目的目标成本提供了重要依据。

(三)过程控制是目标成本控制的关键

1.采购成本控制

(1)材料的采购成本控制。

材料采购成本包括材料采购部门、材料保存部门、运输部门和材料混凝土利用单位。主要成本构成是:材料市场调研—材料质量检验—订单(付款方式等)—运输—验收—仓储—装运处理。为了降低材料采购成本,我们需要了解材料成本的构成,特别是不能通过中间商,尽可能详细地做市场比较。

(2)材料采购成本的核算。

采购结果应进行审计和验收,采购和审计人员、跟踪和会计应分开。审计员掌握每个采购环节的成本,及时反映采购成本是否得到控制。

(3)周转材料的核算。

周转材料是指各种外购和自行加工的不属于工程实体的、可重复周转使用的材料。工料的核算要有明确的折旧数量和比例，因为它对工程造价的影响较大，不合理的折旧会导致造价的增减。所以要根据工料的用途和施工对其质量的要求，对不同的工料制定不同的折旧方法。由于高速公路项目的质量要求，企业用施工的工料摊销数量减少。

应充分研究特殊工程的周转材料的再利用和回收，如梁和柱模板，以确定合理的生产和折旧量。

2.生产成本控制

生产成本按工程类型或工作内容划分到不同的施工队或班组，详细记录生产消耗、工作量、质量和生产条件、工艺流程、投入产出计算，然后找出每月最佳和最差，分析产生差异的原因。

3.费用控制

费用可分为行政费用、经营费用和其他费用。行政费用包括临时住宿、食堂、工资奖金、招待费、日常交通工具的维护、差旅费、行政办公用品等；经营费用主要是指质量检验、安全生产、交付验收、技术资料和经营活动中的突发事件；其他费用包括环境处理、宣传等。

（四）公路项目成本管理的目标责任制

1.注意的两个关键问题

（1）责任者责任范围的划分。

工程项目经理部的管理人员都是成本目标体系的负责人，但他们并不负责施工项目的所有成本目标和总目标成本。

（2）责任者对费用的可控程度。

在施工过程中，某项材料的成本控制往往由不同的责任体系分担，因此材料成本应按绩效和控制主体进行划分，区分控制对象的主体责任和绩效考核。

2.公路项目成本目标责任制的分解

成本目标责任制是指项目经理将公路项目的成本目标按管理层次细分为各项活动的子目标，并落实到各职能部门和工作组，将与公路项目成本有关的工作组织起来，与经济责任制挂钩，形成严格的成本管理制度。

第三节　成本管理预测与计划

一、公路桥梁工程项目成本预测的方法

公路桥梁工程项目成本预测的方法有多种,对以下两种方法进行简介。

(一)专家会议法

专家会议法是组织建设工程造价管理方面的专家,利用专业知识和经验,通过直观的归纳和交换意见,预测工程造价。

(二)近似预测法

近似预测法以近期同类施工项目的成本调查结果为参考依据,对工程建设项目的成本进行预测,然后根据实际情况对结构和建筑上的差异进行了修正。

二、公路桥梁工程项目成本预测体系的构建

成本预测是成本规划的基础,为制定科学合理的成本控制目标提供依据。因此,成本预测在提高成本规划的科学性、降低成本和提高经济效益方面发挥着重要作用。公路桥梁工程造价成本预测是根据施工条件、机械设备、人员素质等来预测造价目标。

公路桥梁工程项目成本预测主要包括以下内容。

(一)工料费用预测

首先分析项目使用的人工费单价,然后分析工人的工资水平和社会劳动力市场,根据施工期和需要安置的人员数量分析项目的合同价格,列入人工费、住宿费。

其次材料费,占施工和维修费用的比重较大,应重点准确把握,分别对重点材料、辅助材料、其他材料的成本逐项分析,重新核定材

料交货地点、采购价格、运输方式和装卸费用,分析定额中规定的材料规格和实际使用的材料规格,比较水泥用量和定额用量之间的差异,总结和分析预算中的其他材料费用,并在具体操作中增加一些补充内容。

最后机械利用费,投标组织设计中的机械设备型号和数量一般都是采用定额中规定的施工方法计算的,与实际施工现场有一定的差异,工作效率也有差异,因此应计算实际的机械利用费;同时,还要计算可能的机器租赁费用和新购机器设备的摊销费用,对主要机器重新核定轮班生产定额。

(二)施工方案及相关费用变化的预测

1.施工方案费用变化的预测

项目中标后,要根据施工现场的实际情况,结合项目现场的经济、自然地理条件、施工技术、材料选择和工程情况,制订技术上先进、可行,经济上合理的施工组织实施设计。比较在实施施工组织的设计和投标准备中使用的施工方法,或施工方法与定额中的施工方法之间的差异,以便做出适当的预测。

2.辅助工程费的预测

辅助工程量在工程量清单或设计图纸中没有给出,但在施工中是不可缺少的,如混凝土搅拌站等。

3.大型临时设施费的预测

应详细研究大规模临时设施收费预测,通过比较和推理确定合理的目标值。

4.小型临时设施费、工地转移费的预测

小型临时设施费包括:设置临时设施,临时设施的规模和标准根据施工期和需要安置的人员、设备数量确定;目标值根据以往技术施工中的实际事件和合同控制的历史数据确定。工地转移费是根据转移的距离和转移人员和设备的数量来核定预期目标值的。

三、风险对工程项目的影响及预测

在施工项目各个阶段的风险进行识别后,提出明确的风险管理目标对于进一步风险管理工作尤为重要。风险存在于工程项目的任何阶段、任何工序中。从风险的作用结果看,风险对工程项目的影响主要有以下几个方面。

(一)进度延误

由于风险因素作用的影响,使得工程局部进度滞后;严重的结果,还会使整个项目工期拖延。

(二)成本加大

由于风险的影响,使工程消耗的人工、材料、机械费和管理费等间接费加大,利润减少。

(三)质量下降

由于原材料、施工组织、技术工艺和人的因素风险,造成工程质量水平下降,达不到质量目标。

(四)安全不能保证

在工程施工中,造成人身伤亡和机械设备的损坏,施工返工或工程实体损失。

(五)信誉下降

由于全面风险作用的影响,使得项目部在业主中的地位降低,信誉下降;严重的,还会遭到业主的处罚和承担法律责任。企业的社会信誉受到损害,在未来的投标中影响极大。

除了对风险影响的因素分析外,还要对成本失控的风险进行预测。

四、公路桥梁工程项目成本计划编制

公路项目的成本计划就是目标成本。成本计划不仅是衡量公路项目管理团队业绩的标准,也是参与者和经营者要通过目标成本构成来承担控制成本责任的依据,因此成本计划的编制是公路项目成本管理的重要步骤。项目成本规划一般按照以下程序进行。

(一)有关资料收集整理

公路工程项目的成本规划应收集和安排以下数据:①施工图预算;②施工组织设计、技术措施;③施工期网络计划;④施工项目组织结构及人员计划；⑤施工机械人员计划及时间计划；⑥材料分析表；⑦市场调查报告，包括材料信息价格、材料设备、模板租赁信息价格、劳动力价格信息；⑧计划用水、用电及节能措施；⑨上期计划成本执行情况。

（二）预测分析、计划编制及信息反馈

1.预测分析

根据本企业或同类企业以往开展的公路工程项目的结论指标，在确定公路工程项目的参考费率后，确定成本预测数据。这种方法在公路施工企业，特别是一般公路工程项目中得到广泛的应用。这种基于经验指标数据采集的方法，一般有一定的误差，但误差范围和幅度都很小，所以具有一定的可行性和实用性。

2.计划编制

根据成本预测和成本趋势分析，对施工组织设计和特殊技术方案进行优化。在编制内部挖潜措施的基础上，制定计划成本作为项目控制的依据，并签订目标成本管理合同。根据目标成本管理合同，项目在考虑挖掘内部潜力措施的基础上，编制项目内部成本计划，并将各项目标成本分解落实到项目各级人员，作为项目各级人员成本控制的依据。

3.信息反馈

通过会计核算的记录，及时反馈成本计划的执行情况。

（三）计划成本偏差及调整

成本计划并不是一次就能完成的。在实施过程中，由于内外部环境的变化，技术上发生了变化，在实施期间，时常调整成本计划是一种正常现象，造成成本计划调整的原因有以下几点。①因施工单位原因，工程不能按原计划进行，可能造成材料、模板、机械设备不能按计划搬入或搬出；上述费用相应调整。②因设计变更、工程量增减等原因，相关费用应做相应调整。③由于材料市场、劳动力市场的价格发生了很大变化，需要对计划成本做出调整。④由于其他不可预见因素的发生而对成本产生较大影响的，计划成本可做相应调整。⑤如果项目由于自身的管理而对成本产生重大影响,则不应调整计划成本,但项目经理应接受上级的指导,提高管理能力。

第四节　成本管理过程控制

一、公路桥梁项目成本费用控制的一般方法

（一）以施工图预算控制项目成本支出

在施工项目的成本控制中,可按施工图预算,实行以收定支,这是最有效的方法之一。具体控制方法如下。

1.人工费的控制

项目经理在与施工队签订劳务合同时,应根据预算定额中规定的劳务费单价与合同中规定的劳务费补偿标准之和,在考虑施工项目实际情况的前提下,适当降低上述标准;合理确定劳务队的单价,使劳务费不超支,并为关键工序的需要留有一定的余地,设置额外的劳务费奖励措施。

2.材料费的控制

根据"量价分离"法确定工程造价的需要,对材料成本的控制应从两个方面进行。一是材料预算价格的控制,钢材、木材、水泥等的价格应随行就市,实行高进低出;本地材料应以预算价格为基础,控制其采购成本。二是材料消耗的数量控制,对施工中不同材料的消耗应实行限料领料。

3.周转材料使用费的控制

施工图预算的周转材料使用费=摊销量×预算价格

实际支出的周转材料使用费=使用量×企业内部租赁单价

由以上公式可见,施工图预算的周转材料使用费和实际支出的周转材料使用费的计量基础和计算方式均不相同,需要以周转材料预算总费用来控制实际发生的周转材料使用费。

4.施工机械使用费的控制

在施工图预算中:机械使用费=工程量×预算定额台班单价

由于项目工程施工的特点,实际施工中机械的利用率往往达不到确定预算定额的水平,加之预算定额中确定的施工机械初值和折旧率有很大的滞后性,因此,施工图预算中的机械费用往往低于实际费用,造成机械费用的超额支出。由于上述客观原因,在合同谈判时有必要明确,在取得甲方谅解后,在签订的合同中明确规定一定的机械费用补贴,这样,甲方就可以利用施工图预算的机械使用费和机械费用补贴来控制机械费用的实际支出。

5.分包工程的控制

签订分包合同时,合同金额应受施工预算控制,决不允许合同金额超过施工预算,以达到预期的成本目标。

（二）以施工预算控制施工中资源的消耗

项目资源消耗量是项目成本的表现,所以资源消耗的减少就是项目成本的节约。对资源消耗的控制,相当于对成本的控制。用施工预算控制资源消耗的具体实施步骤如下:①工程开工前应根据设计图纸,按规划规定计算工程量,并根据施工定额编制整个工程的施工预算,作为施工的指导和管理。分项工程的施工预算分配应与施工过程保持一致,要与生产队的任务分配和施工任务分配的下达一致。在施工过程中,如有技术变更或施工方法改变,应及时调整和补充工程预算,其他人员不得随意改变或故意不执行工程预算。②项目施工的生产队有任务清单,施工任务清单中要有发料和收料限制,并向生产队进行技术公开。施工任务清单和定额收据清单的内容与施工预算相一致。在施工过程中,生产班组应记录实际工程量和实际人工、材料消耗量,可作为施工任务清单和材料定额清单的依据。③工程建设任务完成后,按恢复的施工任务清单和限额领料进行结算,并按结算方式支付报酬。要严格按照施工任务清单和限额材料清单进行结算,要认真检查核实,确保准确性和真实性。

（三）建立项目资源消耗台账，实行中间控制

项目施工中资源消耗主要是人工、材料、机械设备的消耗。

第一，设置消耗台账格式。

第二，填写材料消耗数据反馈表。每月初，项目财务成本经理应根据材料消耗数据如实填写《材料消耗数据表》，并反馈给项目经理和物资部门。

第三，做好材料消耗的中期监测。由于材料费在整个项目成本中占有很大比重，如果材料费出现亏损，必然会使项目成本控制陷入被动。因此，项目经理应该对材料成本给予足够的重视。

第四，采用成本跟踪和进度同步的方法来控制部分项目成本。在项目实施过程中，成本与进度有着必然的同步关系，即施工到某一阶段，应发生相应的成本；如果出现偏差，应及时分析原因并予以纠正。

二、基于挣值法的成本控制

挣值法是一种综合了成本、进度、资源和项目绩效的方法。它将建设项目的实际进度与计划、实际投资完成情况与资金支出计划进行比较，是确定建设项目的进度是否符合计划的要求，从而确定建设项目的投资是否存在偏差的一种分析方法。它是在某一给定的时间内，对计划完成的工作、实际得到的收益、实际花费的成本进行比较，以确定成本与进度完成量是否按原计划进行。使用挣值管理方法，使每一个工序在完成之前就可以分析其成本偏差及趋势，为成本管理人员在后续工作中采取正确的措施提供依据。挣值法是通过货币指标来度量建设工程的进度，进而达到评估和控制风险的目的。引入挣值理论的目的是在公路工程实施过程中，准确地表示实际公路工程所发生的进度和计划的偏差。传统的偏差分析方法往往只侧重于某个方面进行比较，但是由于进度和成本之间的相互制约，这样得出的结论可能是错误的；而引入挣值法可以克服过去进度、成本分离的缺点，即当发现成本超支时，很难立即知道是因为成本超支，还是因为进度在前。相反，当成本低于预算时，就很难知道是由于削减成本还是进度延误。

因此,有必要引入挣值管理方法作为一个新的标准来客观、全面地评估项目的偏差。

利用挣值管理法,所使用的三个基本参数:①拟定工程计划投资是指根据进度计划安排在某一确定时间内,所应完成的工程内容的计划施工成本——计划值;②已完工程实际投资是指根据进度计划安排在某一确定时间内,已完工程内容的实际施工成本——实际成本;③已完工程计划投资是指根据进度计划安排在某一确定时间内,已完工程内容的计划施工成本——挣值。

第九章 公路桥梁工程项目保障管理

第一节 公路桥梁项目养护管理

本节以城市桥梁加固与旧桥拆除为例。

桥梁加固是为了改善桥梁的力学性能、提高局部或整体桥梁的承载能力的一种工程措施。桥梁加固的原则应该是保持原有的结构应力系统。如果需要改变原有的结构拉力系统,应进行严格的结构分析和验证计算;如果加固后仍不能满足要求,可以部分或完全拆除桥梁并重建。

一、桥梁加固的原则

桥梁加固是一项非常重要的专业工作,需要将专业基础理论与桥梁病害有机结合,必须考虑诸多因素。从某种意义上说,无论是加固方案的设计和计算,还是具体实施,其难度往往比新建桥梁大得多。

一般桥梁加固是针对大桥和特大桥梁的,或者是需要临时通过超重车的桥梁,有时也可以与桥梁拓宽、抬高等技术改造工程同时进行,以满足并适应城市交通发展的需要。加固措施所涉及的内容很广,包含桥梁检测鉴定、设计计算,加固方案比较选择以及经济效益的优化等方面。所以,桥梁加固工作从开始至实施阶段还应遵循以下原则。

(一)结合现场条件,制定加固技术方案

在加固桥梁之前,应全面评估原结构体系的承载能力和使用性能,客观准确地掌握和评价桥梁结构的各种病害和缺陷等实际情况,分析桥梁结构病害产生的原因。分析计算方式和材料性能指标应尽量与实际情况相符,并充分考虑对现有交通的影响,使其更具操作性。批准的施工工艺、设备和器具应与现场条件相结合。

在制定加固方案前应考虑温度变化、地基沉降、腐蚀和振动对桥梁结构耐久性和使用性的不利影响,考虑交通流量的增加、超重超载车辆、施工荷载等因素,本书针对它们可能造成的结构应力和破坏提出了一些对策,避免了这些不利因素再次影响桥梁加固的效果,消除了各种隐患。同时,根据桥梁结构的实际情况、荷载变化、功能要求、加固效果、交通状况、施工条件和资金投入等因素,经过比较、论证,优中选优,最终确定加固技术。

(二)采取有效措施,防止对结构造成新的损害

在桥梁加固过程中,如发现原结构或构件有新的缺陷,应立即停止施工,并会同设计、监理单位采取有效措施,防止对原结构或构件造成新的破坏。对于有可能发生倾覆、不稳定、滑落和倒塌的结构,应采取有效的临时加固措施,防止在加固期间出现新的病害或破坏。此外,应尽可能不破坏现有结构,保留其有用的组成部分,以避免不必要的破坏、拆除或更换。

(三)满足安全性、可靠性、耐久性要求

在桥梁加固中应考虑新旧结构的强度、刚度和使用寿命的平衡和匹配,确保新增加的截面和构件能与原结构有序地进行可靠的协同加固,分担外部荷载,满足结构的安全要求、可靠性和耐久性。一般说来,在这项加固过程中,结构受力形式、荷载大小及作用位置等都在不断变化,因此,桥梁加固工作必须依据加固技术与工艺设计的要求,尽量减少作用在原有结构上的施工荷载,避免在某个阶段产生过载现象,导致对原有结构造成新的损害。

二、桥梁加固的常用方法

桥梁加固可采用多种方法,一般应根据旧桥的实际状况、承载能力下降的程度以及日后交通量而定。但不论采取哪种加固方案,都应

考虑投资省、工效快、交通干扰小、技术可行、安全可靠和有较好耐久性等方面要求。如果增加或扩大桥梁构件的截面,应考虑增加的截面与原构件之间的组合效应;如果通过这种维修加固的桥梁仍然不能满足车辆通行的要求,应考虑部分或全部重建桥梁。

（一）上部结构加固方法

桥梁上部结构常见的加固方法通常包括增大构件截面加固法、粘贴加固法、体外预应力加固法、改变结构体系加固法、增设承重构件加固法等,但如果是拱桥,我们可以根据其受力特点采用特殊的加固方法,如顶推法。

1.增大构件截面加固法

增大构件截面加固法也叫外围混凝土加固法,通过增加构件部位、增加配筋和提高配筋比例,可以提高桥梁的承载力。这种方法既可用于加固梁桥,也可用于加固拱桥,而构件根据构件的截面积可分为单侧、双侧、三侧或四侧外力加固,也可分为以增加截面积或加固为主的加固。

一般说来,增大构件截面是中小跨度桥梁常用的加固补强方法之一,优点是可以提高结构的承载能力,增加结构的刚度;缺点是死荷载增加较多,新旧材料的机械性能可能有差异。增大截面的途径包括增大梁肋断面加固法、加厚桥面铺装层加固法和喷射混凝土加固法等几种方法。

（1）增大梁肋断面加固法。

有相当一部分既有桥梁属于多梁式结构,如装配式T梁桥、钢筋混凝土肋拱桥等。对于这些桥梁的加固,通常是将梁肋的下缘加宽,扩大截面,并在新增混凝土截面中增设受力主筋与箍筋,以提高混凝土梁(肋)的有效高度和抗弯承载力。

（2）加厚桥面铺装层加固法。

为了增加主梁的有效高度和压缩截面,改善桥梁的侧向荷载分布,可以提高桥梁的整体承载力。这种方法将更多地增加桥梁的自重和死荷载力矩,并可能导致现有结构下缘的抗拉钢筋的应力超过规范限制,所以这种方法只适用于跨径较小的T梁桥或板梁桥。

(3)喷射混凝土加固法。

当现存梁的截面过小,下缘应力超过规范允许值而出现裂缝,且桥下也允许有松动时,宜采用高速抛光机,将新的混凝土连续喷射在锚固钢筋网的喷射面上,通过凝结硬化形成钢筋混凝土。通过增加钢筋的横截面积和数量,可以加强桥梁结构的完整性,提高桥梁的承载能力。

2.粘贴加固法

当桥梁结构构件的抗弯、抗剪能力不足,受拉部位开裂时,可以采用环氧树脂胶黏剂将钢板、钢筋及纤维布等材料,粘贴到钢筋混凝土结构构件的受拉凸缘或薄弱部位黏结在一起,与原结构形成一个整体,以代替要增加的钢筋。这种方法可以提高结构的抗弯和抗剪能力,改善结构的应力状态,防止结构中裂缝的进一步扩大。

(1)粘贴钢板加固。

根据混凝土构件受力部位的应力状态,选择粘贴钢板加固的形式。一种是沿主钢筋方向或分布钢筋方向单个方向的加固,采用带状钢板加固的形式;另一种是沿主钢筋方向和分布钢筋方向同时加固,采用板状钢板加固的形式。粘贴钢板的用量可通过换算成钢筋用量的方法获得,如果计算求得的钢板厚度很小,一般最小厚度宜取4.5 mm。粘贴钢板加固的优点是施工简单,周期短,粘贴时占用空间小,不减少桥下间隙,需要时灵活调整加固位置、范围和强度,可在对交通影响不大的情况下施工;缺点是黏结剂的质量和耐久性是影响加固效果的关键因素,另外,钢板容易生锈,必须做好防锈处理。

(2)粘贴钢筋加固。

粘贴钢筋加固常用于中小桥的加固。由于与粘贴钢板可以互换,一般加固工程应用较少。其优点主要是与结构物粘贴性能较好,加工成型容易,加固效果明显;缺点是与粘贴钢板相比,加固可靠性稍差,耐久性有所不足,故宜依据其自身的特点合理采用。

(3)粘贴碳纤维布加固。

碳纤维增强聚合物(CFRP)是一种新型的结构加固技术,它利用树脂黏结的碳纤维增强聚合物(CFRP)附着在混凝土构件表面,黏结时应沿构件的主拉应力方向(或与裂缝正交的方向),并在两端设置锚固端以限制裂缝扩展。当结构上的荷载增加时,碳纤维布与混凝土因协调变形而共同承载力,能提高混凝土构件的承载力和刚度,起到加固构件的作用。

碳纤维的拉伸强度一般为2 400~3 400 MPa,与普通钢板相比,具有拉伸强度高、自重小、化学结构稳定的特点。碳纤维布补强加固施工方便,无须任何夹具、模板,能适应各种钢筋混凝土结构外形,但也存在难以改善原有结构的应力状况、减弱钢筋塑性对构件延性产生的影响、黏结剂耐久性不足等问题。

3.体外预应力加固法

桥梁使用应力过大,混凝土梁体容易产生开裂,并可能产生过大的下挠变形。而采用体外预应力加固法是根据预应力原理,在预应力筋或钢梁的张拉作用下,对混凝土梁的受拉区施加一定的初始压应力,以提高桥梁的使用性能和耐久性;尽可能减少混凝土受拉区的影响,避免梁的应力致裂。根据不同的对象,外部预应力有三种类型:水平拉杆加固、下撑式拉杆加固和箱梁体外预应力加固。

一是正截面受弯的构件采用水平拉杆进行加固,这种加固方法可以提高构件的抗弯能力,如在预应力混凝土T形梁或I形梁截面的受拉侧安装水平钢筋,由受拉螺栓进行横向拉伸,这样一来,在拉杆上可以产生较大的纵向拉力。此时,梁的下缘张拉区受到拉杆预应力的影响,梁的挠度会逐渐减小,原有的裂缝也会减少。

二是使用下撑式拉杆对斜截面受剪、正截面受弯的构件进行加固。这种加固方法能同时对受弯构件的抗剪、抗弯强度起到补强作用。

三是箱梁体外预应力加固。这是针对箱梁抗弯和抗剪强度不足、主拉应力过大而采用的一种加固技术,可有效解决预应力连续箱梁跨中区段梁体开裂等问题。

4.改变结构体系加固法

改变结构体系的加固方法是通过改变桥梁结构的力学体系来降

低梁的内力或应力;提高承载能力的一种加固方法,它特别适用于超重车辆的临时通行。通常桥梁改变结构体系都会在桥下操作,所以采用这种加固方法,还必须考虑尽量减少对桥下船舶通行和排洪能力的影响。下面简单介绍三种常用的加固方法:

(1)简支梁的连续加固。

根据简支梁和不间断梁的特点,增加纵向钢筋,将简支梁与简支梁的连接转化为不间断梁;或将多跨简支梁转化为多跨不间断梁。或将简支多跨梁转换为桥面的连续体系,这样可以减少原桥中心跨度段的弯矩和挠度,改善多跨梁桥的力学特性。

(2)增设加劲梁或叠合梁加固。

该加固法的力学计算,应根据加固结构体系改造后形成的新的应力状态得到计算方案,并进行加固计算。在实践中,桥梁结构的机械系统是非常复杂的,结构的不同部分之间有若干连接。结构的刚度比是决定各部分连接特性的最重要因素。因此,为了得到简明的计算方案,根据相对刚度,可将桥梁的结构力学体系分解为基本部分和辅助部分,分别计算其内力,如分为主梁和次梁、主跨和附属跨度,并考虑去结构的次要变形。

(3)增设八字撑架加固。

在原来的主梁下面加了一个八字形的斜支架作为支撑。斜角支撑是预制的钢或钢筋混凝土构件,其下端支撑在桥墩上或支撑平台的顶部,上端支撑在梁的底部,中间有时可加支撑梁。如果通过设计计算,增设八字形斜撑仍不能满足桥梁加固所要求的承载能力,还可采取对原有主梁增设主筋或增厚桥面板等措施。

增设八字形斜撑时,主梁支撑的位置选择应该是适当的、合理的。如果原结构为简支梁,新支座的位置应考虑死荷载和活荷载的综合作用不应超过主梁上缘钢筋的允许负弯矩。如果原结构为连续梁,应通过计算确定支撑点的位置,控制主梁附加支撑点的负弯矩与原主梁死荷载产生的正弯矩接近,各截面的应力小于允许应力。死荷载应按原结构的受力体系计算,活荷载应按原结构和八角形支架组成的受力体系计算。

5.增设承重构件加固法

当桥梁承载能力不能满足要求,但梁体结构基本完好,桥梁墩台、地基又具备足够的承载能力时,可考虑采用增设纵梁或横梁的加固方法,以提高原有桥梁的荷载等级。该方法对于活载内力占总内力比例较大的中小跨度梁桥、拱桥,具有比较明显的加固效果与经济优势。

(1)增设纵梁加固。

增加纵梁的加固方法可根据原结构的承载力、加固要求和施工条件综合考虑。一般来说,对于普通的钢筋混凝土梁桥,可采用在原结构上设置悬挑模型板,在现场浇筑新的纵梁,也可安装预制纵梁。由于预应力混凝土梁桥不能在桥上张拉,所以在安装前还应预制附加纵梁。

(2)增设横梁加固。

增设横梁的方法常用于因横向整体性差而降低了承载能力的梁桥,或受力整体性较差的双曲拱桥、桁架拱桥。增设横梁可以使各纵梁之间增强横向联系,改善荷载横向分布。其加固特点是需要在纵梁上新增横梁的部位钻孔,并设置贯通桥梁宽度的连接钢筋,而连接钢筋的两端应采用螺帽锚固在纵梁上,并采取必要的防护措施。之后,悬挂模板浇筑混凝土,便形成了新旧纵、横梁相互间的受力整体。

6.其他加固方法

根据桥梁结构受力特点、病害特征,还可采取其他加固方法,如拱桥顶推加固法、钢管混凝土加固补强、改桥为涵加固法。

拱桥顶推加固法。拱桥顶推加固是调整拱轴线及压力线的有效方法。当桥台水平位移过大,致使拱顶下沉,拱顶下缘和拱脚截面上缘出现裂缝,拱轴线严重偏离设计轴线时,可考虑采用此法。在考虑采用拱桥顶推加固的同时,还应确认桥台变位已经稳定,否则要先行加固桥台;还应进行试顶、试演,办理相关断道、断航手续划出作业区,确保作业安全。

钢管混凝土受混凝土材料、施工工艺、温度变化及混凝土收缩等因素的影响,经过一段时间后,钢管与管内混凝土之间会出现缝隙,导致钢管混凝土实际受力状况与设计要求有所不符,从而产生安全隐患。对此,常采取化学灌浆处理措施,以恢复钢管与管内混凝土密贴状态,确保管内混凝土的密实性。

对市区内有些跨径较小的混凝土桥梁,在不影响泄洪能力的情况下,也可采用改桥为涵的加固方法。原结构受到涵洞填充物的连续支承,承载能力会大幅度提高。涵洞的形式可视具体情况,采用圆管涵、拱涵或箱等形式。

(二)选择加固的几种情况

考虑桥梁加固的内容及范围,应根据桥梁评估结论并通过充分比较,才能决定是否需要采取加固措施。在正常情况下,加固措施可分为一般维修加固和结构加固。一般维修加固,包括桥面铺装的加厚、涂料的涂刷、裂缝的密封和接缝处理、支座的更换等,这些也是桥梁养护的常规内容,目的是保证桥梁结构的使用性能和耐久性不受较大影响;结构加固,包括基础和上部结构加固,一般用于弥补桥梁结构的先天缺陷,恢复受损构件的承载能力或使其在新的运行条件下满足功能要求。

当加固费用比新建费用节省一半时,应优先考虑加固。一般确定桥梁加固可以包括整座桥梁,也可以是指定的区段或特定的构件,同时要求加固技术可靠、耐久,养护方便。若发现以下几种情况宜考虑采取加固措施。

1.桥梁承载能力不足

根据交通车辆的当前负荷,采用实际计算应力和允许应力的对比分析方法,即如果计算应力引起的构件实际负荷大于材料测得的允许应力,则应进行加固;反之,则只能通过维修措施来维护。

2.桥梁局部损坏

如果桥梁因车辆超载损坏严重,不能满足承载要求,就要尽快加固个别损坏的构件;对正常车辆通行影响不大,则对损坏的构件可以进行修复。

3.车辆通行能力不足

现代城市交通量日益增长而造成桥面宽度不够,影响车辆通行能力时,宜考虑采取拓宽的加固形式,满足通行能力的要求。

4.结构使用性的影响

桥梁局部或整体刚度不足,已影响正常使用时,可采取提高桥梁刚度的加固措施,改善桥梁结构的使用性能。

5.战争或自然灾害的影响

由于战争或遭受自然灾害,受损的桥梁需要修复,以及为保证重型车辆临时通过桥梁的安全,需要对桥梁进行临时加固措施。

6.保持路段内载重一致

为保持全线或某一区段桥梁的承载能力,应根据当前的荷载要求,对承载能力较低的桥梁进行加固。

桥梁加固是一项探索性、实践性和技术性很强的工作,应收集实践经验,总结和分析后续的桥梁效果,采取更科学、更适用的方法,实施桥梁加固。

（三）下部结构加固方法

桥梁的承载力是否满足正常运行的需要,不仅取决于上部结构的技术状况,而且还取决于桥梁重要部位的下部结构。桥梁下部结构主要包括桥墩和基础,这两部分结构将直接承担上部结构的死荷载和活荷载,并将荷载传递给基础。因此,桥梁下部结构的技术状况同样也直接影响桥梁的承载能力与桥梁的正常运行,且部分桥梁有些病害还是下部结构的原因引起的。

桥梁下部结构的加固技术一般采用加固约束墩台,减少墩台位移,或增加地基承载力的措施,如增加桩基,增加地基面积等。如果桥墩和基础的技术条件特别差,或者加固的施工技术复杂,持力不大,工程造价高,就不适合考虑使用加固。

1.扩大基础加固法

扩建基础加固法是一种增加桥梁基础面积的加固方法。这种方法适用于承载力不足或地基深度不够的桥梁基础,由砌体建成的桥墩和桥台是一种刚性的坚实基础。在正常情况下,地基的承载力符合要求,缺陷或病害只是由于地基过度不均匀沉降造成的,因此宜采用扩大地基面积的方法进行加固,所需扩大的地基面积大小应根据地基变形的计算确定。

2.增补桩基加固法

当桥梁桩基深度不够或水流冲刷过大,造成桥墩、桥台的倾斜、沉降,或船舶、漂流物的碰撞,导致桩端损坏时,有效的方法是通过加桩加固桩基。为了提高地基的承载力和稳定性,通常在原地基周围增加钻孔灌注桩(或预制钢筋混凝土桩、钢管桩),扩大原桩帽和地基,然后牢固结合。

3.人工地基加固法

桥梁地基的天然地基较软,不能承受较大的荷载,或顶层土的承载力足够,但当有较深的软土层时,可采用人工地基加固的方法,常用的方法有静力联合加固、高压喷射联合机喷浆等。①静力联合加固法。在这种方法中,通常通过桥墩或桥台中心的倾斜钻孔将水泥泥浆注入土层,待泥浆凝固后将原来松散的土体固结,形成具有一定强度和抗渗性的整体,或阻止岩石中存在的裂缝。根据静力灌浆的作用,可分为四种类型:填充灌浆、裂缝灌浆、渗透灌浆和压注灌浆。②高压旋转喷射灌浆。目前,高压旋喷灌浆应用广泛,地基加固质量可靠,效果好,已逐渐成为地基处理中广泛使用的方法之一。这种方法的主要特点是将钻机的旋转注浆管放置在地基加固的设定深度,通过注浆管的压力喷嘴在注浆压力的作用下,借助于注浆管的旋转和升降运动,将注浆管的一定部分喷入土中,使土和注浆搅拌成混合物,然后与原土基巩固成一体。

4.桥墩箍套加固法

桥墩因承载能力不足、水流冲刷,以及地震、火灾、船舶和漂流物撞击等造成的损坏,宜采取外围浇筑钢筋混凝土箍套加固补强,箍套的厚度一般不宜小于10~15 cm,并通过内部植入钢筋、布设化学锚栓与原结构形成整体。

5.桥台帽梁拓宽加固法

有时需要对桥梁进行拓宽,而随着桥梁上部结构的拓宽,下部结构中的桥墩、桥台也要随之加宽加大。当原有桥梁结构布置桥台或盖梁,常常采取接长盖梁的做法,如果桥面梁的长度范围较大,应在桥面梁前后和侧面铺设外部预应力筋,盖梁接长部分的内部需加密钢筋网,并设置螺旋钢筋网、钢板等预埋件。

三、旧桥拆除作业

目前,在桥梁拆除的设计理论、施工方法和技术方面已经取得了一些经验。特别是近年来,随着静态切割技术(绳锯切割、碟形切割、墙体切割等)的研究和使用,破碎技术(高压水枪、静态爆破、液压破碎锤和液压破碎镐等)、桥梁拆除技术(电动和气动液压千斤顶、连续千斤顶、大吨位千斤顶等)和吊装技术(缆索吊装、桥面吊装、大吨位汽车起重机和履带起重机等)等一些新的桥梁拆除施工技术正在出现,具有较高专业素质的拆除队伍也在不断壮大。合理利用已有的新兴工艺和技术,组织专业施工队伍进行桥梁拆除施工,以及提升科学拆除各类桥梁的能力势在必行。

一般来说,旧桥只有在结构和功能上有缺陷时才会被考虑拆除。拆除桥梁时,首先要确保的是结构的安全性。梁桥、板桥、拱桥、悬索桥、复合体系桥(斜拉桥、悬索桥)等不同类型的桥梁受力不同,拆除方法也不同,即使是同一类型的桥梁,其拆除方案也可能不同。这主要是由于旧桥本身的结构和功能仍在发挥作用,考虑一些相关和影响因素,需要具体问题具体分析。如何克服旧桥拆除过程中的复杂影响因素,保证拆除过程的安全,是选择桥梁拆除方案时要考虑的问题。

(一)旧桥拆除方案设计

旧桥拆除作业是一项复杂而危险的施工,参与拆除作业的施工单位或人员应具备拆除作业经验。拆除方法的选择应根据城市桥梁的地理位置、桥梁结构类型、运行安全、环境影响和经济性等因素,并应继续进行拆除方案设计、施工组织的详细设计。

由于桥梁结构的复杂性和多样性,由于受力形式的不同,很难归纳出桥梁拆除的方法和步骤,并在对称平衡的情况下得到缓解。因此,我们还需要了解以下三个基本原则:①制定合理的拆迁方案,选择合理的拆迁流程;②注意施工过程的控制,优先选择静置锐化拆除等方式;③制定完整的安全应急预案和应急机制。

综上所述,桥梁拆除应根据施工单位设计的拆除方案,按照逆向施工的要求,逐步降低死荷载。但拆除拱梁时应根据死荷载分布对压力线的影响,不能盲目进行拆除,以免在拆桥时拱梁突然倒塌,造成人员伤亡。桥梁拆除工作的危险性和风险性较高,因此应进行现场控制,禁止非作业人员和车辆进入拆除作业区,用爆破方法拆除桥梁,应按爆破作业的有关规定进行,爆破拆除时应确定适当的警戒区并加以控制,非作业人员和车辆不得进入警戒区。应根据爆破作业的有关规定,确定辐射预警区,并制定合理的预警制度。

(二)旧桥拆除步骤和环节

对于桥梁拆除过程中的所有步骤和环节,包括制定科学合理的拆桥方案和全面的安全管控体系,以及拆除过程的具体实施,人作为拆除实施的主体,起着重要作用。因此,应选择具有经验的专业施工队伍和专业技术人员承担桥梁拆除的任务,这对保障桥梁拆除安全至关重要。

一些桥梁拆除资料显示,不少桥梁存在先天缺陷和施工质量问题,如按原设计图纸拆除的桥梁,发现结果与实际情况大相径庭,如断面尺寸、预应力钢筋位置、普通钢筋数量、混凝土质量与原设计不符。此外,经过几十年的桥梁使用,材料的恶化,可能无法通过计算结构的承载能力来确定。在这种情况下,桥梁本身和潜在的安全风险是难以把握的。经过多年的运营和维护,旧桥的强度、刚度和稳定性都有不同程度的下降,在拆除过程中,桥梁的结构体系也发生了变化,结构受力更加复杂,如果没有丰富的桥梁拆除施工经验,就无法对拆除进行控制分析和计算,特别是在这种情况下,如果采用不成熟的拆除设计方案,拆除的难度和风险会更大。因此,施工中每前进一步,都要进行现场勘察和核实,加强对拆除过程的技术控制和施工管理。

目前,没有桥梁拆除设计,施工规范(施工指南)和相关的报告和技术实例是少数。由于桥梁拆除的方式比较灵活,在桥梁拆除设计方面缺乏理论指导和经验保证,现有的各种拆除设计都是根据现有的新建桥梁设计规范以及建筑吊装等方面的规范和规定进行的,桥梁拆除方案的设计可以实施,但经济性能指标不理想。在这种情况下,设计和施工方应继续优化桥梁拆除方案,使桥梁拆除设计安全、高效、实用、文明、环保。因此,有必要结合现有的拆桥实践,论证现有拆桥设计理论的合理安全性、经济性和适应性;有必要研究拆桥设计理论,制定相关拆桥设计规范。

(三)旧桥拆除存在的主要问题

国内桥梁拆除行业主要存在以下问题:长期注重新建工程、建设工期、经济指标,不重视桥梁维修和拆除;目前没有针对桥梁拆除的相关设计和施工规范、规程,且设计与施工相分离,施工较为粗放,桥梁拆除的专业施工队伍较少,市场较为混乱,管理理念落后,安全意识薄弱。

针对桥梁行业存在的这些问题,投资、建设和施工单位应高度重视安全问题,加大桥梁拆除理论和技术的研究投入,加快建设经验的总结和推广,确保相关设计和施工标准、规范尽快出台。加强对桥梁拆迁的管理,强化拆迁资质管理,规范市场,避免不合理的低价竞标、不重视环保和拆迁过程控制等现象。选择安全可靠的拆除方式,实行方案专家评审制、审批制和全员责任制,合理利用现有的新型施工技术,确保桥梁拆除设计合理,选择经验丰富的专业设计和施工单位。

与新建桥梁相比,拆桥完全是反面教材。新桥是一个零集成的过程,每个步骤都是单一的,容易克服安全问题。拆除桥梁是一个将其分解成碎片的反向过程,每个步骤都很复杂,安全风险很高。业内人士称,从第一部分到位到施工,只应考虑新桥安全的1%;而从第一部分拆除到完工,应考虑桥梁安全的99%。桥梁拆除的安全性是其成功的关键。如果施工组织管理和技术水平抓得不好,就容易导致安全事故的发生,造成人员伤亡、机械损坏的惨剧。鉴于我国桥梁拆迁的现状,对这些方面的研究并不深入,发展不平衡。

（四）旧桥拆除方法

旧桥的拆除主要包括直接支撑凿除法、顶推法拆除法、静力切割法、爆破法、整体塌陷法和吊装法。如果施工条件允许,在保障安全的前提下,直接支撑凿除应是首选,特别是对打高拆低的桥梁,拆除方法直接、快捷、经济。一般来说,桥梁的箱梁可以直接从贝雷支架和土牛支撑上凿除的方式。如果环境要求不高,也可以选择施工周期短、成本低的拆梁方法。

在不影响交通的前提下,考虑顶升法拆迁施工的经济性较好,如果场地合适,交通许可,可以考虑缩短施工周期,选择更好的经济水力系统平衡法施工。新加坡亚当路立交桥是一条双向六车道的立交桥,在保证 PIE 公路正常运行的条件下,45 m 长的箱梁在 8 h 内被成功地移到桥墩上进行二次拆解和破碎。

对于交通组织难度大的城市桥梁和大跨度分离梁桥,可以选择液压切割的方法。这种方法对交通干扰小,对原结构破坏小,但成本相对较高。这种方法在北京原西直门立交桥、锡澄原运河大桥和锡北运河大桥的拆除中被广泛使用。

对于大跨度的拱桥,包括混凝土拱桥、混凝土灌注钢管拱桥和钢拱桥,可采用整体坍塌法和吊装法进行拆除。整体坍塌法主要包括爆破法和凿岩法,吊装法又可分为桥下支撑法、桥上吊装法和缆绳吊装法。

不同的桥梁拆解有其自身的特点、难点和重点,拆解方法也因桥而异。科学地总结现有的桥梁拆解技术案例,对我国桥梁拆解事业的未来发展具有重要意义。合理运用静态爆破、吊装、液压系统平移、静态切割、全跨度下降、同步吊装、桥梁吊装、电缆吊装等新技术,可为我国桥梁拆除工程提供安全有效的保障。

第二节 公路桥梁项目应急管理

桥梁应急管理研究——以城市重要桥梁突发事件的处置为例,城市重要桥梁现场突发事件处置也可称为应急计划,它是基于对事件的影响和现场应急能力的分析,以应对潜在的紧急情况,预先制订的行动计划或应急响应。现场可由值班长及控制中心作为突发事件应急联动处置的指挥平台进行指挥,并负责现场突发事件处置工作。

一、突发事件处置程序

(一)突发事件处置的总体要求

桥梁养护管理单位应组建本单位的抢险队,主要负责事故的抢险抢修工作。在通信保障方面,应急指挥网络电话全天开通,确保信息及时畅通,应急救援单位应利用有线电话、移动电话、卫星、微波、网络等通信工具,保持通信线路畅通。在技术支持方面,充分利用现有的人力资源和技术设备,联系各大设计单位、大专院校和检测机构等,为应急救援行动提供技术支撑。在运输支持方面,调动一切力量,组织和调动足够的运输资源,确保现场紧急救援工作的需要。要随时储备一定数量的常备应急物资,保证应急需要,应急工作要服从指挥调动。在宣传和培训演练方面,各级桥梁行政主管部门应加强对桥梁预防和救援知识的宣传,以及对救援队伍的救援培训和演练的监督检查。

当接到因自然灾害和交通事故造成桥梁运行突发事件的信息后,现场指挥部门应当立即召集值班长等领导成员,布置应急处置的任务,并及时与市公安、交警、消防、通信、市应急部门等进行联系协调,做好信息传递和反馈工作。与此同时,应及时掌握桥梁的运行状态,做好现场突发事件处置信息的收集、分析、报告和通报,协同上级部门通过组织、指挥、调度、协调各方面应急力量和资源,采取必要措施,通过桥梁中控室下达指令,对桥梁事故实施相应的现场处置。

应急时的现场防灾抢险人员,一般由运行管理部门当班人员(电力调度、电力值班、监控员、巡检员、道口牵引排堵员)和养护维修部门相关人员组成。在桥梁日常运行中,上述人员应按照突发事件处置实施方案的要求,加强对桥梁的巡视检查和全天候监控,防止人为破坏或损坏设备、设施。随时收听天气预报,做好记录,并及时将信息反馈给值班长。必要时配合交警做好人流疏散,维护正常的工作秩序。此外,还应建立应急通信联络网,落实抢修车辆,保证随时能够出车。

(二)紧急疏散的方法步骤

根据桥梁灾害的程度和种类,由当日值班长决定是否采取紧急情况疏散措施。当桥梁发生火灾、地震、特大交通事故、危险品及毒气泄漏、水管爆裂造成严重积水、重大刑事犯罪、恐怖活动等重大灾害时,值班长可下达紧急疏散指令,要求司乘人员迅速下车,按桥梁指示标志和语音广播提示,进入逃生通道或对向桥梁,然后由工作人员的指引到达安全地段。处在重大灾害区前方的车辆,应迅速驶出桥梁;后方驶过的车辆,应在工作人员指挥下倒车,迅速驶出桥梁。

按值班长指令,机电监控员通过情报板发布桥梁交通封闭、禁止车辆进入等信息。交通监控员通过监视器、语音广播,指导桥梁上的人员按正确的疏散路径疏散,并不间断地跟踪疏散人群,确保受困人员安全撤离。桥梁巡检人员和抢险队伍收到指令后,应迅速赶赴事故地点,并协同做好维持秩序工作,指引逃生人员疏散,随时向值班长报告疏散情况。

(三)启用突发事件信息联络系统

为保证应急预案的及时启动和实施,桥梁养护单位应以控制中心为主体,辅以先进的技术设备,并建立桥梁勘察联络制度。在应急响应期间,要保证高效、畅通的信息沟通,及时、准确地收集、传递、跟踪和反馈信息,确保在第一时间发现灾情,并根据灾情的轻重缓急,将事故现场的信息传递给有关方面,尽可能将事故的损失降到最低。

二、交通事故应急处置

车流量较大时,桥面发生交通事故的概率较高,但对桥梁的总体风险水平一般,需要合理控制。这类事故如果造成人员伤亡基本局限在交通事故车辆中,可能对桥梁的拱脚、拱肋、桥面系及附属设施造成损伤,也可能会造成同向车道堵塞,事故严重时可能同时影响双侧车道通行。通常桥上发生交通事故时,要求在5 min内对事发地点进行交通维护,道路畅通后应迅速检查桥梁受损构件的损伤程度,组织抢修人员及时维修、更换,确保桥梁安全畅通。

当发生一般交通事故,仅影响某一个车道通行,尚未引起交通拥堵时,桥梁控制中心应直接呼叫、指挥牵引车辆到达指定地点,与先到达的巡逻、巡检人员协助交警处理事故,并负责组织牵引车,实施清障,疏导交通。

当发生较大交通事故,已影响某一个车道通行,引起交通拥堵时,桥梁控制中心应直接呼叫、指挥牵引车辆准备清障,并立即通知交警到场。现场巡逻、巡检人员接到通知或在事故现场附近的,则应以谁快谁到的原则赶往现场,负责协助牵引单位清障和维持秩序。桥梁控制中心可根据设施损坏的种类和程度,通知相关管理部门做好抢修准备,对事故全过程录像并存储。

三、桥上爆炸、火灾应急处置

桥上发生爆炸、火灾的可能性较小,但此类事件对桥梁结构造成的影响较大,总体风险水平较高,需要严格控制。一般来讲,这类事件可能会损坏周围的附属设施,如灯柱、栏杆等。当爆炸、火灾严重时,可能会造成桥梁构件损伤,并影响整体结构的正常受力,对桥梁运行时间影响较大。

当桥梁控制中心发现桥上行驶的车辆(如油罐车)发生火灾时,对于可控的火灾,可由现场防灾抢险人员利用桥上现有消防设备进行扑火;对于火情严重的,应立即拨打119联系消防部门,请求援助,同时通知交警,由交警负责维持交通,备用牵引车到场进行清障。

在火灾发生之初,应在第一时间有效控制火势,控制人员应利用语音广播系统督促驾驶员使用车载灭火器和桥上的消火栓进行自救，立即疏散车辆并采取灭火措施，并指定专门人员携带灭火器对油箱进行冷却，防止油箱爆炸。

火情严重时，桥梁控制中心同时通过语音广播、情报板发布信息，关闭涉及火灾事故的桥梁人口，必要时直接按特殊交通组织设定的交通控制措施改变通行方式。地面执勤、抢险人员在交警的帮助下，实施封道措施，确保通行车辆的安全和人群的疏散工作。此刻火灾现场的抢险工作人员应服从消防部门和公安交警的现场指挥，切忌盲目行动，如翻动起火货物或车辆发动机罩盖等，以免扩大火势或造成不必要的伤亡。

火灾事故救援结束后，应组织人员清理现场，做好事故处理、事件记录。一旦事故处理完毕，将立即恢复桥梁交通，并在2h内向上级有关部门报告详情。在使用消防设备完成好各项工作后，要保证消防设备的完好。

四、危险物质泄漏应急处置

虽然此类事件的发生概率较低，但一旦发生，对桥梁结构、运行时间等均有较大影响，同时对周边水域可能造成污染。通常，重要桥梁禁止油罐车以及盐酸、硫酸等危险品车辆通行，但当通过桥梁的危险品车辆在桥上发生意外事故，造成危险品或有毒气体泄漏时，则要求现场应急抢险人员能够及时采取应急处置措施。

现场应急抢险人员应具有危险品的种类、特性、车辆标志识别的常识，配备必要的防毒面具等防护用品，准备好牵引车辆。桥梁控制中心一旦发现危险品车辆抛锚、发生事故，应立即发出指令迅速清障，并做好现场维护；当发现危险品车辆已发生危险品泄漏及有毒气体泄漏，应通知交警和拨打119联系消防部门，请求援助。现场应急抢险人员必须戴好防毒面罩，并穿好橡胶套鞋立即赶到现场抢险。同时，通过语音广播、情报板发布事故信息标示，必要时关闭桥梁。

现场应急人员协助交警合理疏散区域内的车辆和人员，并在消防部门的指挥下，利用大桥专用消火栓冲洗设备对有毒液体进行冲洗、稀释。通过与相关部门的沟通,受危险品溢出影响的水域可以得到及时的处理。应急救援结束后,现场辅助人员应将硫磺等危险品装入防腐蚀容器中,移交给相关部门统一处理。此外,封闭的桥梁应尽快修复。

五、遭遇暴雨、台风应急处置

桥梁周边区域发生10级及以上台风的概率较低,而发生暴雨的概率相对较高,往往在大风期间还伴随着强降雨。台风会对桥梁结构部分构件产生轻微损伤,如受台风影响连续梁拱桥的吊杆可能出现小幅度振动并使得端部防护层疲劳;与主梁连接的锚具可能出现损坏;照明灯具等器物在晃动较大时可能被损坏,对行车、人员影响明显,暴雨对桥梁运行的影响较大。

在汛期和台风季节前,应统筹考虑添置必需的防汛防台器材,并检查通信、车辆等物资到位情况,确保组织、人员、物资三落实。同时,加强气象观察和预报收听,事先做到情况明、决策早、行动快,确保随时能够开得动、拉得出,杜绝人为积水的防汛目标,尽量减少或避免暴雨、台风对桥梁运行的影响,完成一年一度的防汛防台任务。

另外,还需要跟踪监视暴雨、台风的影响。通常,遇到台风、暴雨情况(每小时降雨量达到16 mm或24 h降雨量达到50 mm以上),桥梁控制中心应密切注意桥梁运行状态,掌握是否有大量雨水涌入桥梁。如果有暴雨涌入桥梁造成桥上积水,现场应立即开启排水泵,组织抢险,并逐级报告现场情况。巡逻人员、地面值勤人员应做好对桥梁的巡视,及时向值班长汇报暴雨、台风对设施的损害情况,以及道口运行情况。

在高潮位期间,应加强与防汛部门的联系。发生特高潮位,钱塘江等江水、河水有可能漫入道路时,应立即组织筑坝,所有防灾抢险人员赶至桥面值勤亭待命。桥梁控制中心负责信息收集、录像及应急电话等。

暴风雨后,应对桥梁进行全面检查,发现灾损,及时修复、整治。另外,特别注意检查桥上照明、通信、航空障碍灯、避雷设施等是否损坏。

六、遭遇浓雾应急处置

一般来说,遇到浓雾而造成灾害的概率很低,不会影响桥梁的结构,也不会因为结构损坏而造成人员伤亡。但有时大雾会持续很长时间,可能会导致交通事故和其他次生灾害,影响桥梁的正常运行。

在冬季,大雾是桥梁维护的最大天敌。浓雾环境具有不确定性,桥梁养护企业要有较强的应变能力,编制可行的应急预案,在雾天来临前做好准备,确保在恶劣天气出现时不慌不忙,减少车辆事故损失。一旦出现大雾,桥梁控制中心应迅速与交通管理部门联系,取得交通管理部门的意见后,通过情报板发布雾天慢行信息。现场值班长可根据具体情况及应急预案的要求,决定是否启动预案。一旦启动预案,则要求巡逻、巡检、地面值勤人员和应急抢险队伍按指令及时到达指定岗位。

启动预案后及时测定雾气的能见度,据此限制车辆的行驶速度。桥梁控制中心广播限制的车速。当雾气的能见度不足30 m,或交通管理部门发布了封闭道路交通的指令时,则宜及时封闭交通,确保车辆行车安全。

七、遭遇降雪、结冰应急处置

根据江浙一带冬季的气候特点和城市桥梁的实际情况,在遭遇降雪、结冰的天气时桥梁的风险水平为一般,对桥梁结构的影响也较小,基本不会因结构损伤导致人员伤亡。但积雪严重、桥面结冰会影响桥梁运行,须封闭桥梁通行,防止发生次生灾害。当气象台预报有小到中雪(含小雪)或小到中雪(含小雪)已发生时,净雪深度为1 cm,进入Ⅳ级响应。市抗雪防冻指挥部办公室发布启动应急预案的命令,并确保有专门人员值班。单位应按时除雪,白天应在17:00前除雪,夜间应在次日7:00前除雪。

当气象台预报中到大雪(含中雪)或实际发生中到大雪(含中雪),即12 h降雪量为1.0~2.9 mm,净雪覆盖深度为2 cm时,城区防雪防冻指挥部办公室发出应急预案启动指令,进入Ⅱ级响应。城区防雪防冻指挥部办公室各成员单位安排专业人员全天值班,按照各自的服务区域按时完成上门扫雪任务，在主要路段和交通路口撒融雪剂或涂抹酒盐融雪，及时了解并报告灾情。

当气象台发布暴雪蓝色预警信号或实际情况已出现大暴雪，12 h 降雪量为 3.0～5.9 mm，净雪深为 4 cm 时，城区防雪防冻指挥部办公室发出应急预案启动指令，进入 Ⅱ 级响应。所有成员单位启动防雪防冻计划。

当气象台发布黄色及以上暴雪预警信号，或实际发生暴雪，12 h 降雪量超过 6 mm，或净雪深达到 6 cm 以上时，市防雪防冻指挥部办公室已发出应急预案启动指令，实施 Ⅰ 级响应，加强道路安全防范，并视情况对部分道路进行封闭或实施交通管制。

当气象台显示雨雪冰冻道路预警信息或道路表面温度低于 0 ℃ 时，各成员单位按照市区抗雪防冻指挥部的要求，做好道路冰冻的应急准备工作，拆解员分散车辆装载待命，交通、交警等部门要注意指挥和疏导道路交通，必要时封闭结冰路段。密切关注气象部门的气象资讯与预警，共享发布平台的预警信息，按照各部门的职责做好防范工作，并可利用可变信息板等向过往车辆发布信息。桥梁养管企业应配备相应的专业设备、车辆、通信、照明工具及防护装备等应急物资。降雪初期，通过可变信息板等发布气象信息，实行限速。

当降雪量不大，仅产生少量积雪时，可出动抢险人员和清扫车清扫，清扫车应先清扫纵坡较大的地面接线道路和过渡段桥面；然后对桥梁及所属地面道路进行清扫。当气温低于 -3 ℃，降雪量较大，路面开始结冰，桥面通行条件趋于恶化时，应出动抢险人员抛洒融雪剂，并严格控制融雪剂用量。一般情况下，可按照 20 g/m² 的标准抛撒融雪剂。

通过上述两种情况分析，如果发生交通事故，现场抢险人员应配合交警部门及时处理事故车辆，尽早恢复正常交通，必要时可关闭桥梁运行。遇强降雪导致积雪较深时及时关闭桥梁并引导、疏散桥面车辆。降雪停止后应及时组织铲雪机械、抢险人员进行清理作业，防止桥面结冰、冻融循环，并且在保障桥梁安全运行的前提下，尽早恢复交通。桥面遭遇结冰时,现场抢险人员应配合交警部门疏导行驶车辆,提醒驾驶员采取防滑措施,听从指挥,慢速行驶,如果发现结冰现象较严重应及时关闭桥梁。之后,可采取抛撒融雪剂、清除行车道结冰等应急处置措施。

八、遭遇地震应急处置

地震是一种人类目前难以克服的灾害。因此,做好必要的抗震救灾准备十分必要。

第一,一旦桥梁控制中心收到地震信息,现场值班长应及时了解地震的震中距离、震级等信息;同时,应立即通知相关巡逻人员检查桥面通道设施,查看桥梁设施是否受地震影响,并检查系统设备。如果发现桥面通行设施受损或系统设备瘫痪等情况,应立即安排应急抢险队伍进行处置。

第二,通过语音广播和情报信息板发布,通知过河的车辆暂停通行,地面人员负责采取临时封闭措施,直到完成紧急清除,确认没有影响,释放命令由控制中心发布。同时,现场值班长应立即报告桥梁受灾情况和现场应急处理情况,并配合专家组研究地震对桥梁设施可能造成的影响和隐患,决定下一步工作的要求和采取的措施。在整个抗震救灾过程中,桥梁控制中心应通过各种通信工具与相关部门和应急队伍保持联系,随时准备处理受损设施的应急工作。

抗震工作结束后,由上级部门组织有关技术人员按特殊检查等方法的要求,全面检查桥梁结构、系统设备,如果发现主体结构等方面有严重损坏的情况,应会同专家组等技术人员进一步研究检修方案,确保桥梁结构安全可靠。

九、遭遇雷电应急处置

雷电灾害应急救援行动坚持防灾救灾优先、预防为主的原则,认真做好灾前预警、灾中应急救援和灾后恢复重建工作。根据气象台发布的雷电预警信息,现场的值班长要及时做好雷电预警信息的二次传递工作,在屏幕上滚动浏览闪电预警信息,同时闪电预警信息会通过短信平台发送给所有相关人员。

当收到雷电预警信息或看到雷雨云接近时,应在第一时间采取以下措施:①停止户外作业和登山活动,将人员疏散到有防雷设施的建筑物内。②根据雷雨强度,加强对桥区主要部位的管理。③关闭门窗,不要站在外墙和窗前,不要试图接听或拨打手机或对讲机,雷电波可以穿过水和管道等。因此,不要接触天线、下水道、金属门窗、栅栏等。④对带电设施采取防雷保护措施。⑤对雷雨天气,工作人员应坚守岗位,保证桥梁正常运行。⑥桥梁控制中心应监测接收,记录雷雨情况,随时做好防范工作。

对雷电造成的灾害,现场值班长应立即组织有关部门和人员,调集必要的物资支援救灾,监测灾情的扩大,及时向上级领导和政府有关部门报告灾情,必要时报告当地气象局和防雷技术部门,尽快开展雷灾调查。

十、通航孔船撞应急处置

虽然这种事故发生的概率很小,但造成的损失一般比较严重,安全风险很高。这类事故容易造成事故现场的交通中断,也会造成人员伤亡。因此,应加强预防。一般来说,当船舶在通航缺口处发生碰撞时,舰桥控制中心应立即向舰桥监管部门报告时间、地点、损害程度以及是否有人员伤亡;同时,有必要拍下航运事故的照片和证据。

桥墩等结构损坏较严重的,应根据上级主管部门的决定关闭桥梁交通,并及时通知交警、港航等有关部门,由港航交通有关部门对船舶事故进行处理。现场应急人员要配合交警做好交通疏散和临时管制的衔接工作。当情况比较严重时,专业的现场救援人员还应该对桥墩碰撞前后的水域进行封闭,并立即对桥墩受损部位进行紧急检查和检测,待检测结果公布后,再做出解除封闭的决定。

第十章　公路桥梁工程项目质量管理

第一节　工程质量控制常用方法

一、进行工程质量管理策划

在审查和分析设计文件后,项目经理负责协调有关部门对项目质量管理进行规划,包括质量目标和要求、质量管理的组织和职责、施工管理基础文件;人员、技术、施工材料等资源的需求和配置;土地、道路、水电、消防、临时设施的规划;分析和确定质量控制的关键点;控制时间表;施工质量检查、验收及相关标准;紧急情况下的应急措施;违规行为的报告和处理;需要收集的信息及其传递要求;施工管理部门应编制的管理办法;质量管理和技术措施;对施工企业质量管理的其他要求。

二、现场质量检查控制

现场工程质量检查分为施工前检查、施工检查和工程竣工检查。现场质量检查和控制方法主要包括测量、试验、观察、分析、记录、监控、总结和改进。

第一,开工前检查。其目的是检查开工条件、建设工程和施工组织设计是否正确,开工后能否连续正常施工,保证工程质量。

第二,工艺转移检查和工艺检查。工艺转移检查应建立制度化的控制,坚持执行。在自检和互检的基础上,对工程质量有重大影响的关键工序或流程,要由专职人员进行移交和检查,确保该工序符合标准,保证下道工序的顺利进行。

第三,隐蔽工程检查。所有的隐蔽工程都必须经过检查和认证,才能得到保障。

第四,复产后的工作检查。因处理质量问题或因某种原因停工后复工的,应在复工前进行检查和批准。

第五,分项工程完成后进行检查。只有在按照规定的程序和规定进行检查和批准并签署批准文件后,才能允许下一个项目的建设。

第六,成品、材料、机器设备检验。主要检查成品、材料等可靠的保护措施及其执行情况和效果;检查是否发生损坏、变质等问题;检查机器设备的技术状况,确保其处于良好的控制状态。

第七,巡逻检查。应检查建筑工程的质量;如有必要,也应进行后续检查。

三、工程质量控制关键点

(一)质量控制关键点的设置

应根据不同管理层次和职能,按以下原则分级设置。

第一,重点工程建设过程中的薄弱环节和关键部件;

第二,影响时间、质量、成本、安全、材料消耗等重要因素的环节;

第三,新材料、新工艺、新技术建设环节;

第四,质量信息反馈中项目的缺陷频率。

关键点应随着施工进度和影响因素的变化而调整。

(二)质量控制关键点的控制

第一,制定质量控制的关键点管理;

第二,落实质量控制关键点的质量责任;

第三,开展质量控制重点活动;

第四,在质量控制关键点上开展样品控制合格活动;

第五,完成质量档案的关键点的质量控制;

第六,实行与经济责任相结合的检查考核制度。

（三）质量控制关键点的文件

第一,质量控制关键点作业流程图;

第二,质量控制关键点明细表;

第三,质量控制关键点(后)质量因素分析表;

第四,质量控制工作的要点指导;

第五,自检、调检、专业检查记录和控制图;

第六,工序质量统计与分析;

第七,质量保证与质量改进的措施与实施记录;

第八,工序质量信息。

（四）质量控制关键点实际效果的考查

质量控制关键点的实际效果表现在施工质量管理水平和各项指标的实现上。要用数理统计方法绘制工程项目总体质量分析图,要反映建设项目的动态控制过程和实际质量。每个阶段的质量分析都应包括在建筑项目的目标管理中。

（五）公路工程质量控制关键点

1.土方路基工程施工中常见质量控制关键点

第一,施工放样与断面测量;

第二,对分项工程进行初步土方处理,按合同规定的施工工艺或标准要求进行处理,并认真平整压实;

第三,应使用适当的材料,以确保原材料的质量,并确定最大干密度和最佳土壤含水量;

第四,压实设备及压实方案;

第五,路基的垂直和水平排水系统;

第六,每层松散路面的厚度、横坡和填充率;

第七,分层压实,检查填料的含水量,确保压实度符合设计要求。

土的最佳含水量是土基施工中的一个重要控制参数,它是土基达到最大干密度时的相应含水量。根据不同的土壤性质,确定最佳含水量的试验方法有:①轻重压实试验;②振动台法;②表面振动压实仪法。

压实度是路基质量控制的重要指标之一,它是现场干密度与室内最大干密度的比率。压实度越高,路基密实度越高,材料的整体性能就越好。现场密度测量方法如下:①填砂法;②环刀法;③核子密度湿度计法。

2.路面基层(底基层)施工中常见的质量控制关键点

第一,基本建设中使用的设备组合和混合设备的计量装置校准;

第二,路面基层(底基层)中使用的黏结剂(如水泥、石灰)的数量;

第三,路基(底基层)的含水量、拌和均匀度、拌和比例;

第四,路基(基层)的密实度、挠度、平整度和横坡;

第五,如果使用分级碎石(砾石),还应该注意骨料分级和碎石价值;

第六,及时有效的养护。

3.水泥混凝土路面施工中常见质量控制关键点

第一,对底座的强度、平整度和高度进行检查和验证。

第二,混凝土材料的检验和测试,水泥品种和数量的确定。

第三,混凝土搅拌、摊铺设备和配比器校准。

第四,混凝土搅拌设计和试样测试。应检查混凝土的水胶比、搅拌量、坍落度。

第五,混凝土的撒布、振动、成型和分离的避免。

第六,批准切割时间和维修技术。水泥混凝土抗折强度和抗压强度的测定是混凝土材料质量检验的两个重要试验。

在标准养护条件下,150 mm×150 mm×550 mm 的梁试件达到规定龄期后,在净跨度450 mm 的双支点荷载下进行水泥混凝土的抗弯(抗折)强度试验,按规定的计算方法得出强度值。水泥混凝土的抗折强度是混凝土最重要的力学指标之一,其试验结果是路面混凝土组成设计的重要参数。

水泥混凝土的抗压强度试验是将边长为150 mm 的标准立方体试样,养护至28 d,然后在万能试验机上进行测试。当用非标准试件的混凝土抗压强度需要转换得到抗压强度值。通过水泥混凝土的抗压强度试验,可以确定混凝土的强度值,作为评价混凝土质量的一个重要指标。

4.沥青混凝土路面施工中常见质量控制关键点

第一,对底座的强度、平整度和高度进行检查和验证;

第二,沥青材料的检验和测试。沥青混合料的设计和测试;

第三,沥青搅拌设备和配料设备的校准;

第四,摊铺施工机械设备配置及压实方案;

第五,沥青的搅拌、运输和撒布的温度控制;

第六,摊铺中的沥青厚度控制和离析控制;

第七,沥青碾压和接头施工。

沥青混凝土配合比设计是基于马歇尔稳定性试验。在这种方法中,沥青混合料是根据混合比设计的,然后制成所需尺寸的试样。12 h后,测量物理指数(包括表观密度、孔隙率、沥青饱和度、矿物孔隙率等),之后测量稳定性和流速。热拌沥青混合料的混合设计要经过三个阶段:目标混合设计、生产混合设计和生产混合验证,以确定沥青混合料的材料和混合比、集料级配、最佳沥青含量。

马歇尔稳定性试验是在标准压实试样上进行的,以确定沥青混合料在温度和速度等特定条件下的稳定性和流动值,这种方法适用于马歇尔稳定性试验和浸泡式马歇尔稳定性试验。马歇尔稳定性试验主要用于沥青混合料设计和沥青路面质量检测。浸泡式马歇尔稳定性试验是为了测试沥青混合料在被水破坏时对桩基的抵抗力,并通过测试其水稳定性来检验混合料设计的可行性。

5.桥梁基础工程施工中常见质量控制关键点

(1)扩大基础。

第一,检测夹具的基础承载力,要满足设计要求;

第二,清洗基材表面的松散层;

第三,及时浇筑缓冲混凝土,减少地基暴露时间;

第四,混凝土施工中的裂缝控制。

(2)钻孔桩。

第一,桩位坐标与垂直度控制;

第二,护筒埋深;

第三,泥浆指标控制;

第四,护筒内水头高度;

第五,孔径的控制,防止缩径;

第六,桩顶、桩底标高的控制;

第七,清孔质量(嵌岩桩与摩擦桩要求不同);

第八,钢筋笼接头质量;

第九,导管接头质量检查与水下混凝土的灌注质量。

(3)沉井。

第一,初始平面位置的控制;

第二,刃脚质量;

第三,下沉过程中对沉井坡度和挠度的动态控制;

第四,后浇带混凝土的浇筑技术保证了后浇带混凝土的质量。

6.水中承台施工常见质量控制关键点

水中承台施工一般可采用筑岛围堰、钢板桩围堰、钢吊箱围堰、钢套箱围堰等。

(1)钢板桩围堰施工常见质量控制关键点。

第一,钢围堰的设计和生产质量控制;

第二,钢围堰在水、床和土方下沉过程中的平整位置、高度控制;

第三,土壤清理和平整后的钢围堰到位;

第四,浇筑覆土混凝土时的管道弹出和覆土混凝土的厚度控制;

第五,承台混凝土配合比设计;

第六,泵送后的混凝土基底找平;

第七,桩帽混凝土浇筑管道布局和混凝土振动;

第八,大规模引爆的设计、施工和维护;

第九,各类预埋件的施工质量控制。

(2)钢套箱围堰施工质量控制关键点。

第一,钢套箱的设计和生产质量控制;

第二,边界装置的钢套箱的横向和纵向质量控制;

第三,在浇筑垫层混凝土时,要对垫层混凝土进行出管和厚度控制;

第四,承台混凝土的配合比设计;

第五,抽水后封底混凝土的调平;

第六,布置桩帽混凝土浇筑管和混凝土振动;

第七,大体积混凝土的设计、施工和养护;

第八,各类预埋件的施工质量控制。

7.桥梁下部结构施工中常见质量控制关键点

(1)实心墩。

第一,墩身锚固钢筋预埋质量控制;

第二,墩身平面位置控制;

第三,墩身垂直度控制;

第四,模板接缝错台控制;

第五,墩顶支座预埋件位置、数量控制。

(2)薄壁墩。

第一,墩身锚固钢筋预埋质量控制;

第二,墩身平面位置控制;

第三,墩身垂直度控制;

第四,模板接缝错台控制;

第五,墩顶支座预埋件的位置和数量控制;

第六,墩身和桩帽连接处的混凝土裂缝控制;

第七,墩顶实心段混凝土裂缝控制。

8.桥梁上部结构施工中常见质量控制关键点

(1)简支梁桥。

第一,简支梁混凝土的强度控制;

第二,预拱度的控制;

第三,支座预埋件的位置控制;

第四,大梁安装时梁与梁之间高差的控制;

第五,支座安装型号、方向的控制;

第六,梁板之间现浇带混凝土质量控制;

第七,伸缩缝安装质量控制。

（2）连续梁桥。

第一，支架施工：支架沉降量的控制；

第二，简单支撑前连续：后浇带工艺控制、系统转换工艺控制、后浇带收缩控制、临时支撑安装和拆除控制；

第三，挂篮的悬臂施工：浇筑过程中的线性控制，中跨混凝土的边跨和封闭段的裂缝控制；

第四，预应力梁：张力和预应力钢筋的延伸控制。

（3）拱桥。

第一，预制装配：拱肋轴线控制；

第二，支架结构：支架地基承载力控制、沉降支架方案、拱形加载控制、卸载过程控制；

第三，钢管拱门：混凝土填充的钢管压缩质量控制。

（4）斜拉桥（斜拉索为专业制索厂制造）。

第一，主塔空间位置的控制；

第二，斜拉索锚固管或锚箱空间定位控制；

第三，斜拉桥线形控制；

第四，牵索挂篮悬臂施工：斜拉索索力控制、索力调整；

第五，悬臂吊装：梁形尺寸控制、缆绳张力控制、缆绳张力调整；

第六，合龙段的控制。

（5）悬索桥。

第一，施工步道线形控制；

第二，主缆架设线形控制；

第三，索股的安装：基准索股的定位控制，索股的锚固力控制；

第四，索股架设时塔顶位移和鞍座位置的调整；

第五，紧缆：空隙率的控制；

第六，索夹定位控制；

第七，缠丝拉力控制；

第八，吊索长度的确定；

第九，加劲梁的焊接质量控制。

9.公路隧道施工中常见质量控制关键点

第一,正确判断围岩级别,及时调整施工方案;

第二,仔细测量、检查和纠正开挖部分,减少过度开挖;

第三,制定可行的开挖方案,包括新奥隧道开挖方法和采矿方法的选择,爆破孔的布置,每个循环的装载和开挖深度;

第四,爆破混凝土和锚杆支护应在开挖后围岩自稳时间的1/2内完成;

第五,认真观察,收集资料,做好施工质量的信息反馈。

第二节　工程质量缺陷处理方法

一、质量缺陷性质的确定

确定质量缺陷性质是首要工作,是最终确定缺陷处理的根本依据。缺陷性质一般通过以下方法确定。

（一）观察现场情况和查阅记录资料

对现场条件、施工过程、施工材料和施工操作的缺陷工程,进行现场观察和检查。主要包括咨询试验检测报告、施工工程资料、施工过程记录、施工日志、施工工艺流程、施工方案、施工机械操作登记表等,同时要注意特殊季节的天气情况。

（二）检验与试验

通过检查和了解可以发现一些表面的问题,得出初步的结论,但往往需要进一步的测试和试验来验证。

检验和试验,主要是通过对项目相关技术指标的检查、测量和缺陷,准确找出缺陷的原因。例如,如果发现石灰土的强度不足,应在检查强度指标的同时,检查石灰用量、石灰和土壤的物理化学性质,以发现石灰土强度不足是由于材料不合格、混合不合格或石灰土养护不善造成的,还是由于气候等其他原因造成的,试验和检测的结果是确定缺陷的性质和制定后续处理措施的主要依据。

（三）专题调研

有些质量问题，仅仅通过上述两种方法来确定。如果一座桥梁在建成后不到一年的时间里出现了超过标准的裂缝，那么仅仅通过观察和查阅现有的数据就很难确定裂缝的根本原因。在这种情况下，有必要采用专门的调查研究，通过对勘察、设计、施工等各个环节的检查、分析和调查，再辅之以额外的测试，以确定质量问题的性质，为后续行动提供依据。

在这种情况下，有必要组织相关领域的专家或专题研究小组，提出测试方案，并对获得的一套参考资料和指标进行综合分析，找出缺陷的原因，确定缺陷的性质。这种专题研究，对确定故障问题的正确解决功能很重要，因此常被采用。

二、质量缺陷处理方法

（一）整修与返工

修复的缺陷，主要是针对局部的、小的、不会严重影响工程整体质量的缺陷。如水泥混凝土结构的局部蜂窝、麻面、路面结构层的局部压实度等，这种缺陷很容易通过修整来处理，而且不会影响整个工程的主要技术指标。因为这种缺陷很容易出现，所以最常使用的是修复修剪法。

返工的决定应基于仔细的调查和研究。是否返工要看缺陷修复后能否达标，修复后不能达标的项目要返工。

（二）综合处理办法

综合处理方法主要是关注大量事故。这种方法不像返工和修复那样简单和具体，它是一种综合性的缺陷（事故）修复措施，它可以使技术缺陷（事故）以最小的经济成本和时间损失满足规范要求。处理方法因技术缺陷（事故）的性质而异，其性质的确定是基于大量的研究和丰富的施工经验和技术理论。具体方法可以是组织联合调查，召开专家论证会，以及其他方式。

第三节　路基与路面工程质量检验措施

一、路基工程质量检验

（一）土方路基工程质量检验

1.基本要求

首先,在基层和基坑区域,应清除地表植被、各种杂物、积水、淤泥和表土,对基坑进行处理,并按规范和设计要求对地基进行压实。

其次,路基填料应符合规范和设计要求,经过仔细检查,合理选择后进行试验。

再次,填筑的基层应分层填筑和压实,每层应具有光滑的表面、合适的道路曲线和良好的排水性。

最后,临时排水系统的建设应与排水系统的设计相结合,避免冲坡,不要使路基接近水面。

此外,在指定区域内合理挖土,不应随意开挖。开挖完成后的基坑和弃土应按要求进行修复,保持合理的几何形状。

2.实测项目

土方路基实测项目有:压实度、弯沉值、纵断高程、中线偏位、宽度、平整度、横坡、边坡。

（二）石方路基工程质量检验

1.基本要求

首先,岩石道路的开挖应采用光滑爆破法。爆破后,应及时清理危石和松动的石块,以保证边坡的安全和稳定。

其次,施工时应将石堤表面清理干净,逐层填石,稳定后进行码石定边。填土层的厚度和石料的尺寸应符合设计和施工规范。上、下层路基填料和石料的最大尺寸应符合规范。振动压路机用于分几层碾压石块,以使石块在填充层的顶部稳定。18 t以上的振动压路机和两次的振动压路机在高度上没有明显区别。

最后,路基表面应整修平整。

2.实测项目

石方路基实测项目有:压实、纵断高程、中线偏位、宽度、平整度、横坡、边坡坡度和平顺度。

(三)砌体挡土墙质量检验

1.基本要求

首先,预制砖或混凝土块的强度、规格和质量应符合相关规范和设计要求。

其次,用于砂浆的水泥、沙子和水的质量必须符合相关规范的要求,并按规定的混合比例进行施工。

再次,地基的承载力应满足设计要求,地基的嵌入深度应满足施工规范的要求。

最后,砌体分层接缝应分层。铺设砂浆时,应严密、饱满、密实,不应含有任何孔洞。铺设砂浆时,不应松散、堆积或堵塞。

此外,沉降缝、排水孔和过滤层的位置、质量和数量应符合设计要求。

2.实测项目

砌体挡土墙的测量项目有:砂浆强度、平面位置、顶部高度、垂直度或坡度、截面尺寸、底部高度、表面光滑度。

干砌挡土墙的测量项目有:平面位置、顶部高度、垂直度或坡度、截面尺寸、底部高度、表面光滑度。

二、路面工程质量检验

(一)水泥稳定粒料(碎石、沙砾或矿渣等)路面基层、底基层的检验

1.基本要求

第一,粒状材料应符合设计和施工规范,并应根据当地来源选择坚硬、清洁的粒状材料。矿渣应稳定分解,未镶嵌的矿渣块应消除。

第二,根据设计仔细控制水泥用量和骨料级配。

第三,路拌深度要达到层底。

第四,应注意消除撒播过程中的隔离现象。

第五,在最佳含水量条件下,从加水搅拌到压实结束的时间不应超过 3 h,应短于水泥的终凝时间。

第六,滚动检查合格后立即进行覆盖或喷涂养护,养护期要符合标准要求。

2.实测项目

第一,水泥稳定骨料(碎石、砾石或矿渣等)基层和底层的主要试验内容包括密实度、平整度、垂直断裂高度、宽度、厚度、横坡、强度。

第二,级配碎石(砾石)或填充碎石(矿渣)基层和底基层的实测项目包括密实度、挠度值、平整度、垂直断裂高度、宽度、厚度、横坡。

(二)水泥混凝土面层的检验

1.基本要求

第一,底座的质量应符合要求,并应测量挠度,检查底座的整体模量应符合设计要求。

第二,水泥的强度、物理性能和化学成分应符合国家标准和有关规定。

第三,粗细骨料、水、混合料和灌浆料应满足设计和施工规范的要求。

第四,应根据现场测得的水泥实际强度计算出施工混合料的比例,并在试验后选择最佳混合料比例。

第五,接头的位置、规格和尺寸,以及传动杆和拉力杆的设置应符合设计要求。

第六,防滑措施如路面毛刺或机床压槽、结构深度应符合施工规范的要求。

第七,表面应与其他结构平稳连接,井盖的上部高度应比周围路面高 1~3 mm。根据设计,进雨口的高度比路面的高度低 5~8 mm,在路面边缘没有积水。

第八,按照混凝土路面的要求进行施工规范的维护。

2.实测项目

水泥混凝土路面的实测项目如下:水泥混凝土路面的抗弯抗拉强度、平整度、板厚、水泥混凝土路面抗滑结构深度、相邻板的高度差、纵向和横向接缝的直线度、水泥混凝土路面中心线的平挠度、路面的宽度、路面的纵向和横向高度以及横坡。

第四节 桥梁与隧道工程质量检验措施

一、桥梁工程质量检验

（一）桥梁总体

1.基本要求

第一，桥梁结构必须严格遵守设计图纸、建筑规范和相关技术操作规则。

第二，桥下的间隙不应低于设计要求。

第三，如有必要，对于超长跨度的桥梁或结构复杂的桥梁，应进行载荷试验。

2.实测项目

桥面中线偏位、桥宽（含车行道和人行道）、桥长、引道中心线与桥梁中心线的衔接以及桥头高程衔接。

（二）钻孔灌注桩施工质量检验

1.基本要求

第一，桩基混凝土所用的水泥、砂、石、水、添加剂和混合材料的质量和规格应符合有关规范的要求，并按规定的配合比施工。

第二，孔洞应清空后，孔径、深度、孔洞位置和沉积层厚度确认满足设计或施工规范要求后，方可浇筑水下混凝土。

第三，水下混凝土应连续浇筑，不得有中间层和断桩。

第四，盖板中的锚固钢筋的长度不应小于设计规范中规定的最小锚固长度。

第五，对有代表性的桩基应采用无损检测方法，对重大工程或主要部件的桩基应逐一进行检测。当桩基的质量有疑问时，应采用钻芯法对桩基进行检测。

第六，预留的混凝土被打碎后，桩头不应有残留的混凝土。

2.实测项目

钻孔灌注桩实测项目有：混凝土强度、桩位、孔深、孔径、钻孔倾斜度、沉淀厚度、钢筋骨架底面高程。

（三）沉井施工质量检验

1.基本要求

第一，混凝土桩所用的水泥、砂、石、水、混合料的质量和规格应符合有关规范的要求，并按规定的配合比施工。

第二，开放式沉箱的下沉应在井壁混凝土达到规定强度后进行。在下水和漂浮开放式沉箱之前，应进行防水测试。

第三，当开放式沉箱与高程连接时，每节的纵轴应与第一节的纵轴重合。开放式沉箱的坡度应在连接高度之前进行校正。

第四，当下沉到设计高度时，应检查底座，确认符合设计要求后再封底。

第五，对于露天沉箱下沉的裂缝，必须找出原因，处理后可能继续下沉。

第六，结算必须有完整和准确的施工细节。

2.实测项目

沉井实测面目有：各节沉井混凝土强度、沉井平面尺寸、井壁厚度、沉井刃脚高程、中心偏位（纵、横向）、沉井最大倾斜度（纵、横方向）、平面扭转角。

（四）扩大基础质量检验

1.基本要求

第一，所使用的水泥、砂、石、水、添加剂和搅拌材料的质量和规格必须符合相关规范的要求，并按规定的混合比例施工。

第二,不应出现筋脉或孔洞。

第三,地基的承载力应满足设计要求。

第四,严禁超挖回填虚土。

2.实测项目

主要实测项目有:混凝土强度、平面尺寸、基础底面高程、基础顶面高程、轴线偏位。

（五）钢筋加工及安装施工质量检验

1.基本要求

第一,钢筋、机械连接件、焊接钢筋等的品种、规格和技术性能应符合现行国家标准和设计要求。

第二,冷拔钢的力学性能应符合规范的要求,钢筋平直,表面应无裂纹和油污。

第三,同一部位钢筋的接头数量、搭接长度、焊缝和机械连接质量应符合施工规范的要求。

第四,安装钢筋时,应保证钢筋的数量符合设计要求。

第五,强度要直,表面不会有裂纹和其他损坏。

2.实测项目

钢筋加工及安装施工的实测项目有:受力钢筋间距,箍筋、横向水平钢筋、螺旋筋间距,钢筋骨架尺寸,弯起钢筋位置、保护层厚度。

（六）预应力筋的加工和张拉质量检验

1.基本要求

第一,预应力张拉的技术性能应符合现行国家标准和设计要求。

第二,预应力钢丝、钢绞线应平直梳理,不应有扭结、扭曲现象,表面不应有损伤。

第三,单股不允许断线。单股不应断裂或滑动。

第四,同一区段的接头面积不应超过预应力筋总面积的25%。连接质量必须符合建筑规范的要求。

第五,预应力筋张拉或不张拉时,混凝土的强度和龄期应满足设计要求,应严格按照设计规定的张拉顺序进行操作。

第六,预应力钢丝采用断裂锚时,断裂头应圆而直,不得有倾斜或断裂现象。

第七,打洞的管道应安装牢固,接头严密,弯曲圆顺。锚固板的平面应与孔的轴线垂直。

第八,对千斤顶、油表、钢尺等设备要进行检查和整改。

第九,锚杆、配件和连接件应符合设计要求,按建筑规范要求检查合格后方可使用。

第十,当接缝作业低于 5 ℃时,应采取防冻或保温措施。

第十一,隧道接头水泥浆的性能和强度应符合施工技术规范的要求,接头出口、泄水孔应有水泥浆溢出后才能关闭。

第十二,按设计要求浇筑封锚混凝土。

2.实测项目

管道坐标(包含梁长方向和梁高方向)、管道间距(包含同排和上下层)、张拉应力值、张拉伸长率、断丝滑丝数。

(七)承台质量检验

1.基本要求

首先,所使用的水泥、砂、石、水、骨料和混合材料的质量和规格应符合相关规范的要求,并按规定的混合比例施工。

其次,应采取措施控制水化热引起的混凝土最高温度和内外温差在允许的范围内,防止形成温度裂缝。

最后,不应出现露筋或孔洞。

2.实测项目

承台实测项目有:混凝土强度、尺寸、顶面高程和轴线偏位。

(八)混凝土墩、台身浇筑质量检验

1.基本要求

首先,混凝土所用的水泥、砂、石、水、添加剂和混合材料的质量和规格必须符合有关技术规范的要求,并按规定的混合比例施工。

其次,不会出现露筋的现象。

2.实测项目

混凝土强度、断面尺寸、竖直度或斜度、顶面高程、轴线偏位、节段间错台、大面积平整度、预埋件位置。

(九)墩、台帽或盖梁混凝土浇筑质量检验

1.基本要求

第一,混凝土所用的水泥、砂、石、水、拌和物的质量和规格必须符合有关技术规范的要求,并按规定的拌和部分施工。

第二,不应出现筋脉或孔洞。

2.实测项目

墩、台帽或盖梁混凝土浇筑实测项目有:混凝土强度、断面尺寸、轴线偏位、顶面高程、支座垫石预留位置。

(十)预制和安装梁(板)质量检验

1.基本要求

第一,所使用的水泥、砂、石、水、添加剂和混合材料的质量和规格应符合有关规范的要求,并按规定的混合比例施工。

第二,梁(板)不应出现裸露和空心现象。

第三,在建造带胶囊的空心板时,应采取有效措施,防止胶囊漂浮。

第四,当梁(板)从预制底座上吊起时,混凝土强度不应低于设计要求的吊装强度;支撑结构(墩柱、盖梁、垫石)的强度应满足设计要求。

第五,在梁(楼板–RRB)安装前,桥墩、平台的支撑垫应稳定。

第六,梁(板)就位后,梁两端的支撑必须到位。梁(板)的底部和支撑,以及支撑底座和垫石的顶部必须固定严实,否则必须重新安装。

第七,两梁(板)之间的连接填充材料的规格和强度应满足设计要求。

2.实测项目

梁(板)预制实测项目有:混凝土强度、梁(板)长度、宽度、高度、断面尺寸、平整度和横系梁及预埋件位置。

梁(板)安装实测项目有:支座中心偏位、倾斜度、梁(板)顶面纵向高程、相邻梁(板)顶面高差。

(十一)就地浇筑梁(板)质量检验

1.基本要求

第一,所使用的水泥、砂、石、水、骨料和混合材料的质量和规格必须符合相关规范的要求,并按规定的混合比例施工。

第二,支撑和模板的强度、刚度和稳定性应满足施工规范的要求。

第三,支座的预测变形和地基沉降应满足施工后梁的设计高度要求,必要时应采取支座预压措施。

第四,梁(板)不应出现外露和空心现象。

第五,预埋件的设置和固定应符合设计和施工规范的要求。

2.实测项目

就地浇筑梁(板)的实测项目有:混凝土强度、轴线偏位、梁(板)顶面高程、断面尺寸、长度、横坡、平整度。

二、隧道工程质量检验

(一)隧道总体质量检验

1.基本要求

第一,洞口设置应符合设计要求。

第二,必须按设计设置洞内外的排水系统,不淤积、不堵塞。

第三,隧道防排水施工质量须符合相关规定。

2.实测项目

隧道总体实测项目有:车行道、净总宽、隧道净高、隧道偏位、路线中心线与隧道中心线的衔接、边坡、仰坡。

(二)(钢纤维)喷射混凝土支护质量检验

1.基本要求

第一,材料必须满足规范或设计要求。

第二,喷射前要检查开挖断面的质量,处理好超欠挖。

第三,喷射前,岩面必须清洁。

第四,喷射混凝土与围岩紧密相连。喷射混凝土的厚度应符合要求,不能有空洞。喷射混凝土中不允许加入片状和木板等杂物,必要时应进行附着力试验。喷射混凝土严禁悬挂式喷射。喷射面应该是原来的岩石表面。

第五,支撑前应做好排水措施,并采取措施引导和阻止水渗入孔洞和缝隙,以保证喷射混凝土的质量。

第六,钢纤维喷混凝土,钢纤维的抗拉强度不应低于380 MPa,且应无油斑和明显腐蚀。钢纤维的直径应为0.3～0.5 mm,长度应为20～25 mm,不应超过25 mm。钢纤维的含量应为混合物质量的1%～3%。

2.实测项目

(钢纤维)喷射混凝土支护实测项目有:喷射混凝土强度、喷层厚度、空洞检测。

第十一章　公路桥梁建养一体化信息管理

第一节　公路桥梁建养一体化信息管理框架构建

一、公路桥梁系统结构分解及编码体系建立

(一)公路桥梁系统结构分解

工程分解结构(Engineering Breakdown Structure,EBS)是在分析工程系统功能的基础上,按照功能和专业系统(技术)体系分解为子系统的一种工程系统,分解的结果通常为树状结构图。

EBS是面向工程对象的分解结构,故采用工程系统结构分解方法能够有层次、有条理地描述公路桥梁的实体结构。另外,在整个工程生活中,只有面向对象的工程技术体系具有牢固性、唯一性、一致性和继承性的特点,并且相关信息在工程组织之间得到最大程度的共享,可以作为工程信息交流的标准。EBS可以有效地保存公路桥梁工程全寿命的信息,为后续的运营管理提供服务。因此,采用工程系统分解结构的方法,可以将公路桥梁设计、施工、运行统一起来,形成一体化的集成管理过程。

公路桥梁EBS分解通常采用结构化分解方法。任何项目系统都有它的结构,都可以进行结构分解,分解的结果通常为树形结构图。

1.功能面与专业工程子系统

公路桥梁在一定的土地(空间)上布置,是由许多空间分部组合起来的综合体。这些分部也有一定的作用,提供一定的功能,通常被称

为功能面。一个工程可以分解为许多功能面,每个功能面是由许多有一定专业功能的子系统构成的。专业工程子系统有不同的形态,有的是硬件系统,如结构工程系统、给排水系统、通风系统等;有的是软件系统,如智能化系统、控制系统、信号系统等。所以工程系统又是各个独立的专业工程子系统紧密结合,相互配合、相互依存的体系。

2.EBS分解步骤

第一,公路桥被分解成一个个定义明确的子部分(子系统)。

第二,研究和确定每个子部分的特点和结构规则,以便进一步分解。

第三,评估每个层次的分解结果。

第四,按系统规则将各子系统(子部分)分组,形成系统结构图。

第五,分析和讨论分解的程序性和完整性。

第六,决策者确定结构图并创建相应的文件。

第七,建立编码规则,对编码的结果进行分解。

根据桥梁结构形式的不同、构造材料不同、桥梁构件种类等不同,所应关注的桥梁项目和重点都会有所差别,因此对不同结构形式的桥梁进行系统结构分解时应能体现不同类型桥梁的技术特点,应根据桥梁的不同特点进行有针对性的分解。按照结构形式不同,公路桥梁可分为简支梁桥、连续梁桥、钢构桥、拱桥、斜拉桥、悬索桥等,不同结构形式的桥梁结构分解也有很大的差别。

按照功能的不同,公路桥梁工程可以分为互通立交工程、通信工程、土建工程、监控系统、供配电系统、安全设施等功能区。其中土建工程根据桥梁工程结构可以分为下部结构、上部结构、附属设施和桥面系四个通用的专业分部。不同桥梁类型的下部结构和上部结构包括不同的构件,以悬索桥为例,上部结构包括塔柱、主缆、索箍、索鞍、吊索和钢箱梁等构件,下部结构包括基础、承台和锚碇。

在工程系统结构分解的基础上,对桥梁工程各个阶段的信息进行分类、整合,将各工程对象子系统与各个阶段的信息进行映射,得到桥梁工程基于各个工程对象子系统的信息结构矩阵,即公路桥梁基于

EBS 的全寿命周期信息结构体系。体系的纵轴是工程系统维,横轴是过程信息维。工程系统维即公路桥梁工程系统分解结构(EBS);过程信息维则是根据桥梁工程全寿命管理的各个阶段的信息进行划分,分为策划阶段信息、设计阶段信息以及施工阶段信息等。将桥梁工程全寿命周期的信息按工程过程分类,再对应到每个工程对象子系统上,则得到公路桥梁某一子系统在特定阶段的信息。这样,项目的参与各方能对建设工程的信息进行快速地收集、处理、反馈和共享,为项目管理提供保障。

(二)公路桥梁信息编码体系

1.建设项目信息分类体系。

长期以来,国际上对于工程项目信息分类体系的研究一直非常重视,许多国家的专业协会组织都制定了自己的标准。但最具代表性的有两大分解结构体系。第一类是以工程项目的生产工艺或工种工程作为主要依据进行分解和编码,如美国、加拿大等国的 Master Format TM 体系;第二类是以工程项目元素或构成部位作为主要依据进行分解和编码,如 Uniformat Ⅱ 体系。

(1)Master Format TM 体系。

该体系由美国建筑规范协会(CSI)和加拿大建筑规范协会(CSC)在 1963 年颁布,1978 年出版了 Master Format TM 体系的第一版,最新版本为 2010 版。Master Format TM 系目前已成为北美地区大部分国家应用最为广泛的建设项目分解和编码体系,其信息分类也由最初的 16 个类目扩充到了 49 个类目。

(2)Uniformat Ⅱ 体系。

该体系是由美国检测与材料学会(ASTM)在 Uniformat 基础上编制的,Uniformat Ⅱ 体系以项目构成和部位为主要依据进行分解和编码,最初常用于建筑工程的估价和概算。Uniformat Ⅱ 的最新版本为 2009 年修订,该分解体系第一层由 7 个类目构成(Uniformat 第一层由 12 个类目构成),共有四层次结构。

（3）ISO 体系。

国际标准化组织（ISO）在其技术报告"Classification of Information in the Construction Industry"（ISO/TR）中提出了 ISO 体系信息分类标准，现已成为很多国家研究开发新的建筑业信息分类体系的依据。ISO 体系为建设项目参与方在项目实施和运营维护阶段建立了统一的信息划分标准。其目的是为项目参与各方不同的信息系统间进行信息交流提供一种共同语言，多用于集成系统信息模型的构建。

2.公路桥梁信息编码体系设计

与公路桥梁建设有关的规范有两类：第一是结构分解系统规范，它反映了桥梁工程的实体特征。结构分解系统代码是整个桥梁建设项目管理的关键，也是桥梁建设项目投资控制、质量控制和合同管理的基本出发点，其设计质量对项目管理的效率乃至整个项目的顺利实施都有很大影响。第二是文件分类系统的编码，文件分类系统和系统的结构在宏观上保持统一，在具体编码设计中会牵涉对建设过程的编码、建设项目各参与方的编码等，因此较好的文档分类体系能完整表达该文档各方面的基本信息。

（1）结构分解体系编码。

ISO 体系对于建设项目信息分类在前几层的分解是以工程系统的结构和空间为基础，是 EBS 层面上的分解。

EBS 编码系统提供了一种共同的信息交流语言，为项目中的所有信息提供了一个共同的基础。公路桥梁的编码系统是由树状结构组成的，即"父码+子码"，根据子条目的复杂程度不同，编码级别也不同。

（2）文档分类体系编码。

建设项目的文档信息可以根据不同的标准进行分类，如按照项目结构划分、按照项目实施阶段划分、按照项目参与方划分、根据项目管理职能分类以及信息内容划分等。通常，项目文档编码应包含几个方面：阶段编码、类别编码、参与方编码、顺序号编码、时间编码和格式编码，按照工程的结构形式和复杂程度进行设计。

EBS 编码体系是面向桥梁工程构成部位的分解体系，有利于保证项目全过程分解的内容一致性。因此公路桥梁文档编码体系为了能更好地反映诸如进度控制、设计技术、合同管理等管理的对象,采用结合 EBS 编码的文档编码体系,实现工程文档的便捷查询。

二、基于BIM的建养一体化信息管理

基于建养一体化的公路桥梁主要侧重于设计、施工和运营阶段,包括设计、招投标、施工、验收以及桥梁的运营维护等信息的管理。当前,基于 BIM 技术的模型数据库包含了贯穿设计、施工和运营管理的整个项目生命周期的信息。因此以 BIM 模型为基础,进行桥梁工程生命周期的数据和模型传递以及过程中的信息管理,能够有效实现公路桥梁建设养护信息的一体化管理。

(一)BIM 信息管理的优势

BIM 为公路桥梁建设项目的信息管理提供了技术支持,BIM 数字设计信息的建立及其与相关软件技术产品的对接可以改变传统建筑项目信息的管理和共享过程,从而实现全寿命周期的信息化管理。基于 BIM 的信息管理全面实现了数字化,与传统的信息管理相比有以下优势。

1.信息创建

信息创造是信息管理的重要基础,需要高度的准确性和全面性。BIM 模型的信息创建与传统的信息创建相比有以下优势:①易于创建;②丰富的信息载体;③准确性高;④可储存性强。

2.信息传递与存储

基于 BIM 的信息传递保证了信息的及时性,项目参与者之间的信息交流可以直接通过模型进行,它在节约时间和成本方面有很大的优势。传统的信息管理导致信息存储在纸质文件中,即使是信息管理系统的普及,相关数据库的建设也需要改进和加强。而 BIM 数字化的信息处理方式不仅为信息存储提供了底层支持,其根据文档编码体系采用基于元数据的文档组织方式对信息进行组织和分类,并为用户提供树形文件夹的应用界面,实现了信息存储和检索的高效率。

3.信息共享与协同工作

BIM 的核心理念是项目协作。作为一个共享的数字模型,BIM 将建筑项目每个阶段的每个参与者的信息整合成一个工程数据模型,这也是项目整个生命周期的应用和管理的基础,能够克服传统信息交流依靠纸质传递造成的信息断层和各阶段软件系统之间的信息孤岛等问题,BIM 模型所具有的关联修改、数据一致性等特性保证了全生命周期数据的一致性和共享性,为协同建设提供支持。

(二)基于 BIM 的建养一体化信息管理内容

建设工程是随着时间不断开展的,因此建设项目信息也是始终处于不断动态之中。如何保证公路桥梁建设与养护一体化信息的合理定义、组织和管理,使各阶段之间保持一致、最新、共享和安全,是公路桥梁建设与养护一体化信息管理在时间维度上的主要目标。基于 BIM 模型的公路桥梁建养一体化信息管理内容包括三个主要方面:设计阶段的产品信息、施工阶段的过程信息(项目管理信息)和运营阶段的运行和维护信息。

根据与 BIM 的关系,建设项目的信息可以分为核心信息、技术信息、经济和资源信息、管理信息和其他相关信息。除了设计文件和数据,信息模型的核心信息,其他相关的技术、经济、管理等信息构成了附件数据的核心。根据目前建筑领域的信息技术,基于 BIM 技术的软件可以直接生成 BIM 的核心数据,但其他辅助数据的生成,如技术、经济以及与核心数据的整合,仍然缺乏有效的工具和资源来形成准确、独特、完整的信息模型。

在一个项目的整个生命周期中,只有工程技术体系是固定的、唯一的、一致的和继承性,它可以作为工程信息交流的标准。因此,EBS 根据功能推导出工程系统,专业(技术)推导出方法,将有效地保留信息传递给工程的全寿命周期,为后期的运营管理提供服务。EBS 的构件编码可以与 BIM 模型中构件的 ID 一一对应起来,采用基于 EBS 的结构分解和编码体系,结合 BIM 技术的信息模型,能够有效在 BIM 核心数据的基础上扩充其他附属数据,推动两类信息的有效整合。

1. 设计阶段

以公路桥梁的某功能区段或专业系统为例,根据 EBS 分解其构件对象可划分为下部结构、上部结构、桥面系和附属结构。随着设计不断细化加深,设计阶段构件模型从大约的基本形状不断细化到构件精确尺寸、形状、定位、方向及其他信息。除定义模型的边界条件、截面性质等外,也需要定义材料类型、力学性能等。设计阶段基于 BIM 的数据主要分为三类,即图形信息、设计信息和材料信息。

2. 施工阶段

BIM 技术在施工阶段应用比较成熟的方面有 4D 资源管理、4D 施工模拟与进度管理、4D 场地管理与运行空间分析、施工现场模拟、碰撞检查和工程算量等方面。施工阶段基于 BIM 技术的信息模型应提供的内容包括:①施工图纸输出、工程计量、设计变更信息;②质量验收信息、结构安全信息、资源管理、进度管理等职能管理信息;③设备相关信息、各种施工记录;④会议记录、施工声像及照片、技术核定单及其他技术资料和造价资料相关信息等。

3. 运营阶段

公路桥梁运营阶段基于 BIM 模型的信息化管理,在于建立统一的设计、施工、监控和养护的数字化信息平台,使施工和养护管理融为一个有机整体,提高公路桥梁养护管理的效率。信息化管理的内容主要包括:①在积累桥梁养护所需的设计和施工等信息的基础上,以桥梁构件为信息管理对象,不断更新桥梁构件在维护计划、退化诊断、维修和加固阶段的信息。②结合桥梁管理系统对桥梁养护管理的业务过程信息进行管理,包括桥梁检测信息、桥梁状态评估与退化预测信息以及维修加固计划等信息的管理。③结合健康监测系统(特大型桥梁等具有健康监测系统的桥梁),基于 BIM 模型与桥梁健康监测布局结合,可以直观观察到桥梁整体监控状态。将健康监测与养护管理相结合,实现桥梁基本数据信息、人工检查检测信息健康监测信息一体化,对桥梁在施工和运营维护全过程中的数据信息进行直观、可视、合理、有效的监测与管理。④与桥梁运营管理相关的信息,包括常规信息

（车流量信息管理）和养护资金、设备资源等信息、日常办公信息等。

（三）基于BIM的建养一体化参与主体信息管理

公路和桥梁建设的项目管理的成功在很大程度上取决于信息沟通和交流。由于桥梁建设项目的生命周期长，参与单位众多，各参与主体的项目目的不同，信息管理的范围和关键都有很大的差异。因此，各参与主体将以何种方式对产生项目相关信息进行有效管理，实现公路桥梁生命周期各阶段之间技术信息的高效创建、管理、共享和应用，是公路桥梁建设与养护一体化参与主体信息管理所要考虑的问题。

公路桥梁建设过程涉及众多参与方，如业主方、设计方、施工方、咨询方、供应商、运营管理单位和政府部门等，其中对桥梁建设和运营起到重要影响作用的参与主体是业主方、设计方、施工方和运营方，因此在这里以这四个主体角度分析信息管理。

1.参与主体信息管理的组织分工

建设项目的所有参与者建立一个任务分配表，以确定项目的范围、内容和责任界面。基于BIM模式的信息管理合作，公路桥梁建设与养护一体化有其不同的信息管理侧重点，基于BIM的信息管理划分不仅明确了公路桥梁建设项目中某一参与方的信息管理，而且更加注重参与方在桥梁建设项目全过程中的合作，对产生的信息进行集中管理。

在BIM信息化管理中，前端的整体介入和跨职能团队的建立是实现流程化和组织化的重要措施，尤其是运营管理团队和施工团队在设计阶段的介入，对项目实施方案的完善、设计和运营成本的平衡、施工的可操作性和桥梁管理的便捷性等都非常有利，减少变更和返工。

2.参与主体信息流分析

公路桥梁技术复杂、投资巨大、参与者众多、项目信息量大、信息含量巨大，参与公路桥梁建设和养护的关键机构之间，以及参与的关键机构内部的相关项目人员之间，技术信息的共享和交流也是非常频繁和必要的。为了有效组织信息管理平台上的参与者进行信息共享和交流，有必要对参与者的信息流内容进行梳理。

建设项目的信息在参与方之间双向流动,在 BIM 模型构建过程中,每个项目参与方作为信息系统沟通的一个节点,都负责具体信息的收集(输入)、传递(输出)和信息处理的工作,因此需要分析建养一体化各参与主体需要和提交的信息。

业主方是项目的发起者和最终受益者,作为项目的总协调人,督促相关各方按照合同、相关法规、专业技术规范的要求完成相关工作,其协调和监督作用贯穿于项目始终。设计方为项目提供专业技术服务,将业主对桥梁的产品定位细化成为可施工的设计图纸,同时参与到桥梁施工过程中负责项目费用论证和控制等,设计方建养一体化的参与范围从设计阶段延伸到项目运营。施工方除在施工阶段严格按照设计图纸施工完成可交付工程外,其向前延伸对项目成本、技术可行性提出相关意见,向后延伸在质量保修期和运营期内对建设项目进行维修或优先参与维修加固工作。桥梁建养一体化强调运营方工作向前延伸,从设计阶段开始,从运营角度对项目各阶段性初步成果提出相关建议,桥梁工程项目建成交付后,运营方不仅负责项目的运营养护管理工作,同时负责对项目管理的后评价。

3.基于 BIM 的信息传递与协作模式

由于 BIM 提供了一个共同的数据平台,项目参与各方可以在不同的阶段从 BIM 数据库提取信息进行各种专业分析,可以输出施工图等各种详图、建筑材料表、施工进度报表及费用报表等需要的信息。

BIM 模型为项目参与各方的信息传递与交流提供了共同的协作平台,然而公路桥梁建设项目参与方众多,各自所担任的角色不同,其关注点和参与方式也各异,采用传统的组织协作方式难以使他们联合起来寻求实现共同目标的最佳解决方案。只有将各参与方的组织资源整合优化为一个统一的整体,明确各参与方在建设过程中的责任和对其他组织的影响,才能充分发挥各参与方的作用和协作精神,保证各阶段成果的一致性,实现项目效益最大化。因此建立基于 BIM 的建养一体化组织协作模式将协作团队分为以业主(包括运营方、BIM 管理团队)、设计方(包括设计总负责单位、专业设计单位)和施工方(包括总承包商、分包商)为核心的三个团队,从战略层和实施层两个层次进行协同工作。其中,业主作为总协调者和信息集成的最大受益者,也理应作为BIM协作的推动者和倡导者。

三、公路桥梁建养一体化信息管理框架设计

在分析建养一体化信息管理内容的基础上,编制了公路桥梁建养一体化信息管理的框架。公路和桥梁建设和养护的综合信息管理应满足以下要求:定义桥梁工程建设期间各个阶段的工程实体和工程实施过程信息分类;支持存储、查看、管理和更新工程实体和过程信息,建立清晰的信息流;通过一体化的信息编码和分类体系能集成不同异构信息源的信息,实现同时支持多个任务并能方便地自动调用数据等。

现有的项目信息管理系统通常存在信息孤岛现象,不能将相关信息进行有效集成,建立基于EBS的建筑信息模型则能有效改变这一状况,最终实现建设工程信息化的集成管理。功能模块是信息系统建立的基础,目前很多信息管理系统普遍以各项职能管理为模块,这样的系统或许能在单一的职能管理中为项目管理提供有效的帮助,但它只在施工过程中使用,无法为后续的运营和维护提供帮助和依据,最终导致管理分离。而基于EBS的信息模型是以工程对象系统为核心、以分解后的子对象系统为模块建立的,适用于工程全寿命周期管理过程。

因此公路桥梁建养一体化信息模型是在EBS结构分解方法和编码体系的基础上建立的,有效保证了数据的标准化,利用日渐成熟的项目信息门户(Project Information Portal,PIP)以及网络化等其他技术,可以实现网络化信息平台的构建,项目各参与主体能够实现在线协同作业。模型的功能主要体现三个方面:①桥梁工程全寿命期各个阶段的集成。集成化的基于EBS的信息模型和信息管理平台包含了项目前期决策、设计、施工、运行各个阶段的信息,实现了信息在时间维度的集成。②桥梁工程项目各参与方的集成。集成化的项目管理信息系统以统一、标准的方式组织建设项目的信息,以满足不同参与者的需求,促进信息交流与共享。③桥梁项目功能管理和综合项目管理信息系统的整合为项目参与者的需求提供了一个一致的框架,并为不同功

能之间的信息共享和沟通创造了条件。建养一体化信息管理以桥梁工程项目管理为核心,以 BIM 数据库为基础,通过建立集成 BIM 信息模型的桥梁建设管理信息系统,完成桥梁建设期间质量管理、进度管理、费用控制、合同管理等业务操作,为参建单位提供全面的信息化管理平台,提高整体管理效率和力度,保证公路桥梁建设的高效、经济、顺利实施。然后,在 BIM 数据库的基础上建立桥梁养护管理系统,在桥梁运营养护期间完成信息采集、整理、汇总分析,进行桥梁技术状况评估和退化预测,参考历史建筑信息,做好日常维护和维修规划,加强维修决策和日常业务相关的文件管理、信息检索等工作,实现一体化的养护管理。

建养一体化信息管理框架有效地整合和集成了路桥建设和养护过程中的所有信息流,并将所有独立和分散的信息整合起来,通过EBS 实现全生命周期的整合,形成完整的路桥信息管理所需。

第二节　公路桥梁建养一体化信息管理过程分析

近年来随着 BIM 技术的发展,BIM 的概念为建筑项目的整个生命周期管理提供了理论和技术上的支持。BIM 支持项目相关信息的协作创建、管理、共享和使用。BIM 将项目设计和相关信息与生命周期综合管理的理念有机地结合起来,为项目增加价值。在公路桥梁生命周期的各个阶段有效地创建、管理和共享项目信息的能力对于实现建养一体化至关重要。因此,公路桥梁建养一体化信息管理以 BIM 理念为指导,包括信息创建、信息处理与存储、信息交换和信息再利用四个环节。随后,通过对建筑与维护一体化的信息流分析,明确了基于 BIM 模型的建筑与维护一体化的信息流过程,为桥梁建设和养护管理决策服务。

一、基于BIM理念的建设工程信息管理

建设项目信息生命周期管理(BIM)的概念在 2000 年被提出,它改

变了建设项目信息的创建、管理和共享的行为和过程，是工程建设领域信息化发展的方向。BIM 是建筑工程全寿命周期信息管理的核心技术，促进了建筑工程设计、施工和运营管理的数字化，提高了参与各方的信息共享程度。

BIM 通过过程管理，即信息的创建、管理、共享和使用，为建筑项目的生命周期建立了信息流程，并实现了信息流指导材料流。BIM 包括两个方面：项目创建过程中使用的数字模型（BIM）和整个项目生命周期的信息管理和共享。BIM 的目的是通过协作改善信息创建、共享和管理的过程，以提高决策的准确性、运营效率、项目质量和用户盈利能力。BIM 的核心思想不是创造更多的信息，而是如何创造有效的信息，如何通过信息共享进行交流、协调和协作以及如何通过对现有数据的挖掘实现信息的再利用，为建设工程项目的建设和使用增值。

公路桥梁建养一体化信息管理的对象是公路桥梁建设项目各阶段的信息，即寻求最佳方式来组织、跟踪、访问和管理公路桥梁项目的设计、建造和运行维护等各阶段内的所有数据和信息，它需要解决目前公路桥梁信息的创建、管理、共享和使用中存在的问题。

基于 BIM 的公路桥梁施工和养护综合信息管理不仅是信息管理，而且是对信息传递的合理组织和控制，它与公路桥梁项目的协同工作、过程改进和知识管理结合得更加紧密。公路桥梁建设和养护的综合信息管理过程包括桥梁信息创建、管理、共享和使用的全过程。

第一，基于 BIM 概念的建养一体化信息管理，应解决公路桥梁设计和相关信息集成的问题，它包括资源和技术结构之间的关系，如结构空间规划、成本和材料清单，以及这些信息的参数化和关联性。

第二，信息管理和共享阶段，该阶段应解决信息分类、文件生成、桥梁数据更新、信息安全管理、分发和共享等问题，使项目参与者共同合作。

第三，使用信息的阶段要解决创建的信息的再利用问题，即要有强大的索引和搜索功能，从终端用户需要的信息角度来获取信息，将传统的"推"式转向"拉"式，提高信息的使用水平，将信息转化为知识，为公路桥梁工程增加服务项目。

二、公路桥梁建养一体化信息管理的实施

从信息管理的角度看,公路桥梁建设和养护管理实际上是一个工程信息创造、管理信息共享和应用的过程。公路桥梁建设与养护综合信息管理的实施可以用五个基本过程来描述,即信息需求识别、信息创建(获取)、信息处理与存储、信息共享和信息再利用。在 BIM 概念的指导下,这里重点讨论了桥梁建设和维护中的信息创建、信息处理和存储、信息共享和信息再利用的过程。

(一)建设阶段信息管理过程

公路桥梁建设阶段信息管理过程主要从信息创建、信息加工与存储以及信息共享三个环节进行分析。

1.信息创建(收集)

在整个公路和桥梁项目建设过程中会产生大量的信息。管理信息的第一步是创建和收集信息。BIM 设计工具创建的参数化设计数据,为桥梁工程全寿命周期的信息管理提供了可行的技术基础,实现了全寿命周期各个阶段的信息管理和共享。基于 BIM 模型的信息创建主要包括创建 BIM 核心信息和技术信息、经济和资源信息、管理和其他信息等辅助信息。

桥梁工程 BIM 核心信息的创建主要由专业软件系统来实现,在设计阶段主要是参数化三维建模,建立结构细化模型,具体包括桥梁图形信息、设计信息和材料信息等。除 BIM 模型创建桥梁工程结构信息等核心信息外,通过与 BIM 模型相结合的信息平台集成创建相关附属信息(如技术信息、经济和资源信息、进度信息等),是 BIM 各阶段信息共享和协同工作的基础。

2.信息加工与存储

原始信息在创建(收集)后不适合立即储存和使用。信息在存储之前需要进行加工和处理,即根据不同的需要和要求对与建设项目有关的信息进行选择、审查、分类和总结,并在此基础上产生不同形式的信息。基于 BIM 的信息处理,强调主要通过评估、分类整理、编辑和归档保存三个方面的工作对信息进行集中管理,获得可靠和可信的信

息,可以使用和储存。

(1)评估。

除了评估创建信息的真实性和准确性外,BIM 信息的评估主要涉及两个方面:一方面,项目建设所需的信息应由业主组织,设计和施工方负责实施;另一方面,从运维管理的角度,运营方负责评估信息归档和参考的类型。

(2)分类整理。

公路和桥梁建设项目有许多参与者,从各方面收集的信息是分散和混乱的。基于 EBS 的信息模型可以用统一的标准进行分类和排序。综合编码信息用于将创建的初始信息按照一定的标准(如时间、业务性质等)进行分类整理。

(3)编辑和归档保存。

信息编辑和归档主要是为了方便以后的检索。基于 BIM 的信息模型可以让用户通过三维可视化直观地了解桥梁状况,统一的编码系统有利于信息归档的电子化和标准化,实现数据库中信息的集中管理。

3.信息共享

传统的信息传递主要依靠人工方式,如由专人负责传递信息,纸质文件在一定时间内到达指定方,通过通信手段(如信件、电话、传真等)和会议传递信息。传统的信息传递和交流方式显然受到时间和地域的限制,很难实现所有项目参与者的合作。

BIM 是一种三维的面向对象的工程数据库技术。BIM 数据库包含设计意图、设计管理数据、项目信息和施工信息等可视化信息,因此符合建筑信息共享平台的基本要求。基于 BIM 的信息共享强调参与者可以在桥梁项目的生命周期内进行信息交流和在线合作。

项目信息门户(Project Information Portal,PIP)为此提供了技术方面的支持。在集中管理每个项目参与者产生的信息的基础上,项目信息门户为每个参与者提供了一个互联网平台上的个性化建设信息的单一入口,通过这个单一入口,所有项目参与者都可以获得他们需要的信息。这样一来,项目信息从传统的低效、点对点沟通转变为集中共享,不仅大大提高了信息沟通的效率,而且为项目信息提供了稳定、准确、及时的传输,为项目参与者之间的信息交流和协作提供了一个高效的环境。

设计阶段PIP为设计方基于BIM的协同工作提供支撑,各专业工程师改变传统点对点的沟通方式,采用在PIP平台,上实现基于BIM的信息集中共享。PIP还为业主方决策提供信息支撑,决策人员通过PIP能够实时掌握工程进展和工程方案实施情况。施工阶段PIP除实现信息共享、协同工作和文档管理等功能外,基于PIP平台集成相关项目管理信息系统,能够在PIP平台上进行成本管理、进度管理、合同管理等项目管理工作。另外,BIM中心数据库的信息内容也可以通过PIP平台进行共享和发布,并通过PIP平台接收各参与方的信息指令。

基于BIM数据库和PIP信息平台的信息传递和管理模式,建设项目的信息可以在规划、设计、施工和运营的全过程中得到充分的共享和传递,使建设项目的所有参与者在项目的生命周期中,从构思到全面拆除,都能在模型和信息中进行协作操作,从根本上改变过去依靠书面符号的形式来表达项目建设蓝图和运营管理的工作方式。

(二)养护阶段信息管理过程

公路桥梁养护是一项系统工程,涉及的信息面广,考虑公路桥梁养护信息过于抽象、分散的特点,科学地处理和共享桥梁养护信息非常重要。桥梁养护信息的过程管理也可以从信息创建、信息处理和存储、信息共享等角度进行分析。

1.信息创建

公路桥梁养护信息可以分为构件信息和业务信息两类。运营阶段公路桥梁的产品数据模型由构件数据模型和业务数据模型组成。构件数据模型是在移交的BIM模型基础上形成的,主要描述公路桥梁构件的状态。构件数据模型信息包括桥梁下部结构、上部结构,桥面系,附属结构信息以及档案信息和图形信息等基本信息。业务数据模型则用来描述桥梁检测、桥梁状况和评估等动态信息。

部件数据模型信息包括在桥梁维护过程中需要和收集的设计和

施工信息。因此,在维护计划、退化诊断、维护和加固阶段,部件数据模型产生的信息包括结构类型和部件信息。

企业业务数据模型的信息是由桥梁维护在运行阶段产生的信息组成。企业业务数据模型创建的信息包括桥梁检测和检查产生的数据,桥梁检测和检查的专业数据信息是桥梁检测和维修决策的主要专业数据来源,包括定期检查、常规检查和特殊检查以及健康监测系统采集的数据,根据桥梁检测产生的数据,对桥梁内容和维修加固规划的决策信息,桥梁内容和加固产生的数据。

2.信息处理和存储

桥梁管理系统数据库子系统为处理和存储桥梁养护信息提供技术支持,通用桥梁管理系统的数据库包括:桥梁基本数据(桥梁结构、设计数据、施工数据)、检测数据、养护和重建历史数据、技术状态数据、成本数据和交通环境数据等。基于BIM的数据库技术和传统桥梁管理系统的数据库功能,通过面向对象、智能化和参数化的数字表示,支持桥梁养护过程中动态信息的创建、更新和管理;实现信息可视化的表达,为桥梁养护信息的处理和存储提供一个综合平台。基于BIM的桥梁产品数据模型还可以根据判断、分类整理和编辑和归档保存来处理和处理信息。

(1)判断。

除了评估所建立的信息的真实性和准确性外,对桥梁维护信息的评估主要包括两个方面:一方面是项目后续维护所需的信息;另一方面是为桥梁设计和施工提供技术参考信息。操作者负责评估信息的归档和参考类型。

(2)分类整理。

桥梁维护信息是通过动态数据和静态数据的相互转化来分类的。对于构件数据模型的信息,主要是对相应桥梁构件的基础数据、检测数据、维修数据和技术状态数据进行梳理和整理;对于业务数据模型的信息,主要是根据维修工作的内容进行整理。

（3）编辑和归档保存。

桥梁养护信息的编辑和归档是一个持续更新的过程,其中组件数据模型的信息经过分类后可以累计存储,在信息输入和输出的过程中,对业务数据模型的信息进行分类存储,适合后期运营和其他类似技术设计和施工的参考。

3.信息共享

与桥梁养护管理相比,在桥梁施工阶段参与者众多,信息量大,基于BIM的PIP为桥梁养护生命周期的信息管理提供了一个各参与方沟通和信息共享的平台。除了基于BIM PIP平台的桥梁建设信息共享外,桥梁建设信息共享还通过基于BIM数据库的产品数据模型实现。与传统的桥梁管理系统不同,基于BIM数据库的三维桥梁产品数据模型的主要特点是提供可视化界面作为进入海量桥梁信息数据库的窗口,具有强大的索引和搜索功能,为获取相关批量信息提供支持。

传统桥梁养护管理从运营阶段才开始,相关养护信息也是在运营阶段才开始创建和管理。基于BIM数据库的产品数据模型整合了桥梁维护过程中需要和收集的设计和施工信息,不断更新桥梁构件在维护计划、退化诊断、维修和加固阶段的信息,即面向桥梁工程对象的设计、施工、养护一体化信息,实现桥梁全生命周期的信息传递,特别是桥梁运营期间的检测评估后的信息共享,为相关设计、施工与养护等部门提供反馈信息,实现桥梁建设与养护之间的信息共享。

产品数据模型中的业务数据模型可以有效与传统的桥梁管理系统相结合,实现业务间的信息共享;产品数据模型与健康监测系统相结合,在产品数据模型上结合桥梁健康监测布局,实现桥梁基本数据信息、业务数据信息、健康监测信息一体化,实现BIM数据库、桥梁管理系统和健康监测系统间的信息共享。

在桥梁管理系统的实际应用中,最重要的是要建立自己的数据库,彼此之间没有沟通,桥梁管理系统独立运行,信息难以共享。由于网络级共享数据库具有共享性、动态性和协调性的特点,建立网络共享数据库是为了把桥梁管理系统变成网络合作平台,实现数据库管理和网络合作,减少信息的重复输入和采集,提高信息的重复使用速度,实现更高水平的主管服务,实现区域间的信息交流。

(三)信息再利用

公路桥梁建设与养护一体化的信息组织与管理必须满足"一次创建,多次使用"的要求,提高信息再利用的价值。同时,只有在信息再利用和转化后才能显示出其作用,构建公路桥梁建设和养护综合信息的价值也在于此。针对一个新的问题,相关人员通过对信息的关联性搜索,应了解历史信息,根据实际情况加以改变,以帮助解决相关问题。

路桥建设和养护综合信息的再利用包括纵向和横向两个方面,即在项目的其他阶段再利用和在其他项目中再利用。信息再利用可以是针对项目的其他阶段、其他项目、其他项目的某一阶段或其他项目。当工程过程的界面或组织界面发生变化时,这种信息重用尤其明显。例如,从设计阶段到施工阶段或设计信息传递给施工方的过程中,如果我们不注意信息重用,很容易造成信息的失真、丢失甚至流失。因此,从整个生命周期的角度来看,信息管理是充分利用信息价值的一个重要方法。

对于建设和养护一体化的公路和桥梁,信息的价值在整个生命周期的不同阶段体现得不同。在决策阶段,信息的价值在于明确界定项目,为后续阶段提供决策信息;在设计阶段,信息的价值在于为采购、施工和运营阶段提供准确、完整的项目信息;在施工阶段,信息的价值在于按照项目目标开展管理活动,指导施工,避免因信息错误而造成浪费;在运营阶段,信息的价值在于支持运营管理和资产保值、评估。

第一,信息管理平台的应用减少了人工输入数据造成的错误。利用信息管理平台实现信息的再利用"一次输入,多次使用",这就避免了传统信息在流程界面或组织界面上重复手工输入的情况,减少了手工输入造成的信息错误。

第二,基于EBS的编码体系减少信息冗余。信息再利用是根据需求对信息的多次使用,由于EBS编码体系的固定性,只需对录入的一套信息进行维护就可以满足多方的需求,这不仅减少了信息总量,也降低了信息搜索与维护的成本。

第三,提高信息的准确性,准确反映桥梁的状态。传统的公路桥在每个阶段都使用在这个阶段输入的信息。在桥梁的生命周期中,有许多类型的信息表达了同一个组件。当信息发生变化时,不能及时反映到其他相邻阶段,信息的及时性和准确性降低,不能准确反映桥梁的状态。基于 BIM 模型的桥梁信息可以有效地解决这一问题。例如,在施工阶段,公路桥梁的设计由于技术原因发生了变化,而 BIM 模型的信息可以及时返回给设计者,从更新的 BIM 模型中,业主可以及时准确地了解桥梁状况。

三、公路桥梁建养一体化信息流程

信息流程是捕捉业务流中管理工作的数据流。建筑项目的信息流主要反映了施工过程和信息处理过程。公路桥梁建设和养护的综合信息流包括项目管理流和信息流分析。IDEFO 方法是在信息流分析的基础上,对公路桥梁建设和养护的一体化过程进行建模,通过分析项目各过程之间的关系,对项目管理过程进行梳理。项目建设的不同阶段均存在着信息流动过程,建养一体化信息流通过分析基于 BIM 信息模型的数据流,实现公路桥梁设计、施工和养护管理各个阶段的过程数据和结果数据的整合和再利用,服务于公路桥梁建设和养护管理决策。

(一)建养一体化项目管理流程分析

1.建养一体化过程模型建立

工程建设项目的过程是指在一段时间内为完成建设项目的目标而进行的一系列逻辑相关的活动,工程建设项目的所有活动都是不可分割的,需要用系统的观点统筹考虑,公路桥梁建养一般体化过程涉及不同过程之间的交互和协同工作,运用过程建模技术对公路桥梁建养一体化过程建立模型,分析项目各个过程之间的联系,也有利于实现桥梁建设各过程的信息集成与管理。采用 IDEFO(Integrated Definition of Function Modeling)方法可以清晰而有序的描述各层次的过程以及相互关系,IDEFO 的基本元素包括四个方面,即输入、活动、输出、机制和控制,能够支持层次化的分解描述。

工程建设过程从不同参与方的视角出发具有不同的输入、输出和控制机制，业主方作为整个项目的组织者与集成者，故公路桥梁建养一体化的过程模型是基于业主视角的模型。建养一体化过程总体模型可分为建养一体化信息管理、项目前期策划、设计、施工和运营及维护五个子过程，具体包括以下内容。

（1）建养一体化信息管理活动。

建养一体化信息管理主要关注项目参与团队中的资源、文件或合同等控制条件。建养一体化信息管理由两个要素控制，即整个项目的状况和项目内部子流程的优化信息。

（2）项目前期策划活动。

通过明确和定义业主需求和实现方法，将建设想法转化为设计要求，受控于项目参与者、管理计划、合同和优化信息，输出包括活动下游的设计要求文件和项目前期策划信息。

（3）设计活动。

基于策划报告和设计文件的要求，将执行方案转化为 BIM 模型、工程文档和运行维护文档。另外，后续活动的设计可施工性以及运营养护管理信息也是设计所需的控制信息，以使工程满足业主的需求。基于 BIM 的设计过程可分为如下几个子过程：①理解项目需求和要求；②项目定义和概念设计；③初步模型建立；④模型改进和深化；⑤模型的测试与模拟；⑥模型的维护和设计文档的输出。

（4）施工活动。

基于 BIM 模型、工程文档、合同、标准和现场计划等控制条件，施工活动的主要任务是将与设计有关的资源转化为一个完整的工程实体。基于 BIM 模型的施工过程包括：①设计方案可施工性分析；②建立施工任务划分结构（WBS）；③创建不同层次施工进度计划；④施工过程可视化模拟和优化；⑤施工资源和成本分析；⑥监测设备安装过程模拟与管理；⑦模型的维护和文档的输出。

（5）运营及维护活动。

运营及维护活动是指以竣工后的 BIM 最终模型、可用于运营管理的桥梁建设信息、相关文件、合同和运营维护计划,包括将桥梁设施移交给运营管理的所有活动。基于 BIM 最终模型,桥梁运营管理扩展了BIM 数据库,建立了桥梁运营维护所需的字段,整合了桥梁管理系统和健康监测系统,并获取了检测数据和分析数据,为桥梁维护管理提供决策支持。

以上总体过程模型描述了采用 BIM 技术实现公路桥梁建设养护一体化的基本过程,建养一体化的桥梁建设过程模型强调以下几点:①管理理念是建设项目生命周期集成化管理。②强调整体前端介入和交叉功能团队的建设,例如对于项目设计成果的输出,需要业主、设计和施工等各专业组成的交叉功能团队,针对设计可施工性、是否满足桥梁养护要求进行充分论证。桥梁运营养护的相关信息作为反馈信息,又是设计、施工过程的信息输入,从而实现建养一体化信息的再利用。③采用新的信息技术手段(BIM 模型、基于 PIP 的信息平台)。

2.建养一体化项目管理流程分析

基于建养一体化的项目管理过程更关注工程技术的定位、工程施工组织和运营维护的协调与管理,包括许多功能规划和管理控制,从而使桥梁工程在施工期和运营期都能发挥良好的作用,实现建设目标。项目管理流程可分为建设项目管理流程和养护管理流程两部分。

(1)基于建养一体化的桥梁建设项目管理流程。

桥梁建养一体化项目管理应以运维为导向,从提高信息再利用、降低桥梁生命周期成本、提高运营效率的功能角度出发,在实现当前目标的基础上,以建养一体化为目标,形成一体化管理流程,为桥梁养护决策提供必要条件。在桥梁建设阶段,项目管理流程主要反映了项目管理要素之间的关系。

第一,建设目标和环境、制约条件调查分析。明确项目决策目标,通过环境条件调查,收集相关公路桥梁建设和运营的资料,分析限制条件,形成调查报告。

第二,运营需求分析。预测建成后的交通流量,明确桥梁运营的功能性、可靠性、安全性、经济性要求,运营需求分析报告为总体功能策划提供依据。全面的功能策划考虑能够明晰各专业子系统间界面关系,从而明确设计目标和任务。

第三,项目技术系统设计及关键技术攻关。科研单位针对关键技术进行科技攻关,指导设计任务书编制和系统设计。根据功能规划,编制设计任务书,进行工程设计等技术系统文件的设计,通过建立BIM模型实现桥梁工程设计的优化。参数化建模便于设计方案的调整与修改,通过设计→建模→检测→修改(设计),设计方案在不断地检测与修改中逐步确定下来。

第四,确定项目范围和项目结构分解。包括工程系统的结构分析、各工程技术系统的初步说明、编码规则、各子系统界面的初步分析。

第五,确定项目实施方案,包括项目组织策划、工期计划、资源配置计划、质量计划和运营计划等。

第六,通过项目组织策略,明确项目管理模式以及发包和合同文件策划,确定管理工作流程,进而为管理信息系统研发提供条件。

第七,建设项目过程业务管理。在项目实施过程中主要针对业主方、施工方等参与单位对合同管理、进度管理、质量管理、费用管理、资源管理以及运营管理等管理职能业务数据进行采集、申请、审核和批复。管理信息系统为项目管理人员提供实时数据查询、统计分析、事件跟踪、实时预警等功能,可以根据不同情况查询实时数据,进行统计分析,自动生成统计报表。业务管理数据与BIM的相关对象相关联,实现各业务的联动与控制,并可在4D管理系统中进行可视化查询。

(2)基于建养一体化的桥梁养护管理流程。

在养护管理方面,基于BIM模型的数据库包含了桥梁的基本数据(即产品数据模型中的桥梁设计和施工数据),并为测试、评估、规划和决策提供依据。基于桥梁检测和健康监测系统的数据,进行结构状况评估,评估结果为维修规划和决策提供数据库。根据制订维修加固计划的评估结果,将维修加固的最终实施结果记录在数据库中。

(二)建养一体化信息流分析

从生命周期的角度来看,在建设项目的一个阶段产生的一些信息不会立即消失或失效，通常会进入下一个使用阶段。在信息的产生、转化和消亡过程中，项目建设的不同阶段都有一个信息流动的过程。公路桥梁工程项目从一开始就经历了决策、设计、施工、运营等多个阶段，前一个阶段的信息输出成为后一个阶段的信息输入。建设和维护综合信息流被用来分析相关的信息流过程如何在桥梁建设和维护中服务。

1.桥梁建养一体化总体信息流

公路桥梁建养一体化信息平台不同于一般桥梁管理系统，高速公路桥梁信息平台采用 BIM 技术对全桥各构件在设计阶段、施工阶段和运营阶段的检测、维护和保养的各类数据信息进行输入，实现了桥梁全生命周期的数据流通，形成了建养一体化的信息流，信息的完整性也符合概念生命周期的要求。

2.公路桥梁建设养护管理信息流

BIM 作为桥梁建养一体化信息管理的核心，在工程生命周期不同阶段的模型信息是一致、连贯的，同一信息无须重复输入，故建设养护管理信息流分析以 BIM 模型信息流分析为主。BIM 模型的信息流旨在完善 BIM 数据库的信息，相当于提供一个信息存储、扩展和输入相关信息的平台，随着 BIM 数据库信息的不断完善，为相关参与者提供项目决策的技术支持。

从面向维护的桥梁建设和维护一体化的角度来看，桥梁运营阶段的产品数据模型信息是由桥梁维护过程中需要和积累的设计和施工信息组成的。因此，运营信息流重点关注部件的结构类型及其在设计、施工、运营维护计划、退化诊断、维护和加固阶段的信息积累，信息分为上部结构、下部结构、桥面系统和辅助设施。其中，CAD、设计分析和工程量计量结果等信息作为运营阶段产品数据模型的基础数据，应能体现一定的架构并提供原数据的链接。

（1）桥梁建设阶段的信息流。

桥梁建设阶段的信息流通过加强设计和施工中各功能模块的信息，流向 BIM 数据库。桥梁 BIM 功能模型是以数据为基础建立的，它可以通过 BIM 数据集成平台（BIM 数据库）从相关模型软件中提取并共享和扩展可识别的信息。例如，设计阶段的信息模型主要包括三维桥梁模型、材料属性、地质环境、水文数据、基础成本等，还包括桥梁施工模拟数据、施工基线信息和安全管理计划等。由于后续信息模型在建立时可以从中提取所需的信息，减少了不必要的信息输入，提高了信息的重复利用率。

（2）桥梁运营阶段的信息流。

桥梁运营阶段的 BIM 信息流以桥梁设计和施工模型采集的信息为基础，进一步扩展最终的施工信息模型（产品数据模型），增加桥梁检测采集的信息、桥梁状态评估产生的桥梁部件结构特征信息、桥梁后期维修加固的相关信息，并更新到 BIM 数据库，可以为桥梁维修管理提供技术依据，提高信息再利用的效率，为其他桥梁维修设计和施工提供参考信息。

参考文献 REFERENCES

[1] 曹超凡.试论现代公路桥梁设计的创新理念[J].建材与装饰,2019 （13）:236–237.

[2] 常明.中小公路桥梁工程施工阶段的风险管理研究[D].兰州:兰州交 通大学,2017.

[3] 畅茂.公路桥梁养护与维修[M].北京:人民交通出版社,2019.

[4] 崔德胜.公路桥梁工程预制梁施工管理的探讨与实践[D].西安:长安 大学,2011.

[5] 丁雪英,陈强,白炳发,等.公路桥梁建设与工程项目管理[M].长春: 吉林科学技术出版社,2019.

[6] 郭伟.公路工程施工技术[M].天津:天津科学技术出版社,2019.

[7] 公晋芳.公路工程施工技术[M].长春:吉林教育出版社,2018.

[8] 郭社锋,汪倩.公路工程施工技术[M].哈尔滨:哈尔滨工业大学出版 社,2016.

[9] 王琨,赵鸥鹏,李超,等.公路工程施工技术[M].徐州:中国矿业大学 出版社,2015.

[10] 韩少云,陈赣闽,韩卫娜.公路桥梁设计与施工技术[M].延吉:延边 大学出版社,2017.

[11] 刘黔会,张挣鑫.公路工程与桥梁施工技术研究[M].咸阳:西北农林 科技大学出版社,2018.

[12] 舒杨波,何定明,沈乾洲,等.水泥混凝土路面常见质量问题及防治 措施[J].散装水泥,2021(6):113–114.

[13] 王佑取,李强.浅析高速公路路基台背回填通病预防与治理[J].中国设备工程,2021(22):243-244.

[14] 熊尧,付方玉.公路沥青路面结构设计的应用分析[J].运输经理世界,2020(14):81-82.

[15] 薛永红.特殊路基的危害及常见施工处理技术探讨[J].居业,2021（12）:90-91.

[16] 杨亮.浅谈桥梁设计美学思想[J].四川水泥,2016(11):68.

[17] 殷宇翔.沥青路面结构设计参数取值分析[J].广东公路交通,2021,47（5）:11-16,21.

[18] 李宽.公路工程项目管理[M].武汉:华中科技大学出版社,2018.

[19] 李清莹.公路桥梁工程施工现场安全隐患分级排查治理研究[D].武汉:华中科技大学,2020.

[20] 林浩.某城市桥梁灌注桩断桩问题分析及处理的研究[D].广州:华南理工大学,2020.

[21] 刘传宝.公路桥梁与维修养护[M].延吉:延边大学出版社,2019.

[22] 任伟新.桥梁工程[M].武汉:武汉大学出版社,2016.

[23] 史建峰,陆总兵,李诚.公路工程与项目管理[M].北京:九州出版社,2018.

[24] 陶递贵.公路桥梁施工项目管理模式优化探究[J].四川水泥,2018,（1）:176,158.